그들이 중국을 움직인다

② 노선 투쟁과 세대교체

류동희 지음

한울

머리말

이 책에 수록된 글들은 2000년부터 2002년 8월까지 중국의 오늘을 이해하고 미래를 전망하기 위해 필자가 관심을 가졌던 주제들에 대한 관찰과 탐색의 결과다. 1권에서 소개한 정치 지도자들과 함께 이 기간 중 필자가 특히 관심을 집중했던 것은 노선 투쟁과 외교 문제였다.

중국 공산당 제14차 전국대표대회(14대)를 직접 현장에서 지켜봤던 필자에게 이론 투쟁은 과거의 잔영(殘影)이 아니다. 그 결과가 어떻게 되느냐에 따라 '미래'의 틀이 결정되는, 그래서 치열할 수밖에 없는 '현재 진행형'의 중요한 사안이다. '사회주의 시장 경제' 이론을 제창한 남순강화(南巡講話)*와 14대의 상관관계, 또 남순강화가 중국의 정치·경제·사회·문화 등 전반에 미친 영향을 알기 때문이다. 1당 독재 국가인 중국에서 이론 투쟁의 승패가 갖는 중요성은 과거 못지않다는 것이 필자의 판단이다. 현재의 이론 투쟁 양상은 덩샤오핑(鄧小平)의 완승으로 귀결된 10년 전과는 적지 않은 차이점을 갖고 있다. 대립하는 노선 각각 신자유주의와 그에 대한 반동으로 힘을 얻고 있는 반세계화 물결과 연계되어 있고 경제성장에 따른 갖가지 모순이 위협적인 양태로 모습을 드러내고 있어서다. 따라서 사회주의 전통이 강한 중국에서 그 결말

---

* 덩샤오핑이 상하이, 선전(深圳), 주하이(珠海) 등 남부 개방 지역을 시찰하며 1989 년 천안문 사태로 위축된 개혁개방 정책을 고취하는 일련의 발언을 했음.

은 속단하기 아직 이르다. 경제개혁에 집중하면서 미뤄두었던 정치개혁 문제가 차기 지도부가 맞닥뜨려야 할 현안이기에 이론 투쟁은 앞으로 더욱 첨예해질 것이 분명하다.

또한 지난 2년은 한반도를 둘러싼 외교환경이 급격하게 요동친 시기였다. 조지 W. 부시 정권의 출범과 함께 반전됐던 미국의 대(對)중국 전략은 뒤이어 터진 '9·11 테러' 사건으로 1년도 채 못 넘기고 전면적 수정을 겪는 등 앞을 쉽게 점칠 수 없는 양상이다. 또한 이러한 혼란스런 상황 전개는 고스란히 한반도에 직접적 영향을 미치고 있다.

날로 심각해져 가는 부패, 사회적 정체성 위기를 배경으로 확산됐고 인권을 앞세운 미국의 개입으로 국내 문제이자 국제 문제로 커져버린 파룬궁 사태, 그리고 중앙과 지방 간의 갈등, 천안문(天安門) 사건에 대한 지도부의 인식전환 조짐 등도 중국의 오늘을 이해하고 미래를 가늠해보기 위해 주의를 기울여야 할 사안이다. 필자는 이것들이 중국을 이해하는 핵심 키워드라는 관점에서 접근했다.

여기에 수록된 글 중 1장을 제외하고는 원래 1권의 부록 형태로 묶으려 했었다. 배우의 연기를 잘 음미하려면 무대장치와 배경세트가 불가결한 것처럼 새로운 지도부 인사들을 제대로 알려면 그들이 처한 사회적 환경과 정치 경제적 배경에 대한 이해가 없을 수 없다. 따라서 인물 위주의 글에서 놓친 부분을 보완하기 위해 함께 묶으려 했었다. 그런데 분리하여 출판하기로 결정되면서 1장이 추가됐다.

1장 '전망'에 수록된 글들은 가장 최근에 작성한 것이다. 중국의 미래에 대한 서방의 상반된 시각을 다루었고 월드컵 기간 중에 표출되어 우리를 당혹케 한 중국인들의 '혐한(嫌韓) 정서'를 통해 한중간의 미래를 전망해보았다. '중국의 부호들 불안과 기대의 미래'에서는 주제 외에 1권에서 제대로 취급하지 못했던 기업가들을 간략하게나마 많이 소개하려 노력했다.

기존의 글들은 '노선 투쟁', '갈등', '세대교체', '외교', '천안문'으로 분류해 정리했다. 이 글들 역시 가급적 관련 인물을 많이 등장시켜 해당 주제에 접근하려 했다는 점에서 1권과 맥을 같이 한다.

주제의 무거움에 비해 필자의 지식이 빈약한 탓에 탐색이 철저하지 못했음을 자인한다. 앞뒤 글이 충돌하는 경우도 적지 않을 것이며 시기를 달리하여 쓰여진 관계로 중복된 부분도 없지 않다. 또한 시기적으로 앞서 작성한 글 몇몇은 철 지난 과일을 맛보는 기분을 들게 할지도 모른다.

필자의 글을 중국이라는 코끼리를 지켜보며 스케치한 것에 비유하고 싶다. 우리에게 다가오는, 도움이 될 수도 해가 될 수도 있는 이 코끼리의 형상과 앞으로의 행보를 필자의 글이 어렴풋하게 일러주는 효과를 독자들에게 제공했으면 하는 바람이다.

2002년 10월
류동희

그들이 중국을 움직인다
❷ 노선 투쟁과 세대교체

차례

1

전망

　2002년은 중국 스스로에게 있어서, 또 한중관계에 있어서도 이정표가 되는 해이다. 중국 공산당 제16차 전국대표대회가 개최되는 해이고 세계무역기구(WTO) 가입 원년이라는 점에서 정치, 경제적 측면에서 새로운 중국으로의 진입을 알리고 있다. 또 한중관계도 10년간 확대된 교류와 축적된 이해를 바탕으로 한 단계 더 진전을 요구받고 있다.

　이정표 너머에는 어떠한 미래가 있을 것인가. '붕괴론 대 위협론'은 2002년을 전후로 서방 언론에서 등장하여 확산되고 있는, 중국의 미래에 관한 상반된 가설을 정리한 것이다. 이 가설들은 중국 공산화 이후 꾸준히 제기되어왔으나 2002년에 들어와서는 경제에 초점을 맞추고 있다. '중국의 대한인식의 이중구조'는 한일 월드컵 대회 기간 중 표출된 중국의 '혐한 정서'가 작성의 계기가 되었다. 사실 지난 10년간 우리는 중국의 긍정적 역할을 기대했고 관심도 더 기울였다. 하지만 중국인들은 우리에게 중국이 한국의 미래에 '양날의 칼'임을 분명하게 깨닫게 해주었다. 이에 어떻게 대처할 것인가는 이제 우리의 몫이다. 20년 동안의 개혁개방은 중국에 부호라는 새로운 계층을 탄생시켰다. '중국의 부호들 기대와 불안의 미래'에서는 이들의 미래에 큰 영향을 미칠 '사회주의 중국'의 상반된 인식과 접근을 살핌과 아울러 형성과정도 더듬어보았다.

붕괴론 대 위협론

중국 경제는 베이징(北京) 올림픽이 열리는 2008년께 무너질 것이다.
　　　　　　　　　　　　　　　　　　－고든 G. 창(2001. 9)
미국이 쥐어온 아시아 경제의 주도권이 중국으로 넘어갈 것이다.
　　　　　　　　　　　　　　　　　　－뉴욕타임스(2002. 6. 30)

*20*02년에 들어와 미국 경제가 여전히 비틀거리며 이에 따라 세계 경제도 침체의 늪에서 벗어나지 못하는 가운데 중국은 세계무역기구(WTO) 가입 이후에도 여전히 고성장을 계속하고 있다.[1] 이러한 사태 전개 속에서 중국의 미래에 대한 극단적으로 상반된 가설인 '붕괴론'과 '위협론'이 적대적 공존을 이루며 확산되는 기묘한 상황이 연출되고 있다.

1949년 공산 중국 성립 이래 '중국 위협론'은 간단없이 이어져왔다. 한국전쟁 당시 더글러스 맥아더 원수의 '만주 원폭론', 미국의 베트남전 개입, 그리고 1971년에 이르기까지 미국이 유엔에서 중국의 실체를 인정하지 않았던 이면에는 안보적 차원에서의 '중국 위협론'이 도사리고 있었다.

이 안보 차원의 중국 위협론은 그러나 1972년 2월 리처드 닉슨(Richard Nixon) 미 대통령의 중국 방문을 계기로 수면 아래로 가라앉았다. 그런데 이후 간헐적으로 출몰하던 중국 위협론이 20년 만에 본격

---

1) 중국 국가통계국 츄샤오화(邱曉華) 부국장은 2002년 7월 15일 상반기 중국 GDP는 4조 5,536억 위안(5,486억 달러)을 기록, 전년 동기 대비 7.8% 증가했다고 발표했다. 2002년 2/4분기 미국과 서구는 제로 성장을, 일본은 마이너스 성장을 각각 기록했다. 한국은 1/4분기 5.7%의 성장률을 기록했다.

적으로 부상하기 시작하고 있는 것이다. 과거와는 상당히 변화된 모습으로 말이다. 중국이 국제 정치질서에 편입되는 것을 의미하는 유엔 가입이 계기가 되어 잠복 상태에 들어갔던 위협론이 국제 경제질서로의 진입을 뜻하는 WTO 가입을 전후해 다시 고개를 들기 시작한 것이다.[2] 역사의 아이러니가 아닐 수 없다.

미국의 《뉴욕타임스》는 2002년 6월 30일자에서 이 새로운 버전의 중국 위협론을 잘 요약하고 있다. 그 골자는 주변국 제조업이 중국으로 대거 이전하고 외국의 투자가 중국으로 쏠리는, 제조업과 투자의 '블랙 홀'이 되어 주변국의 경제가 취약해진 가운데 중국 의존이 심화, 아시아 경제에 대한 미국의 영향력이 감소될 것이라는 것이다. 중국 위협론의 2002년 버전은 바로 경제에 초점을 맞추고 있다.

《뉴욕타임스》의 이 기사는 중국의 WTO 가입 전후에 이미 산발적으로 표출되었던 주변국의 우려를 미국의 입장에서 체계화한 것으로 볼 수 있다. 2001년 8월 29일 한국의 진념 부총리는 앞으로 5년 이내에 중국 쇼크가 일어난다고 경고했고 홍콩의 지오다노 그룹의 류궈첸(劉國權) 총수는 같은 해 10월 홍콩에서 열린 세계경제 포럼(WEF)에서 중국의 고도성장의 결과는 아시아 경제의 추락이라고 전망했다. 일본의 저명한 경제학자 오마에 겐이치(大前研一)도 "산업 시설과 자금 등 모든 것을 중국이 빨아들이고 있다. 성장동력 전부가 휩쓸려 들어가 아시아 전체의 공동화(空洞化) 현상이 일어날 것"이라고 예고했다. 그는 심지어 중국의 WTO 가입은 아시아를 1997년보다 훨씬 심각한 경제위

---

2) 1989년 천안문 사태 이후, 그리고 1996년 대만 주요 도시 앞바다를 목표로 한 미사일 발사 훈련 실시를 전후해 중국 위협론이 다시 관심을 끌었다. 또 중국의 경제적 성장에 따라 동남아를 포함한 아시아 지역에서 경제적 영향력을 잠식당한 일본 등에서는 중국 위협론 — 경제성장에 따라 대외 팽창주의로 나설 것이라는 내용이었다 — 이 이미 1990년대부터 유행하기 시작했다. 하지만 과거와 다른 양태의 중국 위협론이 범세계적 차원에서 구체적 모습을 갖추고 논의되기 시작한 것은 중국이 WTO 가입을 전후한 시기였다고 할 수 있다.

기로 몰고 있다고까지 말했다.

이러한 주변국의 우려를 영국의 ≪이코노미스트≫는 생리대에서 반도체까지, 단순제품에서 정밀제품에 이르기까지 동시에 만들어내는 중국 때문에 한국, 싱가포르, 대만 등과 같은 중급 선진국들은 손해를 보겠지만 미국과 일본 등 기술 선진국과 동남아 국가들은 이익을 볼 것이라고 '제한 위협론'으로 정리했다. 하지만 미국의 ≪뉴욕타임스≫는 이에 한 발 더 나아가 아시아에서의 미국의 경제적 지위와 영향력을 위협할 것으로 보고 있는 것이다.

그러나 중국의 지속적 경제성장을 전제로 한 '중국 위협론'과는 정반대의 시각에서 중국의 미래를 전망하는 주장이 다른 한편에서 힘을 얻고 있다. '중국 붕괴론'이 그것이다. 중국 붕괴론자들은 중국 은행들의 막대한 부실채권, 적정 수요를 감안하지 않은 무모한 사회간접 자본 투자, 눈덩이처럼 불어나는 국가채무, 국유기업 구조조정에서 비롯되는 대량 실업 발생 등을 그 근거로 들고 있다. 이들은 중국의 WTO 가입은 기회와 위기를 동시에 받아들인 것이 아니라 단지 붕괴로 향하는, 그리고 중도에 내릴 수도 없는 트랙에 올라선 것이라는 입장을 취하고 있다.

중국 붕괴론은 20여 년 동안 중국에 거주하며 미국 로펌의 고문과 경제 저널리스트로 활약해온 중국계 미국인 변호사 고든 G. 창(Gordon G. Chang)이 2001년 『다가오는 중국의 붕괴(The Coming Collapse of China)』[3]라는 도발적인 제목의 책을 펴내면서 새롭게 대두됐다.[4] 제2차세계대

---

3) 한국에서도 2001년에 『중국의 몰락』(뜨인돌)이라는 제목으로 번역, 출간됐다.
4) 동구권과 소련 해체 이후 중국 역시 그 길을 밟을 것이라는 중국 해체론과 덩샤오핑의 사망을 앞두고 그의 사후 극심한 정치적 혼란으로 인해 티베트, 위구르 자치구, 광둥(廣東) 성 등이 떨어져 나갈 것이라는 중국 분열론이 대두된 적이 있고 중국 내부의 부실이 폭발하면서 아시아 전체로 파급될 것이라는 중국발 위기론도 나왔으나 경제적 요인에 초점을 맞춰 공산 중국 체제가 전면적으로 붕괴할 것이라는 대담한 가설을 제시한 이는 고든 창이 처음이다.

전이 끝나기 직전 미국으로 이주한 지식인―장쩌민(江澤民)의 모교인 상하이 자오퉁(交通) 대학을 다닌 반(反)마오주의자―을 부친으로 둔 고든 창은 이 책에서 그동안 중국의 고속 성장의 이면에서 배태되고 심화된, 그러나 외부 세계에는 제대로 부각되지 않은 모순을 낱낱이 폭로한 뒤 공산 중국이 이를 극복할 능력이 없으며 결국 붕괴할 것이라고 결론짓고 있다.

중국의 미래에 대해 장밋빛 전망―그것이 비록 주변국들에게는 위협으로 받아들여졌을 망정―이 지배적인 시기에 제기된 붕괴론은 초기부터 상당한 반향을 불러일으켰다. 2001년 9월 6일 미국의 워싱턴 헤리티지 재단이 심포지엄에 고든 창을 초청, 책의 핵심 내용을 소개하도록 한 것이 한 예이다. 2002년 3월 주룽지(朱鎔基) 총리를 만난 미국 경제인들이 그의 면전에서 붕괴론을 거론한 것은 이 가설이 미국 투자자들에게 미치고 있는 영향의 정도와 확산 속도를 짐작하게 한다. 자신의 정치생명을 걸고 중국의 조속한 WTO 가입을 주장, 성사시켰던 주 총리는 "중국은 (서구로부터) 존중받기를 바란다"는 그 특유의 언중유골(言中有骨)의 수사(修辭)로 답변을 대신한 것으로 알려지고 있다. 중국에 대한 부정적 인식을 지적한 것이다.

이후 서방의 언론 매체에는 붕괴론을 뒷받침하는 기사들이 줄을 이었다. 미국의 시사주간 ≪타임≫이 아시아 판 2002년 6월 17일자에서 '노동자들의 황무지(Workers' Wasteland)'란 제목의 특집을 내보낸 것이 한 예이다. ≪타임≫은 이 기사에서 WTO 가입에 따른 대량 실업의 여파로 중국이 1989년 천안문 사태에 못지않은 대규모 노동항쟁에 직면해 있다고 전하고 있다. 노동 시장에 초점을 맞춘 붕괴론인 셈이다.

위협론의 근거와 반론

위협론자들은 싱가포르가 중국의 WTO 가입 전 5년간 제조업의 중국 이전으로 인해 무려 4만 2,000개의 일자리가 사라진 점을 강조하고 있다. 규모의 경제를 필요로 하는 분야는 결국 중국으로 흘러가게 되어 있기 때문에 현재 무역흑자를 보고 있는 한국과 대만 등도 장기적으로는 공장 이전으로 인해 타격을 입을 것으로 전망한다.

동남아 지역은 중국의 해외투자 독식 현상으로 중국의 식량, 원료 공급기지로 전락할 것으로 보고 있다. 2002년에 예상되는 대중국 투자액은 500억 달러이다. 미국에 이어 세계 제2위의 규모로 아세안 10개국에 투자될 것으로 예상되는 해외 자금의 5배 가량이 된다. 홍콩을 포함하면 1,000억 달러로 늘어나는데 이는 아시아 전체 투자 유입액의 70%를 넘는 수치다. 위협론자들에게 이 통계는 동남아뿐만 아니라 다른 아시아 지역의 경제 발전에도 중국의 발전이 부정적 영향을 미친다는 결론을 유도한다. 한마디로 말해 중국의 경제성장은 다른 아시아 지역의 희생 위에 이루어지는 '제로 섬'의 게임의 양태라는 게 중국 위협론자의 주장이다.

그러나 이에 대한 반론도 만만치 않다. 중국 경제성장의 희생양의 하나로 위협론자들에 의해 거론된 싱가포르의 타르만 산무가라트남(Tharman SHANMUGARATNAM) 무역공업부 차관은 2002년 4월 18일부터 20일까지 베이징에서 개최된 '차이나 비즈니스 서밋(Chian Business Summit)'에서 제조업 공동화론에 대해 반박했다. 중국이 제조업 전반에서 경쟁력을 가질 수 없다는 것이다. 오히려 중국의 경제성장이 다양한 시장과 중산층 발전을 가져와 주변 아시아 국가들에게 방대한 새로운 시장을 제공할 수 있다고 그는 전망했다. 일본의 반위협론자들도 이에 동의한다. 일본에서는 1만여 개의 일본 기업이 이미 중국에 진출한 것으로 알려졌으며 도시바(東芝), 미쓰비시(三菱) 등의 대기업들은 아예 본사의 이전까지 고려하는 것으로 알려지고 있다. 그러나 반위협론자들은 일본의 낙후 부문을 제외하고는 중국과 경쟁하는 분야가 거의 없기 때문에 중국의 싸고 풍부한 노동력과 일본의 자본과 기술이 결합하는 것은 일본 경제에 도움이 되면 되었지 위협이 될 수 없다는 논지를 편다.

주변국의 제조업 공동화를 가져오기에는 중국의 노동 생산성이 지나치게 낮다는 점도 지적된다. 스위스 국제경영개발원(IMD)의 국제경쟁력 연간에 따르면 중국의 노동 생산성은 여전히 최하위권에서 벗어나지 못하고 있다. 2001년 1월 현재 인도보다 조금 나은 수준이며 태국의 절반에도 못 미치며 말레이시아는 중국보다 6배나 높은 것으로 나타났다. 이들은 1994년 북미자유무역협정(NAFTA)의 체결로 미국의 제조업이 저임금의 멕시코로 썰물같이 빠져나갈 것이라는 우려가 있었으나 그런 일이 벌어지지 않았던 사실을 환기한다. 미국 노동자 생산성의 6분의 1에 불과한 멕시코 노동자의 낮은 노동 생산성이 우려가 현실화하지 않은 이유라는 것이다.

해외투자 독식론에 대해서도 중국으로 오는 자본과 동남아로 향하는 자본이 성격을 달리한다는 점을 들어 반론을 제기한다. 중국과의 교역확대가 상대국의 적자폭을 확대하는 양상으로 전개된다는 위협론자들의 주장에 대해서 홍콩을 포함하지 않은 비교이기 때문에 의미가 없는 지적을 하고 있다.

일본의 위협론자들은 2001년 양국의 교역 규모가 890억 달러, 즉 10조 엔을 넘어섰으며 적자폭은 270억 달러에 달한 점을 지적하지만 홍콩을 포함할 경우, 그 적자폭은 51억 달러로 대폭 줄어든다고 말한다. 10년 사이 3배로 불어난 교역 규모 확대 추세가 계속 이어지더라도 일본에 크게 불이익을 주지 않는다는 것이다.

위협론을 반박하는 이들은 중국의 경제성장이 눈부신 것은 사실이지만 현 성장 추세가 지속된다 하더라도 미국, 일본 등을 따라잡기는 요원하다는 점을 강조한다. 중국이 지난 20년간 경제 규모를 5배나 확대한 고속성장을 이룩했지만 국내총생산(GDP)은 미국의 11.7%에 불과한 1조 달러를 넘어섰을 뿐이다(2000년 기준). 이는 일본의 24%, 독일의 47.1%에 해당된다.

현재의 고도성장을 계속한다 해도 2020년에 중국의 GDP는 4조 1,100억 달러에 달할 뿐으로 미국과 일본과의 격차는 여전할 것이라는 주장이다. 세계은행은 1997년에 구매력 평가를 기준으로 하면 중국이 2020년에 세계 1위의 경제력을 갖게 될 것으로 전망했지만 반론자들은 구매력 평가방식은 현실 경제와 너무 동떨어져 실제 돈의 흐름이 따르지 않는 점을 지적한다. 중국인들이 듣기에 거북한 '개 꼬리는 결코 개를 흔들 수 없다'는 말은 이들의 입장을 압축한 표현이다.

중국의 학자들과 관영 매체들은 자신들에 대한 '평가 절하'를 통해 위협론을 반박하고 있다. 중국 공산당이 발행하는 잡지 ≪요망(瞭望)≫은 2001년 8월 호에서 중국이 2050년에 이르러도 미국과 일본을 도저히 추월할 수 없을 것이라고 전망하고 있다. 이는 세계 주요 17개국의 군사력 및 외교, 자원, 과학기술 등을 점수로 환산해서 비교한 결론이다.5) 구매력 평가 방식으로 추정하면 2020년에 세계 1위의 경제력을 갖출 것이라는 1997년 세계은행의 전망을 사양한 것이다.

베이징 대학 국제관계 대학원 천펑쥔(陳峰君) 교수는 2002년 1월 한국 언론에 기고한 글에서 중국은 '비교적 빠른 걸음으로 성장하는 중간급(Medium Power) 국가'라고 자평했다. 1999년 제럴드 시걸(Gerald Seagal)은 ≪포린 어페어(Foreign Affair)≫지 기고를 통해 중국은 무기체계에서나 의지, 능력에 있어서도 현상유지를 추구하는 '2급 중급국가(second rank middle power)'라고 평가 절하한 바 있다. 시걸의 글은 군사적 차원의 중국 위협론을 배척한 것인데 천펑쥔 교수는 경제적 차원의 위협론을 부정하기 위해 이를 슬며시 차용하고 있다. 시걸은 중국은 이 글에서 '종이 호랑이(紙老虎)'라며 마오쩌둥(毛澤東)이 미국을 폄하한 말

---

5) 이 평가 방식에 따라 2000년 현재 최강국가는 미국이고 차강(次强)국가는 일본, 캐나다, 러시아다. 중국은 한국, 이탈리아와 함께 차강 후미권인 9위에 랭크되었다. 1990년 10위에서 한 계단 올랐다. 2010년에는 8위, 2020년에는 러시아, 영국, 오스트레일리아를 제치고 6위, 2050년에는 캐나다, 독일, 프랑스 등을 추월 3위나 4위권으로 도약할 것으로 예상하고 있다.

을 중국에 돌려주었는데 중국은 이를 자청해서 감수하고 있는 셈이다.

붕괴론의 논거와 반론

중국의 미래에 대한 후발 가설인 붕괴론의 논거는 중국 경제뿐만 아니라 정치, 사회적 문제점을 망라하고 있다.

- 은행의 부실채권에 따른 금융위기 조짐
- 1,430억 달러에 달하는 서부대개발과 사회간접자본 투자로 인한 천문학적 공공부채
- 공급과잉
- 통계의 낮은 신뢰도
- 심각한 빈부격차
- 구조조정에 따른 실업 증가로 인한 노동시장의 불안정
- 만연한 부패
- 여전히 꽌시(關係)와 멘즈(面子)에 지배되는 경제 활동에서 불투명성과 불합리성

이들이 제기한 문제점은 중국 정책 당국자들도 인정하고 또 심각하게 인식하고 있다. 공급 과잉의 경우, 한 예로 세계 1위의 점유율[6]을 기록하고 있는 TV 생산량은 연간 4,000만 대이지만 수출을 포함한 시장 수요는 3,000만 대에 불과하다. 재고의 누적은 해당 산업의 동맥경화를 불러일으킬 조짐이다.

통계와 관련해서는 주룽지 총리도 공식 발표된 경제성장률에서

---

6) 2001년 현재 중국이 전 세계 시장점유율 1위를 차지하고 있는 품목은 모두 460개로 주요 품목은 TV(36.2%), 냉장고(21.1%), 복사기(60%), 오토바이(48.9%) 등이다. 섬유, 신발 역시 세계 시장 점유율 1위를 차지하고 있다.

2~2.5% 정도 깎아야 할지 모른다고 낮은 신뢰도를 시인했다. ≪LA 타임스≫는 그러나 7.3%라고 발표된 2001년의 중국 경제성장률은 실제로는 2.9%에 지나지 않는다며 중국의 성장신화는 통계조작에 의한 허상이라고까지 말하고 있다. 만일 이러한 지적이 사실이라면 곡물 생산량에 대한 부풀리기 통계조작으로 수천만 명을 굶어 죽게 한 대약진 운동 당시의 과오를 되풀이하고 있는 셈이다.

빈부 격차에 대해서도 중국은 그 심각성을 인식하고 있다. 중국 정부가 아시아개발은행에 제출한 보고서에서 중국이 가장 빈부격차가 심각한 국가 중의 하나임을 자인하고 중국 언론에 상위 1%의 고소득층이 중국 전체 부(富)의 40%를 점유하고 있다는 충격적인 통계마저 게재되고 있는 실정이다. 2000말 현재 상하이 주민의 연 소득은 3만 4,560위안인 데 반해 구이저우(貴州) 성 주민의 소득은 12분의 1에 불과한 2,677위안이다. 티베트는 구이저우의 60% 수준인 1,562위안이다. 하루 벌이가 2달러 미만인 중국인이 53.7%, 1달러 미만은 18.5%에 달한다. 동부 12개 성과 서부 10개 성 간의 소득 격차는 2.4배에 달한다. 선진국 국민과 극빈국 국민이 오성홍기(五星紅旗) 아래 공존하고 있는 셈이다. 그것은 위태로운 공존이다.

중국의 실업률은 공식통계로는 2.9~3.1%이지만 실제로는 8% 수준에 도달한 것으로 추정되고 있으며 WTO 가입에 따른 구조조정의 본격화로 이 수치는 크게 올라갈 수밖에 없다. 부패는 '총제적 부패 공화국(ROTC, Republic of Total Corruption)'라는 표현이 나올 정도로 만연되었으며 갖가지 방책에도 불구하고 근절될 기미조차 보이지 않고 있다.

붕괴론자들이 중국 경제의 아킬레스건으로 여기고 있는 것은 바로 금융부실이다. 중국 당국은 불량채권 비율이 공식적으로는 25% 수준인 것으로 밝히고 있으나 붕괴론자들은 30~40%로 보고 있으며 심지어 70%에 달한다는 추정치를 내놓고 있기까지 하다. WTO 가입에 따른 금융개방으로 중국 금융 위기가 현실화하면 홍콩에 상장된 중국 기업(2,000~3,000억 달러)의 자산가치가 폭락, 홍콩 및 아시아 전체의 금융시스템의 마비로 이어질 것으로 보고 있다. '중국발 금융위기'론으로 명명된 이 시나리오는 중국 붕괴의 서곡에 해당되는 것이다.

중국 내부에서도 WTO 가입 후 붕괴론자와 같은 논거를 들며 중국 경제가 상당한 어려움에 직면할 것이라는 주장이 제기되고 있는 점도 유념할 필요가 있다. 저명한 경제학자로 장쩌민(江澤民) 주석의 경제고문인 우징롄(吳敬璉)은 '늑대론'을 내세우고 있다. 취약한 금융시스템, 투명하지 못한 기업 경영, 걸음마 단계의 비즈니스 마인드가 개선되지 않은 상황에서 엄청난 비교우위를 갖고 있는 미국, 일본, 유럽연합의 기업들이 중국에 본격적으로 진출할 경우, 이 기업들은 중국 경제의 '늑대'로 작용할 것이라는 우려다.

중국과학원의 캉샤오광(康曉光) 연구원은 중국은 향후 3~5년간 권력교체 과정에서 '위험한 평형상태'에 들어갈 것이라면서 심각하고 전면적인 정치 경제 사회 위기가 발생하면 정부가 흔들릴 수 있다고 말하고 있다.

중국의 WTO 가입을 앞두고 시기상조론을 폈던 신좌파(新左派)의 젊은 학자 한더치앙(韓德强)은 멕시코와 과거 국민정부의 예를 들고 있다. 한더치앙은 2000년에 출판된 『13억의 충돌』이라는 책을 통해 멕시코가 1995년 북미자유무역협정(NAFTA)에 가입한 뒤 기대했던 것과는 정반대로 기업 도산과 실업자가 증가한 사례와 일본 패망 후 국민당 정권의 중국과 미국이 우호통상조약을 맺은 이후 중국 기업이 잇달아 파산한 사실을 환기했다. 1946년 하반기에서 1947년까지 상하이, 톈진(天津), 한코우(漢口), 광저우(廣州) 등 중국 주요 대도시의 2만 7,000여 곳의 공장이 문을 닫았으며 특히 톈진의 경우는 공장 가운데 70~80%가 도산했다. 한더치앙은 미국과의 '우호'통상조약은 국민당 정부의 궤멸을 가져오는 '촉매제'가 되었음을 지적하며 WTO 가입이 이를 재현할 가능성에 우려를 표했다.[7]

이처럼 붕괴론자들과 중국 정책 당국자 및 학자들은 비슷한 상황인식을 갖고 있다. 두 그룹간의 본질적 차이는 결론—정확히 표현하자면 기대—이 정반대라는 점이다.

붕괴론의 불을 지핀 고든 창은 중국은 50여 년 간의 타성으로 국유기업의 개혁, 즉 민영화를 결코 이루지 못해 WTO 가입의 효과를 제대로 누리지 못할 것이라고 단언한다. 이로 인해 이미 심화된 경제 왜곡 현상을 더욱 악화시켜 결국 붕괴로 귀착될 수밖에 없다는 것이다. 중국의 반붕괴론자들은 '자전거론'으로 붕괴론을 반박한다. 개혁과 성장의 두 바퀴가 계속 굴러가는 한 자전거는 (어떠한 난관에 부닥치더라도) 넘어지지는 않는다는 것이다. 은행과 국유기업의 부실 역시 WTO 가입과 2008년 베이징 올림픽과 같은 성장 모멘텀이 계속 존재하는 한 자체적으로 흡수할 수 있다는 논리를 전개하고 있다.

'붕괴론'과 '위협론'에 민감한 중국 지도부

현 중국 지도부를 지속적으로 비판해온 '지하 총서기' 덩리췬(鄧力群)은 2000년에 발표한 <만언서(萬言書)>를 통해 중국 공산당이 10년 내에 몰락할 것이라고 '예언'한 바 있다. 고든 창이 붕괴 시점으로 잡은 2008년과 2년의 시차밖에 없다. 하지만 논거는 정반대이다. 덩리췬은 국유기업의 개혁 작업이 계속된다면(따라서 성공한다면) 당의 통치기반이 붕괴될 것으로 보는 데 반해 고든 창은 붕괴의 전제로 국유기업

---

7) 한더치앙의 대안은 WTO 가입여부와 관계없이 보호무역주의를 견지해야 한다는 것이다. 한더치앙은 다른 대목에서 강요당한 개방의 대표적 피해 사례로 한국을 언급했는데 이를 옮기면 다음과 같다. "1980년대 말에 한국의 산업은 국제 경쟁력을 제고해야 하는 위기에 몰리는 한편으로, 냉전이 보장하던 전략적 지위를 잃었다. 미국은 무역 장벽의 철폐를 강하게 압박했다. 1997년 아시아 외환위기 와중에 한국은 IMF에 경제주권을 넘겨주기까지 했다. 한국은 가까스로 이룩해놓은 경제 발전의 성과를 눈앞에서 도둑맞은 것이다."

개혁의 실패를 상정하고 있다. 정반대의 전망과 시각에서 똑같은 결론을 내리고 있는 셈이며 이는 현재 중국 지도부의 개혁 정책이 좌파와 우파 모두로부터 공격을 받고 있는 상황을 상징한다. 덩리췬의 몰락 예언과 마찬가지로 붕괴론의 이면에는 이데올로기의 그림자가 어른거리고 있는 것이다. 중국 지도부가 이 점을 간과할 리 없다.

중국의 당 기관지 ≪인민일보≫는 2002년 6월 12일 '위협론에서 붕괴론까지'8)라는 평론을 통해 위협론과 붕괴론의 이면에 자리잡고 있는 이 '반중 이데올로기'를 공격했다. 인민일보에 따르면 위협론과 붕괴론은 모습만을 바꾼, 동일한 의도와 목적을 가진 가설이라는 것이다.

≪인민일보≫는 서방의 신문, 잡지, TV 등 서방 각종 언론매체가 중국 경제성장의 진실성과 통계의 신뢰성에 대해 비정상적인 의문을 갖고 이를 경쟁적으로 보도하는 바람에 붕괴 가설이 서방에서뿐만 아니라 중국 인근 국가들에게까지 영향을 미치고 있다고 주장했다. 이어 ≪인민일보≫는 이 두 가설이 목적하는 바는 중국의 국제환경을 악화시켜 중국의 발전을 저지하여 중국이 경제적으로 흥성하는 것을 막으려는 데 있다고 지적했다. ≪인민일보≫는 이런 현상이 발생한 이유 중의 하나로 '민주국가'가 아닌 중국의 발전과 성공을 보고 싶지 않다는 서방인들의 심리를 들고 있다. 이데올로기적 편견이 붕괴론의 산모라는 지적이다.

같은 날 홍콩의 친 중국계 신문 ≪문회보(文匯報)≫는 '미국은 왜 붕괴론을 부추기는가'라는 제목의 논평을 통해 붕괴론 확산의 배후에 미국이 있다는 중국 당국의 인식을 노골적으로 드러냈다. ≪인민일보≫와 ≪문회보≫가 같은 날자에 '반(反)붕괴론' 평론을 내놓은 것은 앞으로 중국 지도부가 붕괴론 확산에 적극적으로 대처하겠다는 의지의 표현이다. '반붕괴위협론'을 천안문 사태와 소련 및 동구권 해체 이후 중

---

8) 제목에서 알 수 있듯이 이 논평은 후발 가설인 붕괴론에 공격의 초점을 맞추고 있다.

국이 내놓았던 '반화평연변론' 수준의 대(對)서방 대항 이데올로기로 격상시키겠다는 시사이다.

중국이 민감하지 않을 수 없는 충분한 이유가 있다. 제로섬 관계인 '위협론'과 '붕괴론'이 공존하며 확산하는 양상은 한때 미국의 경제적 영향력을 위협했던 일본과 일본을 모델로 성장한 아시아 경제권이 '상찬'과 '폄하'에 호되게 당한 역사를 연상시키기 때문이다. 미국에서는 2000년부터 '일본은 과거의 역사이고, 이제는 중국이다(Japan is history, China is it)'라는 말이 유행할 정도로 중국, 특히 경제에 대한 관심이 높아지기 시작했는데 이것이 중국 입장에서는 전혀 유쾌하지 않은 두 가설의 등장을 가져온 것이다.

미국 경제가 침체의 늪을 벗어나지 못하던 1970~80년대 호황을 구가하는 일본 경제에 대해 미국은 일본 경제가 곧 미국 경제를 추월할 것처럼 호들갑을 떨었다. 이는 '일본 때리기(Japan Bashing)'로 이어졌다.

한국과 태국, 인도네시아, 말레이시아 등 아시아 다른 국가들의 경우에도 이러한 패턴은 반복되었다. 미국을 포함한 서방 언론들은 이 국가들을 '아시아의 호랑이'라며 역시 두려움 섞인 칭찬을 아끼지 않았다. 이러한 칭찬은 아시아 경제가 세계 경제의 중심으로 자리잡을지도 모른다는 위협론으로 발전했다. 그러나 아시아 각 국이 장밋빛 미래에 취해 있을 때 아시아 경제 발전의 허구성을 지적하는 가설이 이 위협론과 적대적으로 공존하며 확산됐다.

1997년 아시아의 금융위기는 허상론 — 이는 결과적으로 붕괴론으로 전환되었다 — 에 우세승을 안겨준 셈이다. 이제 더 이상 미국은 10년 장기 불황에 빠져 있는 일본을 두려워하지도 일본식 경제운용을 칭찬하지도 않는다. 한동안 '정실 자본주의(crony capitalism)'의 전형으로 온갖 비난과 폄하의 대상이 되었던 한국은 다시 칭찬의 대상이 되기 시작했다. 하지만 과거와는 전혀 다른 기준에서이다. 다른 어떤 아시아 국가들보다 미국식 경제운영 방식을 과감하게 수용하고 있기 때문이다.

'위협론', '붕괴론'과 같은 이데올로기적 편견이 섞인 가설은 단지 미래를 전망하는 역할에 그치지 않는다. 그것은 결정적인 순간, 미래의 향방을 결정짓는 데 무서운 힘을 발휘한다. 한국의 경우가 대표적이다. 1997년 아시아 금융위기 이전 한국에 외국 투자자들이 밀물처럼 몰려들었던 것은 한국의 미래에 대한 낙관적 전망 때문이었다. 또한 아시아 금융위기 당시 마치 썰물처럼 외국의 투자자들이 빠져나간 것은 한국 경제 발전의 허구성을 지적한 가설이 한국의 외환 위기 상황과 결부되면서 빚어진 패닉 현상 때문이었다. 당시 미국을 포함한 서방 언론들의 이를 부채질하는 데 단단히 한몫을 했음은 주지의 사실이다. 당시 강경식(姜慶植) 부총리의 통계에 바탕을 둔 이른바 '펀더멘탈(fundamental) 튼튼론'은 그야말로 홍수 속의 손바닥 신세였다.

물론 한국 경제가 환란을 겪은 것은 국내외의 여러 요인이 복합되어 있고 자체 모순이 일차적임을 부인할 수는 없다. 하지만 그것이 국가부도 직전까지 악화된 이면에는 '허상론'에서 연원을 둔 '붕괴론'이 결정적 촉매 작용을 하였음은 부인하지 못할 것이다.

빗장을 완전히 열지 않은 관계로 아시아 금융위기의 불똥을 피하며 '한국의 몰락'을 지켜보았던 중국은 빗장을 완전히 풀면서 확산되기 시작한 '붕괴론'과 '위협론'에 민감할 수밖에 없는 이유는 바로 여기에 있다. 중국이 서둘러 대응 논리 개발에 나서고 있는 것은 아시아 금융위기 이전, 미국 프린스턴 대학의 폴 크루그먼(Paul Krugman)[9] 교수의 이론이 아시아 경제 발전의 약점을 정확히 짚어낸 것처럼 '중국 붕괴론' 역시 중국 경제가 안고 있는 불안 요인을 매섭게 짚어내고 있다는 점 때문이다.

---

9) 그는 MIT 교수로 있던 1994년 펴낸 『아시아 기적의 신화』를 통해 아시아 경제 성장을 효율성이 아닌 자본과 노동의 집약일 뿐이라고 주장했다. '허상론'의 선구자인 셈이다.

고든 창은 『다가오는 중국의 붕괴』라는 책의 머리말에 앞서 "불꽃 하나가 대지를 태울 수 있다"라는 마오쩌둥의 말을 인용하고 있다. 그리고 책의 끝을 "인민공화국이 무너질 때 왕촨닝은 새로운 지도자들이 예전의 지도자들보다 더 나을 것인지 확신할 수 없을 것이다. 하지만 그도 한 가지는 알 수 있을 것이다. 아들 제이슨에게는 희망이 있다는 것을"이라는 문장으로 맺고 있다.

수미 일관하게 그는 중국 공산체제의 붕괴를 염원하며 그 책을 썼다. 고든 창이 지적한, 중국 경제가 안고 있는 모순은 결코 틀린 것이 아니다. 하지만 그는 모순의 극복을 원하지도 기대하지도 않았다. 파국으로 이어지기를 바라는 마음을 노골적으로 드러냈다. 그 염원의 불꽃이 미국과 서방을 거쳐 중국의 주변국에 번지고 있는 것이다.

중국 당국자들이 붕괴론을 반박하기 위해 '자전거론'을 내세운 사실은 앞서 살핀 바 있다. 개혁과 성장 중 전자는 전적으로 중국 정부의 몫이다. 하지만 지속적 성장을 위해서는 절대적으로 외자를 유치해야 한다. 중국의 대외 무역 의존도는 44%(대외무역 의존도가 10% 이상이 되면 대외경제 정책의 변경이 대단히 어렵다고 한다)이며 2000년의 경우 중국 총 교역액의 절반을, 중국 총 수출의 45.5%를 외자기업이 담당하고 있다. 붕괴론과 위협론이 이러한 외국 투자자들의 행동에 영향을 미칠 때, 또 그것이 교역 상대국과 투자국의 정책에 영향을 미치는 순간 가설은 곧바로 현실이 될 수 있다. WTO 가입에 따라 빗장을 완전히 연 이후에는 더더욱 그렇다.

중국 당국은 외환 위기라는 혹독한 시련을 겪었던 한국을 반면교사로 삼고 있다. 중국 사회과학원 장원링(張蘊嶺) 교수는 자본시장 개방 시 외환 위기 가능성이 없느냐는 질문에 대해 답변하며 이를 확인해주었다. 그는 한국의 외환위기를 목도했기 때문에 준비 안 된 개방이 얼마나 위험한지를 잘 알고 있다며 자본시장 개방은 세계가 생각하는 이상으로 점진적, 단계적으로 이루어질 것이라고 말했다.

중국의 인민은행은 2002년 3월과 6월, 일본 및 한국과 통화 스와프 협정을 체결했다. 통화 스와프 협정은 양국간 통화나 달러를 서로 교환해 금융위기를 예방하는 장치를 말한다. 한국과는 최대 20억 달러, 일본과는 30억 달러 규모였다. 일본, 중국의 외환 보유고는 2002년 7월 현재 각각 4,197억, 2,384억에 달하고 외환 위기에 호되게 당한 한국도 1,398억 달러로 늘려놓은 상태다. 가까운 장래에 통화 스와프가 있게 될 가능성은 희박하다. 따라서 이는 먼 장래를 예비한 것이다. 그러나 무엇보다도 중요한 것은 중국 경제에 대한 신뢰를 지속시키고 또 막연한 두려움을 없애는 일일 것이다.

고든 창이 던진 붕괴론의 불꽃은 이제 불길이 되었다. 이미 있어왔던 위협론의 불길도 새롭게 기세를 올릴 조짐이다. 중국의 새 지도부는 개혁의 추진과 아울러 이 두 가지 불길을 잡아야 하는 과제도 안고 있다.

중국의 한국 인식의 이중성
— 월드컵 기간 중의 중국의 혐한 정서를 중심으로

'**대**' 한견국(大韓犬國)'
중국의 최고 명문으로 자부하는 베이징(北京) 대 인터넷 홈페이지에 등장한 이 글귀는 2002년 6월 한일 월드컵 기간 중 중국을 휩쓴 '혐한류(嫌韓流)'를 상징한다.

기대를 뛰어넘는 한국 축구의 선전에 한국인들이 남녀노소 할 것 없이 거리를 메운 채 '대~한민국'을 외치는 동안 서해 바다 넘어 중국 대륙에서는 '대한견국'이라는 표현이 대변하듯 극한적인 '혐한 정서'에 휩싸였다. 한국 축구의 4강 진출은 중국인들에게는 '붉은 악마'가 카드 섹션으로 표현한 '아시아의 자랑(PRIDE OF ASIA)'이 결코 아니었다. '아시아의 재앙'이며 '월드컵의 수치'일 뿐이었다.

'혐한 정서'를 촉발시킨 것은 중국 언론이었다. 중국의 다수 언론 — 다행스럽게도 전부는 아니다. 하지만 영향력이 있는 주요 언론 매체가 다수 포함되어 있다 — 은 한국 축구의 8강, 4강 진출은 실력이 아니라 '심판을 매수한' 검은 손(黑手) 때문이었다는 '자신들만의 확신'을 전제로 경멸, 분노, 저주의 1차적 감정을 지면과 브라운관을 통해 거침없이 쏟아냈다.

중국의 대표적 방송사인 CC-TV, 공청단(共靑團) 기관지로 젊은이들 사이에 가장 인기 있는 신문인 ≪중국 청년보≫, 3대 석간의 하나인 상하이 시의 ≪신민만보(新民晚報)≫, 역시 3대 석간에 속하는 광둥(廣東)성 광저우(廣州) 시의 ≪양성만보(羊城晚報)≫ 등이 경쟁적으로 혐한 정서에 불을 붙이고 부채질한 중국 언론 매체들이다. 중국 유일의 통신사인 신화(新華)통신도 나중에는 한국의 선전을 높이 평가하는 쪽으로 돌아섰지만 초기에는 이들과 같은 논조였다. 최고 권위의 ≪인민일보≫와 3대 석간인 ≪베이징 만보≫ 정도가 일관되게 이 거센 '탁류'에 휩쓸리지 않은 것이 다행이라면 다행이었고 위안이라면 위안이었다.10) 우선 이 매체들이 토해낸 말과 문구들을 살펴보자.

- 한국축구의 8강 진출은 아시아의 치욕
- 포르투갈을 이긴 뒤 한국 선수단이 보인 태도는 소인배가 뜻을 이루었을 때의 모습(小人得志)이다.
- 이탈리아 선수들의 옷을 잡아 댕기면서 일궈낸 한국 축구의 8강 진출은 아시아의 치욕이다.
- 심판이 이탈리아를 목졸라 살해했다.
- 누가 중국의 축구에 공한증(恐韓症)이 있다고 말했는가. 세계 모두가 이미 공한증을 가지고 있다. 이는 심판의 편파판정 때문이다.
- 심판이 엉망이고, 한국팀의 승리가 아니다. 이래서야 어떻게 월드컵이 월드컵이냐. 한국은 아시아의 대표가 아니고, 한국만의 대표다.
- 우리는 하룻밤에 졸부가 돼버린 (한국)사람들을 칭찬할 수 없다.
- 억지로 떠받들어진 한국 축구팀은 분명 속으로 썩은 사과다.
- 아르헨티나가 졌을 때 나는 울었고, 포르투갈이 떨어졌을 때 나는 분노했으며, 이탈리아 팀이 밀려났을 때 나는 냉소했다.

---

10) ≪베이징 만보≫는 한국의 이탈리아전 승리를 '정신력의 승리'라고 평가하고 한국 축구에 뒤쳐진 중국 축구의 문제점을 거론했다. 신화통신은 6월 22일 "한국팀은 아시아팀으로는 사상 처음으로 월드컵 4강에 진출하는 역사를 만들었다"며 높이 평가했다.

—이탈리아 2류 팀에서 뛴 안정환이 유벤투스, AC밀란 등의 일류 선수들을 압도하는 게 실제 가능했겠느냐.

—마피아보다 더 검은 손이 경기를 조정했다.

—이번 월드컵 대회는 1936년 나치 독일이 주최한 올림픽을 연상시킨다. 그 해의 올림픽이 올림픽 역사상 하나의 큰 치욕이었듯이 이번 한일 월드컵 역시 월드컵 역사상 이전에도 없고 앞으로도 없을 가장 큰 치욕이 될 것이다. 나는 한국의 국제 축구 연맹 고위 간부나 막후의 검은 세력들을 의심한다. 주최국인 한국이 이렇게 하는 것은 실로 '음짐지갈(飮鴆止渴: 독이 든 술을 마셔 갈증을 푼다는 뜻으로 후환을 생각하지 않고 눈앞의 위급을 피하려는 경우에 쓰임)'로 그들은 앞으로 월드컵 대회의 주최국들에게 하나의 매우 나쁜 선례를 남긴 것이다. 스페인의 두 골이 무참하게 무효가 됨으로써 그 부심은 전 세계 축구 팬들의 아이큐를 능멸했다. 바보만이 스페인 팀의 두 골이 무효라는 심판의 판정을 믿을 것이다. 왜 똑같은 재수 없는 일이 한국팀에게는 일어나지 않는 것인가? 한국은 독일이 개최하는 다음 월드컵 대회에서 4강은 말할 것도 없고, 16강에도 100% 들어가지 못할 것이다. 나는 이에 대해서 지금 여러분들과 기꺼이 내기를 할 수 있다. 아시아에서 개최하는 월드컵 대회를 우리가 함부로 하여 망쳐버려서는 안 된다. 아시아의 축구를 위해 나는 이러한 승리에 얼굴이 붉어진다.[11]

—한국팀을 위해 환호하지 말자. 그리고 월드컵을 위해 환호하지 말자.

—한국의 음모와 신화는 어젯밤에 끝났다.

—악몽은 드디어 끝났다. 독일팀이 한국을 이겼을 때 우리는 안도의 숨을 내쉬었다.

---

11) 《조선일보》 지해범(池海範) 기자가 2002년 6월 25일 디지털 조선 이메일 클럽에서 번역, 소개한 《신민만보》의 축구담당 기자 지위양(姬宇陽)의 글을 발췌한 것임. 기타의 글들도 거의 대부분 베이징 주재 한국 특파원들이 지면을 통해 소개한 것임을 밝혀둔다.

위에 소개한 표현은 그래도 점잖은 편이었다. 인터넷망을 통해 표출된 한국 매도는 이를 꼼꼼히 읽어본 한 한국인 네티즌이 "한자가 발명된 이래 5,000년 동안 갈고 닦은 말싸움 실력과 그간에 무수하게 개발해놓은 욕이란 욕은 총동원해서 한국 축구팀과 한국인을 모욕했다고 보면 된다. ……중국인들의 욕 솜씨에 감탄, 찬탄을 넘어 경탄의 경지를 느끼게 했다"고 적을 정도였다.

중국 최대 인터넷 포털 사이트 신랑망(新浪網)에는 한국 축구가 세계를 놀라게 하기 시작한 16강전 이후 4강전까지 2주 동안 대부분 한국 축구와 관련된 4만여 건의 게시물이 올려졌는데 한마디로 욕의 경연장이었다. 다른 사이트에서도 상황을 마찬가지였다. 신랑망에 올려진 게시물의 내용과 관련, 앞서의 한국 네티즌의 글의 일부를 다시 한번 빌려 보자.

중국 욕으로 '니미 씨×(약자로는 T.M.D.라고 한다.)'은 기본이고, 집에서 기르는 가축만으로 부족해서 야생 짐승(狼虎·이리와 호랑이＝욕심이 많고 나쁜 사람, 악인, 악당을 지칭하는 비유로 사용한다.)까지 나왔고, 동물만으로는 부족해서인지 그 앞에다가 '미친 ×'랄지, '더러운 ×'랄지 화려한 형용사가 동원되었다. 그리고 중국 욕이 부족한 경우에는 영어로 '선 오브 비치'가 동원되었고, 그것도 부족하면 일본, 영국, 이탈리아, 스페인의 일부 언론을 동원해서 오랑캐로 오랑캐를 제압하는 수법까지 동원되었다. 심지어 일본 포르노 배우가 방송에 나와서 한국팀 욕하는 것까지 친절하게 인용해서 세계의 모든 사람들이 한국을 욕하는 가운데 심지어는 일본의 인기 AV배우까지 욕을 한다는 식으로 여론을 몰아갔다.

물론 한국팀의 선전을 칭찬하는 게시글도 적지 않았다. 하지만 전체적인 분위기는 한국 매도였다. '도한파(倒韓派)'가 '보한파(保韓派)'를 압도하는 형국이었다.

중국 대학생들 한국팀 승리에 반감 표출

한국과 이탈리아전에서 '심판의 판정이 공정했느냐'는 인터넷 여론 조사에서 응답자의 82%가 공정하지 않았다고 대답했다. 중국 언론의 정상적이라고는 도저히 볼 수 없는 한국 매도에 중국 네티즌이 전폭적으로 호응한 것이다. 이는 중국인들 특히 젊은 세대 사이에 이미 상당히 심각한 '혐한 정서'가 자리잡고 있었음을 깨닫게 해준다. 한국전과 냉전 시대의 불행했던 역사적 기억에서 자유로운 이들의 이러한 태도는 양국의 미래에 불안한 그림자를 던져준다. 문자로 욕지거리를 해대는 것에 그쳤는가. 아니다. 행동으로도 이를 옮겼다.

한국 축구팀이 승리한 기쁨에 '대~한민국'을 외치며 교정을 누비는 한국 유학생들을 향해 중국 학생들이 욕지거리와 오물을 투척하는 등 반감을 행동으로 옮기는 사태가 속출했다. 이 바람에 한국 여학생들은 한동안 바깥출입을 삼가고 일부 유학생들은 귀국을 심각하게 고려하는 상황마저 빚어졌다.

6월 25일 한국과 독일전이 벌어졌을 때 베이징 대의 중국인 학생들은 한국 유학생들에 대항, 독일 응원전을 펼쳤으며 한국 유학생들이 많이 재학하는 제2외국어학원에서는 경기가 끝난 뒤 욕설을 퍼붓고 물병과 오물을 투척하는 것으로는 성이 차지 않았던 듯 '붉은 악마' 티셔츠를 불태우려 했다. 또 '한류(韓流)'의 상징인 한국 탤런트 김희선의 포스터 사진에 'TO DIE'라는 글귀를 써넣기도 했다. '미우면 볼우물도 곰보 자국으로 보인다'는 우리의 속담을 연상시키는 대목이다.

상사 주재원들 사이에서도 중국인과의 접촉에서 한국의 선전을 자랑, 아니 언급하지 않는 분위기가 형성됐다고 한다. 쓸데없는 논쟁을 피하기 위해서였다. 그럼에도 일부는 중국 언론이 '단죄'한 한국의 '과오'를 '인정'하라는 중국인들의 은근한 압력에 시달리기까지 했다.

한국이 준결승에서 독일에 패한 뒤부터 무슨 일이라도 곧 터질 것 같았던 '혐한류'의 기세는 급격히 수그러졌다. 하지만 여진은 계속되었다. 주중 한국대사관 홈페이지가 7월 13일 잠정 폐쇄된 것이 한 예이다. 한중 네티즌들간의 사이버전 때문이었다.

중국의 '혐한류'가 한국의 베이징 특파원들의 글을 통해 전해진 뒤인 7월 5일 한국의 한 네티즌은 "축구도 못하는 주제에 꽃게에 납이나 집어넣는 X들이 이번 월드컵에 운이 좋아 나와서 한 골도 못 넣은 주제에 축구에 대해서 뭘 안다고 X소리냐"라는 내용의 글을 올렸다. '눈에는 눈, 욕에는 욕'이었다. 이에 대해 한국에 유학 중이라는 베이징 출신 한 중국인은 "남한 축구는 심판을 매수하는 아주 비열한 축구를 했다. 우리가 남한처럼 심판을 매수했다면 우승까지도 했을 것"이라고 되받았다.

한국에 유학 중이라는 이 중국인이 '한국'이라는 국호 호칭 대신 '남한'이란 표현을 쓴 것을 주목하라! 한중 수교 이전 '남조선(南朝鮮)'이라는 우리의 호칭은 수교 이후 '한국' 바뀌었고 모든 중국 언론도 이를 철저히 지키고 있다. 이 유학생은 호칭 격하를 통해 욕지거리 이상의 모욕을 한국에 하고자 하는 것이다.[12] 하루 평균 40여 건이던 주중 한국대사관 홈페이지의 투고 게시물은 80~100건으로 증가했고 이는 한국인과 중국인 간의 사이버 전쟁 때문이었다.

중국인의 한국 축구에 대한 '질투 섞인 적개심'은 우리가 몰랐던

---

12) 대만 언론들은 철두철미하게 '한국' 대신 '남한'이라는 호칭을 사용하고 있다. 이러한 관행의 시작은 1986년 서울 아시안게임 때부터였다. 그 이전까지 '한국'이라는 호칭이 일반적이었다. 당시 아시안게임 조직위원회의 방침에 따라 대만의 국기인 '청천백일기(靑天白日旗)'의 계양을 금지하지 대만 측은 우방국 한국이 그럴 수 있느냐며 선수단을 철수시켰다. 이런 일이 있은 이후 대만의 한 신문은 사설을 통해 한국 언론이 중국의 1개 성을 지배하고 있다는 시각에서 '자유중국'이라는 정식 국호 대신 '대만'으로 호칭한다면 같은 논리에서 한반도의 남쪽 지역만을 통치하는 '한국'은 '남한'으로 불려야 마땅하다며 향후 호칭을 변경할 것임을 선언했고 이는 대만의 전 언론으로 확산됐다. 호칭 격하는 이처럼 중국인들에게 욕 이상의 모욕으로 간주된다.

바가 아니다. 국가대표팀간의 경기에서 한국팀을 꺾어본 적이 없는 관계로 '공한증(恐韓症)'이라는 말이 나왔을 정도다. 몇 년 전 중국에서 치러진 양국 대표팀간의 경기에서 중국팀이 패하자 응원하던 한국인들에게 욕설을 퍼붓고 심지어 폭행을 가해 물의가 빚어진 적이 있었고 월드컵을 앞두고 치러진 평가전에서 한국과 비기자 '지긋지긋한 공한증에서 벗어나게 됐다'고 환호하던 중국인들이었다. 그런 중국인들이기에 자국 팀이 조별 리그에서 단 한 골도 넣지 못한 채 전패한 가운데 전개된 한국팀의 선전에 유쾌할 리 없었을 것은 충분히 짐작이 가는 일이었다. 그러한 점을 감안한다 해도 이번 월드컵에서 중국인들이 보인 태도는 지나쳤다. 집단 히스테리 증세를 보였다고 해도 결코 과언이 아니다. 중국인의 부정적 기질로 지적되는 홍옌빙(紅眼病) — 타인의 성공에 대해 질투와 시샘을 하는 것 — 에 지성인, 일반인 할 것 없이 많은 이가 감염되었었다.

여기서 분명하게 짚고 넘어가야 할 점이 있다. '검은 손'이 경기를 조작했느냐의 여부다. 또한 한국팀은 중국 언론이 주장하고 TV 중계를 통해 보았을 일반 중국인들 다수가 동의한 것처럼 실력외적 요인으로 승리한 것이냐는 점이다. 전자에 대해서는 한국팀에 패배한 이탈리아, 스페인 팀조차 그렇게 근거 없는 '비약'을 하지 않았던 사실을 환기하고 싶다. 그들은 심판의 '오심'과 '편파 판정'을 주장했을 뿐이다.

후자에 대해서는 두말할 나위 없다. 이탈리아, 스페인 팀의 편파 혹은 오심 판정 여부와 관련하여 한 아일랜드 기자의 기사를 주목할 필요가 있다.

월드컵 이전까지 한국을 '중국에 붙어 있는 작은 나라' 정도로만 알고 있었던 이 기자는 한국팀은 상대의 반칙 플레이에 투혼을 발휘하여 승리하였다고 적고 있다. 그러면서 그는 한국인들이 패한 나라의 반응에 민감한 것을 의아해 하며 오심 시비에 익숙하지 않은 것 같다고 말했다. 유명한 이탈리아, 스페인 리그에서 판정 시비는 기본으로 이는 패자의 변명으로 간주될 뿐이라고 그는 덧붙였다.

편파 판정 시비에 대해 거스 히딩크(Gus Hiddink) 감독도 한마디했다. 강팀은 약팀을 확실하게 제압해야 한다고. 1998년 프랑스 월드컵에서 네덜란드 팀을 이끈 그는 한국팀을 무려 5 : 0이라는 스코어로 눌렀다. 당시 앞서의 멕시코 전에서 선제 골을 넣은 하석주(河錫舟) 선수가 퇴장당한 데 대해 한국에서도 심판의 편파 판정 여론이 비등했었다. 그러나 네덜란드 전을 두고는 아무 할 말도 없었다. 히딩크는 바로 이 점을 지적하였다.

한국팀의 실력 문제와 관련, 중국인들에게 이탈리아 팀의 스타플레이어로 한국전서 선제 골을 넣었던 크리스티안 비에리(Christian Vieri)가 7월 17일 자국 언론과의 인터뷰에서 한 말을 들려주고 싶다. 그는 상대국(한국)은 정당한 플레이를 보여줬다며 이탈리아의 패인으로 자신이 한 골을 넣은 뒤 델 피에로(Del Piero), 인차기(Inzaghi), 몬텔라(Montella) 등 뛰어난 공격수들이 프로 리그에 대비한 몸 사리기에 급급, 득점에 가담하는 선수는 자신 혼자뿐이었던 점을 지적했다.

중국인들의 귀를 솔깃하게 만드는 이야기도 있긴 하다. 한국 - 스페인전의 부심을 맡았던 우간다 출신의 토무상게 알리(Tomusange Ali)는 2002년 7월 19일 로이터통신과의 회견에서 연장전 때 "내가 깃발을 들어 그(스페인 모리엔테스 선수)의 골을 인정하지 않은 게 실수였던 것 같다"며 오심을 인정하는 뉘앙스의 발언을 했다. 이 부심의 판정으로 모리엔테스(Morientes)의 골은 '골든 골'로 인정되지 못했다. 이는 스페인 팀이 승부차기로 패한 뒤 논란을 불러일으켰고 스페인 언론들이 승리를 '도둑'맞았다고 주장한 근거가 되었다. 그러나 한국팀이 (깃발이 올려짐에 따라) 적극적으로 수비하지 않은 것 역시 부인할 수 없는 사실이었다. 우간다 출신의 부심은 비록 오심 가능성을 인정했지만 "나는 최선을 다했기 때문에 후회는 없다"며 여전히 당당했다. 주최국을 봐주기 위한 고의 판정을 하지 않았다는 뜻일 것이다.

요약하자면 한국팀에게 유리하게 작용한 애매한 판정은 있었지만 한국팀의 4강 진출은 실력과 투혼이 엮어지지 않았다면 불가능했다. 한국팀 승리의 제물이 된 국가와 중국을 제외한 세계 대다수 나라 국민과 언론이 한국팀의 선전에 칭찬을 아끼지 않은 것이 이를 뒷받침한다.

중국 스포츠 기자협회 반성 세미나

중국에서도 월드컵 경기가 끝난 뒤 반성 분위기가 일었다. ≪인민일보≫는 7월 10일자 '월드컵이 끝난 후의 사색'이라는 제목의 논평을 게재했다. 그 내용을 요약하면 다음과 같다

- 팀 실력을 높이기 위해 기울인 노력이 한국팀이 월드컵에서 선전한 진정한 이유이다.
- 한국 축구가 보인 장족의 발전은 근거 없이 이루어진 것이 아니다.
- 한국 선수들은 개막 전 광고주들의 거듭된 유혹을 뿌리치고 시합에 전념하는 등 가장 중요한 시간에 그들에게 가장 소중한 시간이 무엇인가를 스스로 인식하고 있었다.
- 한국 축구팀 외에 축구 팬들 또한 외국 사람들에게 깊은 인상을 심어준 존재다. 통일된 복장과 질서정연한 태도로 한국팀을 응원하는 모습을 보여 줌으로써 민족의 의지와 역량을 과시했다.
- 한국팀이 이룬 성적은 매우 예상 밖이라고 할 수 있겠지만 충분히 공감할 수 있는 것이다.
- 과학적이며 가혹하기까지 했던 훈련 외에 선수 개개인의 책임감과 직업 정신, 조국에 대한 지극한 열정이 한데 어울려 만들어진 결과이다.

중국 체육기자협회의 '월드컵 보도 평가 세미나' 개최 사실을 보도

한 7월 12일자 홍콩 ≪사우스 차이나 모닝포스트≫는 세미나에서 자성의 목소리가 높았다고 전하고 있다. 일부 중국 언론들이 현장에서 송고한 기사들을 조작해 중국팀에 영향을 미치려 했고 중국 기자들도 외신 보도를 표절하고 사실을 왜곡했던 점이 '자아비판'의 주메뉴였다. 이는 중국팀이 처음 맞붙었던 코스타리카 선수들의 약물 복용설 보도와 한국의 4강 진출이 심판을 매수해서 이루어진 것이라는 논조의 보도를 겨냥한 것이다.

≪인민일보≫는 월드컵 기간 내내 '혐한 정서'를 부추기지도, 또 이에 휩쓸리지도 않았던 신문이다. 그러나 논조의 일관성을 지킨 것일 뿐이라고 그 의미를 평가 절하할 필요는 없다. 당 기관지이자 최고의 권위를 갖고 있는 ≪인민일보≫의 위상을 감안할 때 이러한 결산은 한국 매도 보도와 국민들 사이에 일었던 혐한 정서가 잘못된 것임을 인정한 것이다.

한국 축구에 대한 폄하보도를 중지하도록 지시했다는 보도도 나왔다. 일본 ≪요미우리(讀賣) 신문≫이 2002년 7월 26일 자에서 보도한 바에 따르면 중국 당국이 관영언론의 스포츠 담당 간부들에게 더 이상 한국 축구의 선전을 트집잡는 논조의 기사를 게재하지 말 것을 지시했다고 한다. 한국 정부의 항의가 있었다고 전한 이 신문은 수교 10주년을 맞아 양국관계에 악영향을 우려한 때문인 것으로 분석했다.

이렇게 본다면 2002년 6월 중국인들이 토해놓은, 혐한 정서가 그득한 발언들은 '편견의 바벨탑'이었다는 결론이 나온다. 이 바벨탑이 무서운 기세로 쌓이는 과정을 현장에서 지켜본 재중 한국인들의 심정은 한마디로 당혹이었다. 이들은 중국과 연관을 맺고 있어 '친중파'까지는 몰라도 '이중파(理中派)', '지중파(知中派)'인 경우가 대부분이다. 그런 이들의 입에서 "중국인들 도대체 왜 이러나," "중국인들을 제대로 알지 못했다"는 탄식이 터져 나올 정도다.

수교 후 10년이 지나는 동안 일반 한국인들 사이에서는 크게 보아

'서로 이익이 되는 좋은 이웃'이라는 인식이 자리잡아가고 있었다. 수교를 전후해 '못사는 중국'에 대한 일부 한국인들의 우월의식도 중국의 경제성장에 따라 많이 완화되었다.

물론 지난 10년간 한국전 참전의 기억이 완전히 가신 것은 아니고 외교 분야에서의 대북한 경사에 불만도 없지 않았다. 경제분야에서 양국관계를 긴장시킨 이해의 충돌 역시 적지 않게 발생했다. 또 과거 왕조시대와 같은 중국의 대국주의적 자세가 우리의 심사를 뒤틀리게 한 적이 한두 번이 아니었다.

그래도 호의적 인식의 주된 흐름이 뒤엎어지지는 않았다. 하지만 2002년 한일 월드컵을 계기로 중국은 그들이 한국에 대해 갖고 있는 야누스의 또 다른 얼굴을 확실하게 보여주었다. 질릴 정도로 말이다. 한국인들의 대중인식이 동요를 일으키지 않는다면 그것은 한국인이 스스로를 모독하는 것이다. 대미인식의 전환의 계기가 1980년 광주(光州) 민주화운동이었던 것처럼 훗날 한국인의 중국 바로보기의 본격적 출발은 2002년 한일 월드컵 대회 — 비극적 사태였던 전자와는 달리 이는 세계적 축제였다는 점에서 아이러니를 느끼게 한다 — 때부터라고 기록할지 모른다.

'중국인들 도대체 왜 이랬나'. 이에 대해 갖가지 분석이 나왔다. 우선 축구에 초점을 맞춘 분석을 살펴보자. 혹자는 중국의 이상 축구 열기를 든다. 중국의 축구 열기는 월드컵 이전, 동양 3국 중 둘째가라면 서러워 할 정도다. 홍콩 언론의 표현을 빌리자면 '우물 안'에서 탄생한 '작은 영웅'에 천문학적인 몸값을 지불할 정도로 중국의 축구 리그는 매우 뜨거웠고 지역간 경쟁은 춘추전국을 방불케 할 정도로 격심했다.

그러나 세계의 벽은 두텁고 높았다. 그동안 4개국 대표팀을 모두 16강에 올려놓아 '미다스의 손'이라는 별명을 들었던 보라 밀루티노비치(Bora Milutinovic) 감독을 영입하고 많은 투자도 했건만 결과는 참담했다. 코스타리카, 브라질, 터키와의 세 게임에서 아홉 골을 먹고 단 한 골도 넣지 못했다. 중국 축구 기자들과 축구 해설자들과 축구팬들은 자신들이 중국팀을 과대 평가했다는 사실을 깨달아야 했다. 여기에다 돈의 문제가 결부됐다. 축구 열기를 배경으로 중국에는 축구 복권 붐이 높았는데 중국 축구 팬들은 축구 기자들의 부풀리기 보도를 믿고 잘못된 배팅을 했던 것이다.

상황을 더 악화시킨 것은 한국팀이 포르투갈을 비롯 이탈리아 스페인 등 우승후보 유럽 팀을 연파한 것이다. 중국 축구 기자들의 '숭구주의(崇歐主義)'는 《인민일보》가 한국 축구 매도 기사의 주요 원인으로 지적했을 정도로 중증이다. 한국 축구가 스페인을 물리쳤을 때 CC-TV의 여성 진행자가 눈물을 흘렸다고 하니 더 이상의 설명이 필요 없다. 중국 축구 기자, 언론은 자신들에게 쏟아질 수 있는 비난을 대신할 속죄양이 필요했고 우상을 무너뜨린 한국은 최적의 선택이었다는 설명이다.

열광적 터키 응원에 기분 상해

다른 분석도 살펴보자. 터키와의 경기에서 한국 관중들의 열광적인 터키 응원에 기분이 상했다는 지적도 있다. 한국에게 터키는 '먼 곳의 오래된 친구'이나 경제적으로는 별로 도움이 되지 않는 사이다. 중국은 '가까운 곳의 새로운 친구'이며 경제적으로 상호 크게 도움을 주고받는 관계다. 한국인이 비록 그라운드에서이지만 터키를 선택한 것은 중국인들로 하여금 수교 이후 의식 저편에 치워두었던 과거 적대관계 시절을 되살리지 않을 수 없게 했고 또 터키와는 비할 바 없이 중요한 자신들이 무시당했다는 심정을 갖게 했다는 것이다. 일리 있는 분석이다.

수교 이후 한국인들을 피부로 접한 중국인들 마음 한구석에 차곡차곡 쌓여온 '어글리 코리언'의 이미지 ─ 좀 잘 산다고 중국인들을 얕봐왔던 ─ 가 '혐한 정서'의 확산을 가져온 것이라는 반성의 목소리도 있었다. 중국 경제가 급속도로 성장하면서 많은 '벼락부자(爆發戶)'가 양산되었다. 이들에 대한 일반 중국인들의 감정은 이중적이다. 그들의 성취를 선망하면서도 그들이 성공에 이른 과정 — 공정하지 않고 석연치 않으며 때로는 불법적인 — 과 행태에 대해서는 반감이 점증하고 있다.

한국 축구팀의 선전에 중국인들은 벼락부자를 볼 때와 유사한 감정을 느꼈을 것이다. 중국 언론이 이 점을 파고들자 기존의 '어글리 코리언' 이미지와 결부되면서 걷잡을 수 없는 혐한 정서로 이어졌다는 설명이다. 한국이 16강에 진출한 것을 두고 일부 중국 언론들이 벼락부자의 출세에 비유한 사실은 이런 분석에 설득력을 부여한다.

한 가지 흥미로운 분석은 최대 700만 명까지 참여한 것으로 집계된 '붉은 악마'의 거리응원이 중국인들에게 미칠 파급 효과를 우려, 중국 당국이 한국 매도를 부추겼다는 분석이다. 천안문 사태는 후야오방(胡耀邦) — 그는 시위 사태 1년 4개월 전까지 중국 공산당의 최고 지도자였다 — 의 추모 집회가 발단이 됐다. 당국은 초기 단계에서 학생들의 집회를 방치했는데 반정부 시위로 변했을 때는 대규모 군중 때문에 도저히 걷잡을 수 없었다.

이후 중국 당국은 어떤 명목이든 군중이 자발적으로 모이는 것을 막아왔다. 한국을 본떠 거리응원을 하겠다는 요구를 아예 하지 못하도록 한국 매도를 교사했다는 주장이다. 만일 이것이 사실이라면 중국 당국은 이중 플레이를 한 것이다. 인민일보를 통해 한국을 칭찬하고 CC-TV와 신화통신을 통해서는 이를 매도하는 방식으로 말이다.

이런 개개의 분석은 나름대로 타당성을 갖고 있다. 따라서 이 원인들이 복합적으로 섞여 화학 반응을 일으키며 혐한 정서를 불러일으켰다고 보아야 할 것이다. 하지만 이런 분석들만으로는 무언가 큰 것이 빠진 것 같은 느낌을 준다. 중국의 대국주의적 대한 인식과 중화주의로 이를 꿰어야 제대로 된 분석틀이 완성된다.

중국에는 폐허 속에서 눈부신 경제성장을 이룩한 한국을 높이 평가하는 한 흐름이 수교 훨씬 전부터 형성되어 있었다. 개혁개방 시기 중국의 경제성장 모델은 한국이었다. 신흥공업지역(NIEs) 가운데 홍콩과 싱가포르는 도시 국가로 중국의 모델이 되기에는 규모가 너무 작았고 중소기업 중심의 대만 역시 모델이 되기에는 미흡했다. 한국은 경공업 육성에 뒤이어 중화학 공업 국가로 탈바꿈하는 데 성공했다. 또 대기업 중심의 경제성장 추진은 부정적인 측면도 많았으나 자동차, 철강, 조선업 분야에서 세계적인 기업과 어깨를 겨루는 기업을 탄생시켰다. 중국의 모델이 되기에 충분한 요건을 갖추고 있었다.

선전(深圳)을 비롯한 개혁개방 초기의 경제특구는 '중국판 마산(馬山) 수출자유지역'이었다. 과거 식민지배국 일본 자본을 겨냥, 마산에 수출자유지역을 설치했던 것처럼 중국의 경제특구는 인접한 자본주의 지역인 홍콩, 마카오, 대만 등으로부터의 투자를 기대했다. 한국에서 고 박정희(朴正熙) 대통령에 대한 부정적 인식이 팽배하던 1990년대에 중국 공산당이 그의 전기를 발간, 간부에게 돌린 것이라든가, 중국의 제철 산업을 발전시키기 위해서는 박태준(朴泰俊)과 같은 인물이 필요하다는 뉘앙스의 덩샤오핑의 발언 등은 한국이 중국의 경제 발전 모델이 되어 왔음을 방증하는 사례다.

1997년 국제통화기금(IMF) 구제금융 이후 한국은 '모델'에서 '반면교사'로 평가 절하된 감이 있지만 한국의 경험에서 배우려는 자세는 여전히 지속되고 있다. 2002년 6월 말 통화 스와프 협정 체결을 위해 중국을 방문한 박승(朴昇) 한국은행 총재가 중국 인민은행 임직원을 상대로 '한국 경제발전과 금융개혁'이라는 제목의 특강을 한 것이 한 예다.

한국인들의 금 모으기 운동은 중국인들 사이에서 자신들이 갖지 못한 한국인의 장점을 드러낸 것으로 높이 평가됐다. 쑨원(孫文)이 중국인들이 단결하지 못하는 것을 두고 한탄한 '뿔뿔이 흩어지는 모래(一盤散沙)'라는 말과 '중국인들은 혼자 있으면 용(龍)이지만 셋만 모이면 돼지가 된다'는 속담이 여전히 유효하다고 느끼는 중국인들에게 국가를 위해 자신의 손해를 기꺼이 감수한 한국인의 자세는 '경이' 그 자체였다.

한국 제품과 배우 등이 중국인들 사이에서 인기를 끄는 '한류' 현상 역시 한국을 모범으로 삼으려는 호의적 대한 인식이 배경에 깔려 있다.

하지만 다른 한편에서는 그래봤자 소국이라는 대국주의의 관점에서 한국을 바라보는 시각이 도사리고 있었다. 후자의 시각은 1992년을 계기로 중국의 경제 규모가 한국을 앞질러 나가는 것을 배경으로 서서히 힘을 얻기 시작했고 1997년 아시아 금융위기를 거치면서 대한(對韓) 인식의 주도권을 잡아 나갔다. 2002년 6월 '혐한류'가 대세를 이룬 것은 수면 아래의 이러한 변화가 표출된 것으로 보아야 한다. 한국을 경시하는 이 흐름은 한국을 조공국으로 두었던 과거의 중화주의 질서관과 결부되면서 한국의 정당한 성취마저 왜곡, 폄하해야 직성이 풀리는 극히 건강하지 못한 단계에까지 이른 것이다.

중국 월드컵 무대에서 체면 구겨

중국인들에게 월드컵 조별리그 결과는 자신이 국제적으로 차지하고 있는 위상과 걸맞지 않은 것이었다. 한국과 일본은 16강에 진입한 반면 중국은 탈락했다. 그것도 거의 꼴찌에 다름없는 형편없는 성적으로 말이다. 능력이 검증된 외국인 감독을 영입하는 등 거의 대등한 투자를 했음에도 말이다. '나무에게 껍질이 있듯이 사람에게는 얼굴이 있다'는 중국 속담이 시사하는 것처럼 중국인들은 유별나게 '멘즈(面子: 체면)'를 중시한다. 그 멘즈가 전 세계인들이 지켜보는 월드컵 무대에서 형편없이 구겨진 것이다. 세네갈이 프랑스를 격파한 것처럼 그것은 그저 축구일 뿐이다. 하지만 편협한 중화주의는 이를 있는 그대로 받아들일 수 없었다. 중국이 모든 면에서 중심에 있어야 한다는 중화주의에 한국 축구팀의 선전은 변명할 여지조차 없이 치명적 타격을 가했기 때문이다.

중국 언론이 억측과 침소봉대, 사실 외면의 보도를 내보냈을 때 중국의 미래를 짊어질 대학생들과 네티즌들이 특히 적극적으로 부화뇌동한 것은 우리를 착잡하게 한다. 그것은 수교 후 삐걱거림을 노정하며 지속돼온 양국간의 불안한 '밀월'이 수교 10년 만에 끝났으며 이 '이혼'할 수 없는 이웃과의 미래가 힘겨울 것이라는 예고로 받아들이지 않을 수 없어서이다.

수교 초 그리고 밀월기간 중에도 오늘은 충분히 예고되었다. 1992년 9월 중국을 방문한 첫 한국 대통령의 환영식은 인민대회당 정문 앞이 아닌 동문(東門)에서 열렸다. 또한 한국 대통령이 두 번 중국을 방문한 뒤에야 중국 국가 주석이 답방한 것 역시 같은 맥락의 조치였다. '비대칭적 상호주의' 원칙의 철저한 구현이었다. 여기에는 한국과 같은 소국을 미국, 러시아 등과 같이 대우할 수 없다는 '대국주의'와 함께 '중화 질서' 속에 한국을 자리매김하겠다는 시대착오적 동아 질서관이 배어 있다. 그러나 이 정도까지는 중국이 자신의 자존심을 견지하려는 것으로 이해하고 참을 만했다.

중국의 이런 자세는 달라이 라마의 방한을 놓고 주한 중국 대사가 단교를 운운하는 비외교적인 언사로 한국을 압박하는 단계로까지 발전했다. 한국이 2001년 6월 중국의 압력에 굴복함으로써 한국의 국제적 위상은 타격을 입었다. 2000년 마늘 분쟁에서 보여준 중국의 대국주의적 통상 외교—이는 중국이 그토록 비난해 마지않던 미국의 패권주의 방식이다[13]—는 한국의 경제적 이익에 손상을 줌과 함께 한국이 통상 분

---

13) 한국 정부가 마늘 농가 보호를 위해 중국산 수입 마늘에 대해 관세율을 30%에서 315%로 인상하는 세이프가드를 발동하자 중국은 휴대전화와 폴리에틸렌 수입 금지라는 보복조치로 맞섰다. 이는 우리 측에 1,500만 달러 어치의 마늘 수입을 막으려면 5억 달러 어치의 수출을 포기하라는 압력이었다. 유리한 입장에서 협상에 임한 중국은 협정 부속서에 세이프가드 연장 불가를 의미하는 '2003년 이후 자유로운 수입을 허용한다'라는 문구를 삽입시켰다. 2002년 7월 이 사실이 뒤늦게 공개되면서 2년 전에 협상에 참여했던 청와대 경제수석과 농림부 차관이 문책 경질되는 등 파문이 일었다. 중국의 이러한 보복조치는 1994~5년 미-중 지적재산권 분쟁 당시 미국이 휴대용 전화기와 스포츠 용품 등 10억

야에서도 역시 약소국임을 입증시켜주었다. 급기야 월드컵 대회기간 중인 2002년 6월 13일 한국 대사관 영사부에 진입을 시도한 탈북자 처리 과정에서 중국 공안원(경찰)이 한국 외교관을 집단 폭행하는 전례를 찾기 힘든 사태까지 발생했다. 보다 심각한 것은 이에 대해 중국 측이 한국 외교관이 중국의 법 집행을 방해했기 때문에 빚어진 것이라고 적반하장식으로 되받아쳤다는 데 있다.[14] 이런 일련의 사태는 앞서 언급한 두 경우와는 달리 한국을 형편없이 깔보지 않고는 발생할 수 없는 일이다. 위에서 깔보니 아래서는 함부로 대하는 것이다. 이렇게 볼 때 막무가내식 혐한 정서는 우리가 키워온 측면도 있다.

한국 외교의 소화(小華)주의 경계해야

한중 수교 직후인 1992년 9월 30일 중앙대의 김동성(金東成) 교수는 동아일보에 기고한 글에서 (수교) 교섭 과정에서의 조급성과 근시안적인 전략관, 지난날의 조공관계를 연상케 만드는 대중국 자세, 신 동북아 질서의 불안한 형성과정에서의 한중관계의 방향성 제시 미흡을 지적하며 한국의 '소화주의(小華主義)'를 경계했다. 그는 또 19세기 청나라가 서구 열강의 불평등 강요에 임하면서도 조선에는 오히려 '소 제국주의자'로 처신했던 역사적 사실을 환기했다. 수교 10년이 지난 지금 이 경고는 불행하게도 현실이 되었다. 미래의 한중관계의 건강한 발전

8,000만 달러에 달하는 중국산 수입품에 대해 100% 보복관세를 부과하겠다고 발표한 후 협상에 임했던 사실을 연상시킨다.

14) 중국 공안원에 체포된 탈북자는 결국 원상회복 되었고 한국 대사관 영사부에 머물러 있던 다른 탈북자들과 함께 한국에 올 수 있었다. 사태 초기에 우려하던 바와는 달리 신속하게 사태가 수습된 덴,는 미국 국무부가 한국 외교관 폭행과 관련 중국 측에 국제 규약과 외교 관례를 무시한 처사라고 비난하고 미국 상하 양원이 2002년 6얼 30일 탈북자 보호 결의안을 채택하는 등 탈북자 문제를 인권 침해 사안으로 다루려는 움직임을 보인 것이 결정적 작용을 한 것으로 판단된다.

을 위해 다시 한번 새겨야 할 지적이다.

월드컵은 우리에게 많은 소득을 남겼다. 그 소득의 목록에 중국의 대한인식의 이중성을 우리 국민 모두에게 뚜렷하게 각인시킨 사실을 추가해야 할 것 같다. 중국에는 한국의 각 방면의 성취를 제대로 또 호의적으로 평가하고 이를 존중하며 더 나아가 모범으로 삼으려는 흐름이 존재해왔고 또 지속되고 있다. 그러나 다른 한편으로 자기 중심적 중화주의적 질서관에 따라 엄연히 있는 현상마저 무시하고 격하하려는 또 다른 흐름이 있어 왔으며 이는 중국의 경제 발전과 국제적 위상의 상승과 더불어 날이 갈수록 기세를 올릴 조짐이다.

21세기의 한국은 탈냉전의 시대상황과 경제발전에 따른 위상상승으로 강대국에 둘러싸인 숙명을 '이강제강(以强制强)'의 방식으로 극복할 호기를 맞고 있다. 하지만 중국의 막무가내식 혐한 정서가 기승을 부리고 또 우리가 이를 교정 못한다면 '호두깍이 속의 호두'였던 19세기 말의 전철을 다시 밟을 수도 있다.

한국, 중국으로부터 존중받기를 원한다

주룽지 중국 총리는 2002년 3월 중국 경제 붕괴론을 거론하는 미국 기업인들에게 중국은 (서구로부터) 존중받기를 원한다며 붕괴론 저변에 깔린 서구인들의 뒤틀린 대중인식에 일침을 가했다. 혐한 정서에 휩싸였던 중국인들에게 이 말을 되돌려주고 싶다. 하지만 당장에 그들로부터 다음과 같은 말이 되돌아올 것 같은 생각이 든다. '존중받으려면 존중받게 행동해라'라고. 축구팀의 선전과 세계를 감탄시킨 질서 정연한 거리 응원, 그것만으로는 충분하지 않다. 적어도 중국인들에게만큼은.

중국의 부호들 기대와 불안의 미래

'**7** 월'은 중국의 '신계층' 기업가들에게
희망과 불안을 동시에 안겨준 달이다.
2001년 7월 1일 장쩌민 중국 공산당 총서기는 사영 기업가들의 공
산당 입당을 허용해야 한다고 선언했다. 공산당 최고 지도자의 이 선언
은 사회주의 시장경제 발전의 원동력임에도 불구하고 애매한 신분이었
던 이들에게 가뭄의 단비와도 같던 '희망의 메시지'였다.

그로부터 꼭 1년 뒤 그들은 자신들을 향한 '사회주의 시장경제의
차르' 주룽지 총리의 질타를 들어야 했다. 2002년 7월 3일 홍콩, 대만
등 중화권의 언론이 일제히 보도한 바에 따르면 주 총리는 지난 해 미
국 ≪아시안 월 스트리트 저널≫이 선정한 중국 10대 부호들에 대해
관계 당국에 세무조사를 시킨 결과 아무도 개인 소득세를 내지 않은
것으로 드러났다며 부자일수록 세금을 안내는 풍조는 정상이 아니라고
말했다.

이 발언은 주룽지가 '정상(正常)'을 향해 자신의 정치생명을 걸면서
까지 '시지프스의 노력' ― 반부패 투쟁을 벌이면서 '100개의 관(棺) 중 한
개는 나의 것이다'라고 한 말을 상기해보라 ― 을 기울여왔던 점을 감안할
때 부호들, 다시 말해 기업인들에 대한 대대적 손보기를 예고하는 것이
다.[1] 실제로 세무총국은 주룽지가 비난한 10대 부호들뿐만 아니라 100

만 위안(1억 6,000만 원) 이상의 수입을 올리는 고소득자들에 대한 일제 세무조사를 벌였다. 중국의 기업인과 부호들은 '오뉴월 서리'를 느꼈을 것이다.

개혁개방 경제를 이끄는 쌍두마차의 기수로부터 1년의 시차를 두고 나온 '희망'과 '서릿발'의 메시지는 중국의 기업인들이 직면하고 있는 불확실성의 미래를 상징한다.

중국 백만장자 8,000만

중국의 기업가 계층은 20년간 지속돼온 개혁개방 정책의 산물로 그들 중에는 수많은 부호가 있다. 2001년 11월 현재 현금으로만 10만 달러 이상을 보유한 부자들을 일컫는 '바이완푸웡(百萬富翁)'이 최소 8,000만 명이 된다는 통계도 있다. 그들은 대부분 사영 기업가들이지만 사영 기업과 마찬가지로 운영돼온 공유제 기업의 경영자들도 적지 않다.

중국의 기업가들은 크게 홍색(紅色) 기업가, 자생(自生) 기업가, IT 기업가로 나누어볼 수 있다. '홍색 기업가'는 중국 당국이 개혁개방 정책을 추진하면서 사실상 '민영화'한 기업의 경영자이다. '자생 기업가'는 중국의 시장경제의 진척에 따라 스스로의 힘으로 부를 일구었다. 'IT 기업가'는 IT산업의 세계적 성장에 따라 2000년을 전후해 새롭게 등장한 젊은 기업인들을 말한다. 이들은 '홍색'과 '자생'이 뒤섞여 있다.

---

1) 칭화(淸華) 대학의 후안강(胡鞍鋼) 교수는 2000년 중국의 개인 소득세는 GDP의 0.6%인 511억 위안(약 7조 7,000억 원)으로 다른 저소득 국가와 비교해서 현저히 적다고 말했으며 천둥치(陳東琪) 국가경제위원회 소장은 현재의 개인 소득세 제도는 가난한 사람의 돈을 빼앗아 부자를 돕는 격이라며 고소득자의 과세율을 대폭 인상해야 한다고 주장했다. 천둥치의 이 말은 주룽지가 분세제(分稅制) 시행을 강행하면서 했다는 '사회주의란 부자의 것을 빼앗아 가난한 사람을 돕는 것'이라는 말과 정면으로 배치된다.

홍색 기업가의 전형 룽이런

홍색 기업가를 대표하며 상징하는 인물은 룽이런(榮毅仁)이다.[2] 그는 개혁개방의 시범 사례 1호 민영회사인 중국국제투자신탁공사(中國國際投資信託公司, CITIC)의 창업자이다. 그는 중국 공산화 이전 '밀가루 대왕(麵粉大王)'과 '면사대왕(紗布大王)'으로 불린 최대의 민족 자본가 룽더성(榮德生)[3]의 둘째 아들이었으나 다른 가족과 친척들과는 달리 해외로 망명하지 않고 중국에 남아 문화대혁명 이전에 상하이 부시장, 방직공업부 부부장 등을 역임했다. 덩샤오핑의 직접 지시를 받고 1979년 10월 4일 직원 30명으로 베이징에서 출범한 CITIC는 중국의 경제성장과 더불어 중국 제1의 금융회사로 성장했다.

2000년 12월 현재 총자산이 3,576억 위안(58조 원)이며 산하에 38개 자회사와 700개의 방계회사를 거느리고 있고 미국, 일본, 캐나다, 독일, 호주, 뉴질랜드, 네덜란드에 현지 법인을 둔 국제적인 그룹 회사이다. 사업 분야도 금융투자와 알선 외에 건설, 인공위성, 자동차, 백화점, 섬유공업 등 손을 대지 않은 부문이 없다. CITIC는 홍콩에서 중국 정부의 금융 대외창구이자 해외 투자자들을 중국으로 불러들이는 투자 금융기관으로서 리카싱(李嘉誠)의 창장(長江)실업과 신홍지(新鴻基)그룹과 함께 홍콩의 경제계를 좌지우지한다.

CITIC의 성장에 따라 룽이런은 1987년 미국의 《포브스》가 선정한 '1986년 세계 50명의 저명 기업가' 중의 한 사람으로 꼽혔으며 '홍색 자본가'라는 별칭과 함께 국제적으로 널리 알려졌다. 1993년에는 비공산당원에 할애된 국가 부주석에 선출되어 1998년까지 재임했다.

---

2) 룽이런을 비롯 이곳에서 언급한 중국 기업가들 상당수에 대한 내용은 홍하상이 지은 『중국을 움직이는 10인의 CEO』(국일증권경제연구소)에 크게 의존했다.

3) 룽더성이 그의 형 룽중징(榮宗敬)과 함께 세운 제분공장과 방직공장은 각각 중국 밀가루 생산량의 31.4%와 면사 생산량의 18.9%를 차지했었다.

1999년, 2000년 연속 ≪포브스≫에 의해 중국의 최대 부호로 선정됐다. ≪포브스≫가 추산한 그와 그의 아들의 재산 총액은 19억 달러(2조 3,000억 원)이다.

CITIC의 오늘이 있기까지 룽이런과 공산화 이후 세계 각지로 망명, 사업가로 성공한 친족의 기여가 지대했음은 부인할 수 없다.[4] 하지만 CITIC는 자본주의 국가의 민간기업과는 다른 '중국 특색을 가진' 민영기업이다. 설립에 앞서 덩샤오핑이 '사업 착수금(開辦費)' 명목으로 50만 위안을 중국 정부가 지원하도록 지시하였으며 운영에도 적극적인 당국의 관여와 지원이 있었다. 명목상이기는 하나 CITIC는 여전히 국무원, 즉 정부산하 기업이다.

최고 경영진과 직원 구성에 있어서도 이런 '중국 특색'이 배어 있다. CITIC 이사장(중국명으로는 董事長)은 왕전(王震) 전 국가부주석의 아들 왕쥔(王軍)이다. 해관(세관을 말한다)총서(海關總署) 서장과 대외무역부 부부장을 지낸 쿵위안(孔原)의 아들 쿵단(孔丹)이 부이사장으로 있다. 룽이런의 아들인 래리 룽(룽즈젠, 榮智健)은 상무 이사(우리와는 달리 총경리 즉 사장과 이사장의 중간 위치의 직책)로 있다. 정부 관리나 군인이 소속 기관의 직위를 유지한 채 직원으로 활동하고 있으며 왕쥔 역시 1993년 참여 당시 군인 신분(소장)이었다. 전통적인 민족자본가와 태자당(太子黨)의 결합인 셈이다.

---

4) 룽이런의 친형인 룽얼런(榮爾仁), 친동생인 룽훙런(榮鴻仁)은 각각 미국과 오스트레일리아에서 사업가로 활동했다. 룽중징의 아들인 사촌형 룽훙위안(榮鴻元)과 룽훙칭(榮鴻慶) 역시 각각 브라질과 홍콩에서 제분업, 방직업 등으로 크게 성공하여 해당 지역 사회에서 상당한 영향력을 행사하고 있었다. 이들의 자제와 친족들 중에서도 사업에 성공한 이들이 많이 나왔다. 이들은 사업분야를 금융, 광산업, 무역, 컴퓨터 등으로 확대하였고 활동 무대도 마카오, 서독, 캐나다, 스위스 등으로 넓혔다. 1986년 6월 룽이런은 세계 각지의 룽씨 일족 200여 명을 자비로 초청, 상하이, 시안(西安), 우시(無錫) 등 중국 각지를 2개월 동안 둘러보게 하였다. 덩샤오핑은 이해 8월 16일 룽씨 일족을 접견, 중국 경제 발전에 기여한 이들의 공헌을 높이 치하했다.

1989년 천안문 유혈진압 이후 CITIC는 덩샤오핑의 장남 덩후팡(鄧樸方) 중국 장애인 복리기금회 이사장이 실질적 책임자로 있던 캉화(康華) 발전 총공사에 이은 '제2호 관다오(官倒: 정경유착) 기업'으로 지목되어 시련을 받은 것도 이런 속성 때문이다.5) 당시 많은 정부 관리들이 겸직하고 있던 CITIC의 직책을 내놓아야 했다. 그러나 이런 '중국 특색'은 21세기에 들어와서까지 여전히 계속되고 있다.

룽이런 외에 홍색 기업가로 분류할 수 있는 기업가는 세계 전자업계 6위의 기업인 하이얼집단유한공사(海爾集團有限公司)의 장루이민(張瑞敏) 총재, 세계 최대의 오토바이 생산업체인 춘란(春蘭) 그룹의 타오젠싱(陶建幸) 총재, 연간 최대 1,200만 대의 생산 규모로 중국 최대의 컬러 TV 제조업체인 창훙(長虹) 그룹의 니룬펑(倪潤峰) 그룹 총재, 중국 컴퓨터 업계의 1위를 차지하고 있는 롄샹(聯想) 그룹의 류촨지(柳傳志) 명예 총재 등을 꼽을 수 있다.

이들이 경영하고 있는 기업의 성장사는 곧바로 중국 경제 발전사의 축도이다. 칭다오 냉장고(靑島氷箱)를 모체로 한 하이얼 그룹은 고졸 학력의 장루이민이 1984년 만성적인 적자에 시달리던 이 공장의 공장장으로 부임하면서 비약적인 발전을 거듭, 69개 가전 제품부문에서 1만 800개의 모델을 생산하고 전 세계 68개국에 3만 800개소의 판매점과 미국을 비롯한 해외에 14개 생산공장을 갖고 있는 국제적인 가전제품 제조그룹으로 성장했다.

---

5) 이들과 함께 관다오 기업으로 꼽혔던 곳은 광다(光大)실업공사(3) 중국공상경제 개발공사(4) 중국농촌신탁투자공사(5) 이다(괄호 안은 부패 규모 순위). CITIC가 걸려든 데는 CITIC가 천안문 사태 당시 자오쯔양(趙紫陽) 총서기를 지지하는 '정치적 과오'를 범한 것도 큰 역할을 했다. 덩샤오핑은 자신의 아들 덩푸팡이 캉화 공사와의 관계를 단절하도록 조치했지만 룽이런의 CITIC 이사장직은 유지하게 했다. 그러나 보수파들의 압박이 계속되자 룽이런은 병 치료를 이유로 1990년 5월 18일 캐나다로 출국했다가 당국의 불처벌 약속을 받고 그해 6월 26일 베이징에 돌아왔다.

1884년 348만 위안이었던 매출액은 2000년 406억 위안으로 무려 1만 1,600배로 늘었고 연평균 성장률은 81.6%이다. 제품의 국제 경쟁력도 높아 일본이 수입하는 냉장고의 60%가 하이얼 제품이며 유럽 에어컨 시장의 8%를 점유하고 있다. 또한 미국에서 20리터 이하 소형 냉장고 시장의 20%를 점유하고 있다.

이처럼 국제 경쟁력이 높은 이 기업을 중국 당국이 WTO 가입을 앞두고 벤치마킹 대상 1호 기업으로 삼은 것은 당연하다. 2000년 11월 6일 《인민일보》는 WTO 가입을 앞두고 격렬해질 국제 경쟁에 대비해 기업의 경쟁력을 기르기 위해 하이얼의 선진 경험을 학습하자는 내용의 사설을 실었다.

1958년 군사용 레이더와 항공기 레이더를 생산하기 위해 쓰촨(四川)성에 설립된 소규모 군수업체 창훙기기창을 모체로 한 창훙 그룹은 2000년 TCL그룹에 1위 자리를 내주기까지 10년 이상 중국 TV 판매 시장 점유율 1위를 차지했다. 하이얼 그룹의 발전과 장루이민을 떼어 놓을 수 없듯이 이 회사의 발전에도 1985년 5월 공장장에 취임한 니룬평의 경영 능력이 절대적이었다. 그는 군비삭감 방침에 따라 레이더 생산에 대한 보조금이 삭감되자 TV생산으로 활로를 찾았고 이는 대성공으로 이어졌다. TV 생산에 주력하는 업종 전문화와 격리된 쓰촨 성을 역으로 활용, 이를 독점시장화한 후 다른 지역으로 진출, 가격 인하 경쟁을 통해 시장 점유율을 높였다.

1990년 이후 8년간 에어컨 시장 1위를 차지했으며 인도네시아, 말레이시아, 베트남에 각각 80만, 50만, 20만 대규모의 해외 생산공장을 갖고 있는, 중국 굴지의 에어컨과 오토바이 생산업체인 춘란 그룹의 전신은 1955년 설립된 장쑤(江蘇) 성 타이저우(泰州) 시의 철기생산합작회사, 즉 철그릇 제조회사였다. 타오젠싱(陶建幸)이 '타이저우 냉기기 설비 공장'으로 이름이 바뀐 이 회사의 공장장으로 부임했을 1985년 당시 총 자산은 200만에 부채는 500만 위안으로 만성적자에 시달리고 있었다. 타오젠싱은 에어컨, 냉장고, 경운기 및 각종 농기구까지 48개나 되는 생산제품을 모두 정리하고 에어컨 한 가지만 집중 육성하기로 결정하고 매출액의 10%를 연구개발비에 투자하는 등 기술개발에 역점을 두어 오늘의 춘란 그룹을 일구어냈다.

1984년 11월 7평도 안 되는 사무실에 11명의 기술자들이 모여 설립한 '중국과학원 계산기공사'를 모체로 한 렌상 그룹은 종업원 수 1만 명의 큰 회사로 성장했다. 2001년 컴퓨터 400만 대를 판매한 중국 컴퓨터 업계의 1위 업체일 뿐더러 기술력도 세계 8위(2000년)로 인정받았다. 2001년 9월 현재 중국 컴퓨터 시장 점유율 30.7%를 차지하며 일본을 제외한 아시아 시장 점유율 11.6%로 아시아 1위이다.

CITIC과 마찬가지로 이 기업들이 오늘의 위상을 차지하기까지는 이 기업들이 경영 능력을 발휘할 수 있도록 민영 기업처럼 운영돼온 데 있다. 덩샤오핑이 룽이런에게 했다는 '사람을 당신이 찾고 업무를 당신이 관리하며 모든 책임을 당신이 지라'고 한 말은 이들에게도 적용되었다. 하지만 이 기업들은 본질적으로는 공유 기업이다.

렌상 그룹은 중국과학원이 대주주인 국유기업이며 춘란 그룹 역시 타이저우 시정부가 관리하고 있다. 하이얼의 장루이민, 춘란의 타오젠싱, 창훙의 니룬펑은 해당 회사의 창업자가 아니라 당에 의해 임명된 인물들이다. 이 중 타오젠싱과 니룬펑은 공산당원일 뿐만 아니라 당 중앙위원회 후보위원이라는 고위직에 올라 있다. 경영 면에서 이 기업들은 각종 파격적인 인센티브제 도입 등 자본주의 국가의 기업을 오히려 뺨치고 있지만 소유 측면에서는 여전히 사회주의적 기업이다. 따라서 룽이런에게 붙여진 홍색 자본가 — 이는 '차가운 불'처럼 상호 모순적이다 — 라는 별칭은 그의 위상을 설명하는 데 적절하며 함께 거론한 기업인들도 이는 마찬가지다.

개혁개방의 성공모델 류융싱

신시왕(新希望) 그룹의 총재 류융싱(劉永行)은 이들과는 뚜렷이 구별되는 존재이다. 그의 자본 축적 과정과 기업을 발전시킨 방식은 여느 자본주의 국가의 기업가와 다를 바 없다. 1982년 류융싱은 다른 형제 3명과 함께 사업에 투신하기로 결의했다. 그들이 타고 다니던 자전거와 차고 있던 시계를 팔아 조성한 자본금은 불과 1,000위안(당시 120달러)이었다. 그리고 사업을 위해 철밥통 직장을 모두 때려치웠다. 전자는 부친이 소 판 돈을 갖고 가출한 고 정주영(鄭周永) 현대그룹 명예회장을 연상시키고 후자는 안정된 월급쟁이 생활을 청산하고 사업을 시작했던 김우중(金宇中) 전 대우그룹 회장을 떠올리게 한다.6)

류씨 4형제가 처음으로 손댄 사업은 메추리 기르기였다. 이후 양계와 채소 재배를 통해 돈을 모은 이들은 사료산업에 진출, 오늘의 기반을 쌓았다. 신시왕 그룹은 현재 모태가 된 사료산업 외에 금융, 식품, 부동산, 금융, 전자, 화공원료, 생물공학, 무역에 이르기까지 다종다양한 분야의 기업을 거느리고 있다. 전국 15개 성, 시, 자치구와 베트남에 각각 사료 생산기지와 판매망을 갖추고 있고 한국, 이스라엘, 러시아와도 거래를 하는 글로벌 기업이기도 하다.

산하 76개 기업에 1만여 명을 고용하고 있는 중국 3위의 사영 기업으로서 연 매출액은 10억 달러에 달한다. 문자 그대로 맨주먹에서 출

---

6) 류씨 4형제에 대해서는 한 때 '가난한 농부의 아들들'이라는 잘못된 신화가 유포되기도 했다. 그러나 그들은 비록 가난하긴 했지만 지식인 가정 출신이며 그들 역시 모두 대학을 나와 버젓한 직장을 갖고 있는 인텔리였다. 부친은 현(縣)의 농업국 간부였으며 어머니도 교편을 잡았었다. 4형제의 첫째인 류융옌(劉永言)은 청두(成都)공정학원을 졸업, 국유 대기업 전산실에서 근무하고 있었고 류융싱은 사범학교를 졸업한 뒤 현 교육국에, 셋째인 류융메이(劉永美)는 쓰촨 농업학원을 졸업, 농업기술원으로, 막내는 류융하오(劉永好)는 TV 방송대학을 졸업, 중학교사로 일하고 있었다. 돌림자 '永' 외에 이들 4형제의 이름자를 합하면 '言行美好'다.

발, 20년 만에 '억만부옹(億萬富翁)'이 된 것이다. 개혁개방 시대의 최고의 성공모델이 아닐 수 없다.

2001년 12월 17일 《포브스》는 류융싱을 중국 최고 갑부로 선정했다. 앞선 4년 동안 연속 2위 자리를 지킨 끝에 마침내 그 연원이 공산화 이전까지 거슬러 올라가는 룽이런을 제친 것이다. 류융싱은 《포브스》가 2002년 3월 2일 세계 부호를 선정한 기사에서도 재산 총액 10억 달러(1조 2,000억 원)로 중국 1위의 부호자리를 지켰다. 이는 개혁개방 이전까지 기업과 무관했던 '자생 기업가'와 이들에 의해 운영되는 사영경제가 중국 경제의 중심적 위치로 부상하고 있음을 상징한다. 중국 경제의 질적 변화를 드러내주는 것이다.[7]

류융싱 이외에 자생 기업가들로는 쓰퉁(四通) 그룹의 두안융지(段永基) 총재, 중견 가전 그룹인 TCL의 리둥성(李東生) 총재와 우스홍(吳士宏) 부총재, 역시 TV 제조회사인 하이톈(海天) 국제그룹 루하이톈(陸海天) 총재, 리샤오화(李曉華) 화다(華達) 그룹 총재, 우빙싱(吳炳興) 산둥(山東)공업 총재 등을 들 수 있다. 이들이 부를 이룬 과정 역시 류융싱과 마찬가지로 입지전적이다.

컴퓨터, 반도체, 소프트웨어 등 종합 IT업체인 쓰퉁 그룹의 모체는 중국과학원에 근무하던 완룬난(萬潤南)이 7명의 기술자와 함께 1984년 설립한 '쓰퉁 신흥상업개발공사'이다(두안융지는 1년 뒤인 1985년에 참여

---

7) 사영기업은 1950년대 사회주의적 개조과정을 거쳐 소멸된 뒤 25년 동안 완전히 자취를 감추었다. 1980년대 초 경제개혁과정에서 자연발생적으로 출현했으나 1986년까지는 비합법 - 반합법적 상태였다. 1987년 합법적 지위를 부여받았으며 1997년 개체 경제, 외자경제와 함께 사회주의 경제의 주요 구성부분으로 인정받았다(개체경제와 사영경제는 종업원 7명을 기준으로 나뉜다. 7명 이상을 고용하면 사영경제로 분류된다). 1999년 현재 공업 총생산에서 사영기업 및 개체기업이 차지하는 비율은 18.2%이고 국유기업과 집체기업은 각각 28.2%, 35.4%를 차지했다. 따라서 공유제 기업이 차지하는 비율은 63.6%이다. 그러나 사영기업의 고용자 수(개체기업 제외)는 2,400여 만으로 공유제 기업에 크게 못 미친다.

했으나 1989년 천안문 사태 이후 최고 책임자가 되었다). 창업자금이 2만 위안이었던 이 회사의 2000년 매출액 100억 위안이 된다.

창흥 그룹이 10년 이상 지켜오던 TV 내수시장 점유율 1위의 자리를 2001년부터 빼앗은 TCL 그룹은 총재인 리둥성이 후이저우(惠州) 시의 공무원 6명과 함께 1981년 설립한 TV 부품업체 'TKK 가전 유한공사'가 모체다. 설립 당시 이들이 모은 자본금은 5,000위안이었다. 21년 만인 2000년 이 회사는 매출액은 200억 위안이다.

TCL그룹이 1999년 컴퓨터 생산과 판매에 뛰어들면서 스카우트한 우스훙은 소수민족인 만주족에다 중졸에 간호사 출신이라는 불리한 조건을 딛고 뛰어난 마케팅 능력으로 '중국 가전업계의 여황(女皇)'이라는 별명을 얻었던 인물이다. 그녀는 자신이 기업을 세우지 않은 '전문 경영인'형 기업가이다. IBM 입사 후 화난(華南) 지구 총경리를 거쳐 1994년 IBM 중국 본사의 사장까지 올랐다. IBM 입사 9년 만의 일로 그녀 나이 39세 때였다. 그녀가 IBM에 있는 동안 IBM은 중국 내 컴퓨터 판매 실적 1위를 기록했다. 1998년 2월 마이크로소프트 중국 본사로 스카우트된 뒤에는 1년 치 영업목표를 6개월 만에 달성하는 괴력을 과시했다. 1998년 갑자기 엄습한 백혈병을 1년의 투병생활을 통해 극복한 그녀는 TCL의 정보화 및 디지털 분야 사업을 총책임지고 있다. 그녀의 개인 재산은 최소 1억 위안에 달하고 있는 것으로 알려지고 있다.

2000년 《포브스》 선정 중국 부호 50명 중 루하이롄에 이어 4위를 차지한 리샤오화는 1985년 대머리 치료제 독점 판매권을 따내 목돈을 쥐자 홍콩에서 부동산 투기를 시작, 엄청난 돈을 모았다. 기업을 세우기 전까지 그는 중졸 학력에다 만두 빚는 기술밖에 가지고 있지 못한 평범 이하의 인생이었다. 우빙싱은 우스훙에 못지않은 '인간승리'의 주인공이다. 초등학교 졸업의 그는 50세에 간암에 걸려 직장까지 그만두어야 했으나 그것이 전화위복이 됐다. 암을 치료한 뒤 건강음료 회사를 차려, 대성공을 거두었다. 그의 개인 재산은 6억 달러로 추정된다.

이 자생 기업가들이 중국의 부호 대부분을 차지하고 있다. 2000년 ≪포브스≫가 선정한 50명의 중국 부호 중 41명은 권력과 아무 관계가 없고 룽이런처럼 공산화 이전에 부호였던 인물도 아니다. 이들이 1970년대의 한국의 신흥 재벌을 연상시킨다면 2000년을 전후해 급속히 부상한 중국의 젊은 IT 기업가들은 중국 경제가 첨단분야에서 세계 경제와 동조화(同調化)하고 있음을 상징한다. 이들은 대부분이 전적으로 자신의 능력으로 부를 일군 자생 기업가의 속성을 띤 이가 대부분이지만 홍색 기업가의 속성을 지니고 있는 이들도 적지 않다.

IT 기업가들의 부상과 몰락

IT 기업가로는 롄상의 총재인 양위안칭(楊元慶), 중국 최대의 포털사이트인 신랑왕(新浪網, www.sina.com) 전 총재 왕즈둥(王志東), 역시 중국 3대 포털사이트 중의 하나인 왕이(網易, www.netease.com)의 창업자 딩레이(丁磊), 검색 기능에 있어 최고를 자랑하는 소후(搜狐) 닷컴(www.sohu.com)의 장차오양(張朝陽), 중국 최대의 상거래 사이트인 8848.net의 창업자인 왕쥔타오(王峻濤) 등이 있다. 장쩌민 총서기의 아들 장몐헝(江綿恒)과 차오스(喬石: 본명은 蔣志彤) 전 전국인민대표대회(전인대) 상무위원장의 아들인 장샤오밍(蔣小明)도 IT 기업가에 속한다.

생활서비스 관련 사이트의 최고경영자 위홍옌(于紅艶, 여), IT 벤처 인큐베이팅 업계의 대모(代母)로 불리던 장수신(張樹新), 인터넷 서점 '당당닷컴(當當, www.dangdang.com)'의 사장 위위(兪兪), 전자상거래 사이트 '쥐웨닷컴(卓越, www.joyo.com)'의 최고경영자 우수퉁(吳樹丹), 무료 이메일 서비스로 돌풍을 일으킨 '스다이차이푸(時代財富)'의 사장 장징쥔(張靜君) 등도 한 때 주목받았던 IT 기업가들이다.

이들은 1960, 70년대 생으로 개혁개방이 추진되는 과정에서 제대로 된 대학교육을 받았으며 미국 등에 유학을 다녀오거나 외국계 기업에

서 근무하는 등 전 세대가 갖지 못한 경험을 갖고 있었다. 이들의 사고
와 판단은 중국적이기보다는 서구적이며 시장경제의 논리를 피부로 체
득하고 있다. 이들 중 상당수는 2000년 IT 붐이 일었을 때 벼락부자가
되었는데 부를 일궈내는 방식과 양상은 미국 등에서와 마찬가지였다.

'중국의 빌 게이츠'로 불리는 왕즈둥은 시나닷컴을 2000년 4월 13
일 미국 나스닥에 상장, 주가 상승을 통해 하루아침에 개인 재산을
1,200만 달러(144억) 불렸다. 딩레이의 성공은 훨씬 더 극적이었다.
2000년 6월 30일 왕이를 나스닥에 상장, 자신이 보유한 주식의 가치를
1억 3,000만 달러(1,560억 원)까지 끌어 올렸다. 이로 인해 딩레이는 그
해 8월 ≪포브스≫에 의해 중국 부호 순위 20위에 랭크되기도 했다. 장
차오양 역시 나스닥 상장을 통해 2000년 연말 중국 부호 순위 37위에
오르기도 했다. 당시 그가 소유한 소후닷컴의 주식 28%의 가치는
6,700만 달러(804억 원)으로 평가됐다. 2001년 4월 20일 약관 37세의
나이로 렌상 그룹의 총재로 취임한 양위안칭은 스톡옵션과 자회사인
'디지털 차이나' 등 자회사에 대한 투자로 부를 증식, 2억 위안(320억
원)대의 부호가 되었다.

장몐헝은 자신이 설립을 주도한 훙리(宏力) 반도체의 30%의 지분
소유와 통신서비스 사업체인 차이나넷컴의 실질적 지배권 확보를 통해
대부호가 되었다. 한때 장몐헝은 룽이런 부자(父子)보다 많은 100억 위
안(1조 6,000억 원)의 재산을 갖고 있는 것으로 평가되기도 했다. 룽이런
이 사업을 하면서 정부 고위직을 겸임했던 것처럼 중국과학원 부원장
직도 맡고 있다. '신(新) 홍색 자본가'인 셈이다.

그러나 이 IT 기업가들은 2001년 세계적으로 IT 산업에 불황이 닥
쳐오자 거의 대부분 하루아침에 몰락했다. 막대한 영업적자와 뒤이은
주가 폭락으로 2001년 6월 4일 왕즈둥은 시나닷컴 총재직에서 사임하
지 않을 수 없다. 그가 재기를 위해 2001년 12월 뎬지커지(點擊科技)유
한공사('뎬지'는 '클릭'이라는 뜻이다)를 설립했을 때 자본금은 50만 위안

(8,000만 원)에 불과했다. 주가 상승으로 인한 그의 부는 문자 그대로 '거품'이었다.

장차오양, 딩레이, 왕쥔타오도 상황은 마찬가지다. '거품'인 부가 꺼진 것은 물론이고 기업의 생존마저 위협받는 처지이다. 2002년 중국 닷컴 회사의 70% 이상이 망하고 90% 이상이 경영악화로 고전할 것이라는 전망마저 나왔다. 비록 이처럼 고전을 겪고 있기는 하지만 첨단 기술을 보유하고 또 선진 경제의 메커니즘을 익힌 이들의 상당수가 매래 중국 경제의 주축으로 성장할 것이라는 데는 의심의 여지가 없다.

중국의 성공한 기업인들은 자본주의 국가의 부호 못지않은 부를 향유하고 있다. 《포브스》에 의해 중국 부호서열 5위에 랭크된 상하이 부동산 개발업자는 3,000만 달러를 주고 홍콩에서 초호화 저택을 구입, 홍콩 사회를 깜짝 놀라게 했다. 억만장자가 즐비한 홍콩에서도 그러한 부의 과시는 전례가 드문 것이었기 때문이다. 2002년 5월 《뉴욕타임스》와 회견한 서열 71위의 한 중국인 자산가는 50만 달러의 램보기니 승용차 외에 벤틀리, 메르세데스-벤츠 등 최고급 외제 승용차를 굴리는 것도 부족해 여러 대의 BMW와 일본제 고급 승용차를 갖고 있었다.

20년 전만 해도 이는 전혀 상상하지도 못한 일이다. 룽이런이 중국 공산화 이전 누렸던 호사를 연상시킨다. 룽이런은 일본 패망 후 제분공장과 방적공장 재건에 나선 부친을 도와 29세부터 사업에 참여하였다. 상하이 산신(三新)은행과 허펑(合豐)기업공사 사장에 취임한 그는 성공적으로 기업을 이끌고 나가면서 호사도 한껏 누렸다. 자동차는 미제 세단인 뷰익을 타고 다녔고 상하이 대저택에 중국 요리와 서양 요리를 맡은 주방장을 따로 고용했다. 그리고 저택 곳곳에는 골동품과 유명화가의 그림들이 즐비했다.

그러나 룽이런 이상의 호사를 누리고 있는 이들의 신분은 불안하다. 개혁개방 이후 기업가들의 신분상승은 꾸준히 이루어져왔다. 1988년 헌법에서 비록 '개인'이라는 모호한 표현을 통해서나마 '사영'기업의 존재를 인정했고 1993년 전인대와 전국 정치협상회의(정협)에 공산화 이후 처음으로 20여 명의 사영업자들이 대의원에 선출되었다. 이어 1997년 중국 공산당 제15차 전국대표대회(15대)에서는 비공유 경제, 즉 사영기업이 사회주의 경제의 보충요소에서 주요 구성부분으로 지위가 격상됐으며 1999년 3월 전인대에서 이와 관련한 헌법 개정이 이루어졌다. 아울러 국유, 집체 기업의 재산권 개혁이 본격화하였다.

하지만 '공동 소유는 신성한 것이며 공동 소유는 결코 소멸되지 않는다'라는 중국 헌법 12조는 '신성 불가침'의 영역에 남아 있으며 중국 공산당이 '사유 재산 불가침 원칙'을 선언하지 않았다. 이처럼 사유재산을 보호받을 수 있는 장치가 아직 마련되지 않은 사실에서 보듯 중국 사회에서 기업인들은 여전히 견제와 제약을 받고 있다.

중국의 부호들은 최고급 자동차와 홍콩에서 대저택을 구입할 수는 있었지만 지배계층의 진입을 의미하는 당원이 되는 것은 하늘의 별 따기였다. 50만 위안을 학교와 복지기관에 기부한 한 기업가가 3차례의 당원 심사에서 탈락했던 사실은 이를 입증하는 한 사례이다.

이런 상황에서 장쩌민의 '7·1 강화(講話)'는 이들에게 희소식이 아닐 수 없었다. 자신들이 재산을 법으로 보호받을 수 있는 미래를 기대하기 때문이다. 두안융지를 비롯한 100여 명의 사영 기업가들은 2001년 11월 28일 선전에서 후치리(胡啓立) 등이 참여한 가운데 '중국 민간 경제 논단'이라는 세미나를 열고 '중국 민간 기업 선언문'을 발표했다. 이 선언문은 장쩌민의 '7·1 강화'에 대한 지지를 표명하고 민간 기업은 중국 경제의 첨병이자 중국 당국의 최대 골칫거리인 근로자 해고 문제를 해결할 수 있는 출구이므로 정부 당국은 민간기업을 지원해달라는 내용이었다. 겉으로 드러내지는 않았지만 속뜻은 사유재산 보호를 위해 헌법을 개정해달라는 것이었다.

16대를 앞둔 (2002년 10월 현재) 분위기는 일단 좋다. 장쩌민이 기업인 입당의 이론적 기반이 된 '3개 대표론'을 당장(黨章: 당 규약)에 집어

넣으려 하는 데서 한발 더 나아가 이에 대한 지지 여부를 간부 임용기준으로 삼으려 하고 있기 때문이다. 민간경제부문을 인정하는 헌법개정이 있은 직후인 1999년 3월 하이난(海南) 성에서 몇 명의 관리들이 모여 사유재산이 중국에서 존재할 수 있는가에 대해 장시간 토론을 벌인 적이 있다. 이 자리에서 한 관리는 "이번에 단행한 헌법 개정으로는 충분하지 않다. 사유재산을 명시적으로 보호하는 장치가 필요하다"고 말하며 미국식 헌법이 중국 헌법의 모델이 되어야 한다고까지 주장했다. '3개 대표론'이 간부 임용 기준이 된다고 하면 이런 혁신적인 인사가 많이 진출할 수 있을 것이다.

그러나 중국 기업인들은 한편으로 불안하다. WTO 가입으로 치열한 경쟁에 내던져졌다는 이유 때문만은 아니다. 중국 기업의 운명과 기업가들이 쌓은 재산, 심지어 목숨까지도 정치권력에 의해 하루아침에 잃을 수 있다는 사실을 지난 역사의 경험으로 잘 알기 때문이다.

몰락한 기업가들

2000년 5월 종신형이 선고된 난더(南德) 그룹 총수 모우치중(牟其中)의 경우는 중국 부호들의 불안한 위상을 상징한다. 중국은행 후베이(湖北) 지점에서 신용장을 조작하는 수법으로 7,500만 달러의 거액을 사취한 죄로 그는 우한(武漢) 중급인민법원으로부터 종신형을 선고받았다.

모우치중은 류융싱 4형제가 부상하기 전까지 개혁개방 과정에서 탄생한 중국 기업가들을 대표하는 존재였다. 단돈 300위안을 갖고 1979년 사업을 시작한 그는 1983년 투기 및 밀매 혐의로 체포되어 1년간 옥살이를 하는 등 곡절을 겪기도 했지만 다른 사람은 도저히 생각할 수 없는 사업 아이디어로 막대한 부를 쌓아나갔다.

그의 존재가 널리 알려진 것은 1989년 신발과 양말 등 생필품이 가득 실린 화물차 500대와 소련 TU-154 여객기 4대를 맞바꾸는 것이 계기였다. 당시 소련은 생필품 부족에 시달리고 있었고 중국은 외국 비행기를 사지 못해 고민이었다. 일련의 사업 성공으로 그는 1995년 ≪포브스≫에 의해 중국 4위의 부호에 올랐으며 그에 대한 재판이 한창 진행 중이던 1999년에도 그는 2억 5,000만 달러의 개인 재산을 지닌 16위의 부호로 선정됐다.

모우치중의 몰락은 러시아와 국경을 접하고 있는 만저우리(滿洲里)를 '북방의 선전(深圳)'으로 만들려 하는 등 몽환적이기까지 한 수익성이 없는 사업들을 벌여온 때문인 것으로 분석하고 있다. 그러나 일부에서는 난더 그룹이 국유기업이었다면 구제됐을 수도 있다고 말하고 있다. 문화대혁명 시절 '중국은 어디로 가고 있는가(中國何處去)'라는 정치 팸플릿을 만들어 사형판결을 받았던 그는 사회주의 시장경제하에서도 정치권력에 의해 아웃사이더가 된 셈이다.

목숨까지 내놓아야 했던 기업가도 있었다. 1994년 4월 11일 선타이푸(沈太福) 전 창청(長城) 기전공사(機電公社) 총재는 법원으로부터 사형확정 판결을 받고 그날로 형장의 이슬로 사라졌다. 그의 나이 37세였다. 그는 1년여 전까지만 해도 중국 최대의 민영 전자회사를 이끌며 라오바이싱(老百姓: 일반 국민)들로부터 선망의 대상이 된 청년 기업가였다. 그의 죄목은 고위 관리들에 대한 뇌물 제공과 경제질서를 어겼다는 것이었지만 극형까지 처해진 데는 중국 당국의 권위에 도전한 '괘씸죄'가 작용했다. 덩샤오핑의 남순강화로 중국에 다시 경제개발 붐이 본격화한 1992년 중반, 창청 공사는 연리 24%의 고율의 이자율을 내세우며 공개적으로 투자자를 모집, 20만 명으로부터 8억 위안을 끌어들였다. 1990년 아시안게임 당시 모금액이 6억 위안이었던 점에 비추어 보면 그 규모를 짐작할 수 있다. 창청 공사가 이처럼 거액을 끌어 모을 수 있었던 것은 중국 최대의 민영 전자기업이기 때문이었다. 당시까지 하이얼도 매출 규모와 네임밸류에 있어 창청에 훨씬 못 미쳤다.

그러나 중앙은행인 인민은행은 창청의 자금모집을 '난집자(亂集資)',

즉 불법적인 것으로 규정하고 창청이 그동안 모은 돈을 투자자에게 돌려줄 것을 지시했다. 이는 창청의 파산을 의미했다. 선타이푸는 그러나 이에 도전했다.

자신의 모금 행위가 인민은행의 허가를 얻어야 하는 회사채 발행이 아니고 창청이 개발한 신기술에 대한 일반 투자자들과의 계약행위라고 주장했다. 그는 거기에 그치지 않았다. 1993년 3월 27일 당시 인민은행장이었던 리구이셴(李貴鮮)을 상대로 1억 위안의 손해배상 소송을 제기했고 29일과 31일 잇달아 내외신 기자회견을 갖고 당국의 조치를 맹렬히 비난했다. 그는 인민은행의 조치는 기업에 대한 불법적인 간섭이며 최고지도자 덩샤오핑의 지시와도 어긋나는 것이라고 주장했다. 선타이푸 입장에서는 지푸라기라도 잡는 입장에서 도박을 벌인 것이었지만 그것은 결국 계란으로 바위치기였다.

홍색 기업가들 중에서도 역시 정치 상황의 변화에 따라 그 운명이 하루아침에 곤두박질친 사례가 적지 않다. 추스첸은 '홍타산(紅塔山)'이란 담배 브랜드를 세계에 널리 알려 '담배왕'이라는 별칭을 들었던 인물이다. 윈난(雲南) 성의 한 작은 담배 공장의 공장장이었던 그는 시장 수요 변화에 대한 정확한 예측과 뛰어난 홍보전략으로 담배 판매를 급신장시켰다.

1996년 '홍타산'의 총 생산량은 1,000억 갑을 넘었고 수익은 23억 달러에 달했다. 하지만 그는 바로 그해 170만 달러를 횡령한 혐의로 기소되었다. 추스첸은 베트남 국경선을 통해 국외로 도망치려다 체포되어 감옥에서 자살했다. 그의 몰락은 시장경제의 논리에 의해서가 아니다. 그를 비호했던 윈난성의 서기가 축출된 정치 상황과 직접적으로 연결되었다.

1993년 8월 징역 20년 형에 처해진 우줘민(禹作敏)의 경우도 홍색 기업가의 등을 서늘하게 한 사건으로 기억되고 있다. 그는 톈진(天津) 근교 다취장(大邱莊)의 당 서기 겸 농공상회 시기로 주민이 4,000명인이 마을을 중국 최고의 부자마을로 만든 인물이었다. 1992년 당시 이 마을은 외국투자기업을 포함 280개소의 첨단공장이 들어선 농공단지로 주민 1인당 연소득은 8,000달러였으며 100명당 한 대 꼴로 자가용을 갖고 있었다. 다취장은 '남의 선전, 북의 다취장'이라는 말이 시사하듯이 개혁개방 정책의 대표적 성공사례로 꼽혀 외국언론들의 필수 취재코스로 선정된 곳의 하나였다.

우쥐민의 비극은 우가 1992년 12월 자기 집 개를 죽였다는 이유로 마을 양식장 한 직원을 휘하 사병을 시켜 구타한 끝에 사망케 한 데서 비롯됐다. 이를 뒤늦게 안 톈진 시 공안당국이 1993년 2월 수사관을 파견하자 우쥐민은 마을 주민을 사주, 이들을 13시간 감금했다. 톈진 시 공안당국이 1,000여 명의 폭동진압 경찰을 파견하자 마을 주민들은 모든 공장과 농장을 폐쇄한 뒤 사흘 동안 마을로 통하는 주요 도로에 바리케이트를 설치하고 경찰과 대치했다.

단순 치사사건이 공권력 도전행위로 발전한 것이다. 주민들의 저항은 그들이 이룬 '부의 성채'가 파괴될 것이라는 우려 때문이었다. 그러나 이 역시 달걀로 바위치기였다. 결국 우쥐민은 차오스의 지시로 소요사태 2개월 뒤 체포됐고 그 이후 다취장도 더 이상의 선전 사례가 되지 않았다. 1995년 2월 저우관우(周冠五) 수도강철공사(首鋼) 회장이 물러난 것 역시 중앙 정부의 정책에 대한 도전과 권력 투쟁이 근본적 이유였지 시장경제의 논리 때문이 아니었다.

이들은 부패와 횡령, 경제질서 교란 등의 죄목으로 처벌됐지만 그로부터 자유로울 중국의 기업가들은 많지 않다. "정치와 사업은 서로 연관되어 있기 때문에 정치와 연관을 맺어야 한다. 중국에서 사업을 하는 것은 다른 곳에서 하는 것과 다르다. 30% 노력만 사업에 투자하고 나머지 70%는 다양한 인간 관계를 맺는 데 쏟아 부어야 한다." 러시아 국경지대 무역으로 큰돈을 벌었고 중국 주식시장에서 상장한 최초의 민간기업인 둥팡(東方) 그룹의 장훙웨이(張宏偉) 총재가 한 말이다.

중국 공산화 이후 최대 밀수 사건을 일으킨 푸젠(福建) 성 위안화(遠華) 그룹의 라이창싱(賴昌星)이 자신의 사무실이 있는 건물 내에 가라오케, 사우나, 헬스장, 오락실 그리고 값비싼 상어 지느러미, 제비집 등 최고급 요리 재료들을 갖추어놓은 식당 등을 마련해놓았던 것은 바로 고관들과 관계를 맺고 유지하기 위해서다. 앞서 언급한 부호 서열 71위의 기업가도 일본, 이탈리아 고급 식당과 여자 접대부가 나오는 가라오케를 회사 내에 마련해놓고 있음을 실토하고 있다. 정도의 차이가 있겠지만 중국의 기업체에는 거의 모두 이러한 시설을 운영하고 있다.

중국 기업체들에게 있어 정치권력은 양날의 칼이다. 하루아침에 그들의 막대한 부를 무(無)로 만들 수도 있지만 그들의 비약적 발전에 가장 큰 원군이기 때문이다. TV 재고를 해소하지 못해 경영난에 빠진 창홍 그룹을 돕기 위해 중국 정부가 2001년 창훙이 새로 개발한 프로젝션 TV를 정부 기관이 대량 주문하도록 조치한 것이 한 예이다. 롄상 그룹이 세계 8위의 컴퓨터 업체로 우뚝 설 수 있게 된 데는 중국과학원을 통한 인재의 과감한 공급, 대출, 세금에 있어서 파격적 우대 등 적극적 정부 지원이 있었기 때문이다.

WTO 가입에 자신감을 표현하는 성공한 기업인들—대표적인 경우가 하이얼 그룹의 장루이민이다—을 향해 중국 신좌파의 한더치앙은 "약하다고 해서 두려운 것이 아니다. 약하다는 사실 자체를 알지 못하고 얼마나 약한지도 어디가 취약한 지도 모르고 있다는 사실이 우려되는 바이다"라고 지적했다. 중국 특색의 사회주의 시장경제의 혜택을 누려온 성공한 기업가들에게 자신의 위상을 정확히 파악하라는 경고일 것이다.

장쩌민의 발언은 중국 기업가들에게 합당한 권리를 부여하겠다는 말이다. 주룽지의 발언은 기업인들에게 합당한 의무를 요구하고 있다. 그리고 "2,800위안(42만 원)의 월급쟁이인 나도 세금을 내는데"라는 그의 말속에는 부를 선망하면서도 지나치게 벌어진 빈부격차에 대해 불만을 느끼는 일반 국민들의 의사가 반영되어 있다.

기업가들은 빈부격차는 일반 국민들에게 자극을 주기 때문에 경제에 도움이 된다고 투덜댄다. 하지만 일반 국민 70%는 급속하게 벌어지는 빈부격차가 사회안정에 위협을 가할 것이라는 데 동의하고 있다.

중국 기업가들은 룽이런이 '새로운 조국'에 남기로 한 결정을 통해 애국심을 표현했음에도, 전 재산을 몰수당한 사실을 기억하고 있다. 또한 공산화 이전 막대한 부를 배경으로 '룽 라오반(榮老板: 라오반은 주인님이라는 뜻)'이라 불리며 존경과 선망의 대상이 되었던 그가 문화대혁명 당시 노동자들에게 하루 12시간씩의 가혹한 노동을 강요했다는 이유로 홍위병들에 의해 '노동자를 두들겨 팬 자(打工仔)'로 매도된 사실역시 잘 알고 있다. 그리고 정상에서 한순간에 나락으로 떨어진 모우치중, 선타이푸, 우줘민, 추스첸, 그리고 저우관우의 사례는 개혁개방 시대에 들어서도 여전히 유사한 일이 반복되고 있음을 일깨워주고 있다.

장쩌민의 공산당 입당 허용 선언과 WTO 가입은 중국의 시장경제가 한 단계 업그레이드될 것임을 예고하고 있다. 그러나 중국이 추구하는 시장경제는 사회주의의 요소를 버리지 않겠다는 '사회주의 시장경제'라는 전인미답의 길이다. 자본주의 부호처럼 너무 앞서간 중국의 성공한 기업인들 즉 부호들이 미래를 기대와 불안감을 지닌 채 바라볼수밖에 없는 것은 바로 이 때문이다.8)

---

8) 2002년 9월 24일 북한에 의해 신의주 특구 특별행정장관에 임명되었다가 10월 4일 중국 당국에 의해 전격 체포된 양빈(楊斌), 9월에 미국 로스앤젤레스로 도피한 자동차 업계의 거부 양룽(仰融), 탈세 혐의로 7월에 체포되어 진청(秦城)감옥에 수감된 류샤오칭(劉曉慶) 등도 정치권력에 의해 하루아침에 몰락한 신흥부호의 목록에 들 수 있겠다. 류샤오칭은 우리나라에도 소개된 영화 <부용진(芙蓉鎭)>의 여주인공으로 나왔던 여배우 출신 사업가이다. 한때 '중국 제1의 여성부호'라는 별명을 들었다.

2
노선 투쟁

21세기 중국호의 향방을 놓고 중국에서는 치열한 사투, 즉 사상 투쟁이 전개되고 있다. 사회주의 시장경제라는 개념을 창출한 덩샤오핑의 남순강화는 10년의 세월이 흐르면서 그 역사적 역할을 다한 듯한 느낌을 주는 가운데, 권력 이양을 앞둔 장쩌민은 '3개 대표론'을 내세우며 또 한번의 사상적 비약을 시도하고 있다. 이러한 가운데 보수파 이론가의 공격은 점차 매서워지고 있다. 중국 공산당의 정체성 문제와 개혁개방의 폐해를 배경으로 한 이 보수파 이론가들의 공격은 단순히 퇴출될 이념의 마지막 저항으로 보는 것은 단견이다. 사상 투쟁을 눈여겨보아야 할 또 다른 이유는 공산 중국의 역사에서 이론 투쟁은 권력 투쟁의 선행지표이기 때문이다.

낫과 망치 대 계산기와 인공위성
─ 3개 대표론을 둘러싼 노선 투쟁

당기(黨旗)의 낫과 망치를 계산기와 인공위성으로 바꾸려는 자가 있다.

*위*의 말은 지하 총서기 덩리췬이 지상 총서기 장쩌민을 향해 날린 직격탄이다. 지금 중국은 16대를 앞두고 중국 공산당의 미래를 결정지을 첨예한 노선 투쟁이 치열하게 전개되고 있다. 장쩌민의 이른바 '3개 대표론'이 야기한 이 노선 투쟁은 그 논의 내용의 심각성 때문에 16대가 81년에 이르는 중국 공산당 역사에 한 획을 긋는 정치행사가 될 것임을 예고하고 있다.

2001년 베이다이허 회의는 장쩌민의 3개 대표론을 16대의 당장에 집어넣기로 결정한 것으로 알려지고 있다. 만일 이렇게 된다면 16대는 마오쩌둥의 당 지도권 장악을 결정한 1935년 1월의 준의회의(遵義會議), 사회주의와 시장 간 대립관계를 해소한 1992년 2월 덩샤오핑의 남순강화에 못지않은 당 역사의 이정표가 될 것이다.

준의회의는 1921년 공산당 창당 이래 대립·투쟁해온 서구 지향 노선과 반서구 노선 간 승부를 결정지었다. 농촌과 농민을 중시한 마오 노선의 승리는 도시와 노동자를 중심에 둔 소련 지도하의 사회주의 노선을 배격한 것이다. 미국이 한때 마오를 공산주의자가 아닌 토지 개혁가로 착각했을 정도로 그의 노선은 서구에서 탄생하고 성장한 사회주의와는 뚜렷한 차이점을 보였다. 준의회의는 중국 공산당이 대륙을 석권하는 단초가 되었다. '시장이 곧 자본주의는 아니다'라는 한마디 말로 압축되는 덩샤오핑의 남순강화는 현 중국의 사회주의가 진정한 사회주의냐는 의문이 제기될 정도로 획기적인 사상적 비약이었다. 중국이 유일 초강대국인 미국에 맞설 만한 잠재력이 있는 국가라는 평가가 대두될 정도로 성장한 길목에 남순강화가 자리잡고 있다.

3개 대표론은 국민정당을 지향하는가

기업가의 입당을 허용하자는 주장의 이론적 기반으로 활용되고 있는 '3개 대표론'은 중국 공산당이 노동자와 농민에 기반을 둔 계급 정당이 아니라 모든 계급을 포용하는 국민 정당으로 탈바꿈하려 한다는 인식을 갖게 하기에 충분하다. 이런 시각에서 보자면, 16대는 '준의회의'와 '남순강화' 이상의 역사적 의의를 갖게 될 것이라는 결론이 나올 수 있다.

장쩌민이 '3개 대표론'을 처음 제시한 것은 2000년 2월 광둥 성을 시찰할 즈음이었다. 지금에 와서 돌이켜보면 장쩌민은 덩샤오핑과 마오쩌둥의 정치 수법을 상당히 의식했던 것 같다. 마오쩌둥은 문화대혁명의 불꽃을 수도인 베이징에서 멀리 떨어진 상하이에서 점화했다. 덩샤오핑 역시 광둥 성의 경제특구 지역 등을 순회하면서 베이징을 향해 이론적 포격을 가했다. 3개 대표론은 중국 공산당이 '선진 사회 생산력 발전', '선진 문화 발전 방향', '광대한 인민의 근본 이익'을 대표해야 한다는 것을 핵심 내용으로 한다. 여기서 가장 중요한 것은 세번째의 '광대한 인민'이 가지는 함의이다.

그러나 관변 이론가들마저 처음에는 이 대목이 갖는 깊은 혁명적 뜻을 깨닫지 못했다. 일반인이야 말할 나위도 없었다. 이들은 '3개 대표론'이 장쩌민이 종전에 내세운 슬로건인 3강 운동(講 學習, 講 政治, 講 正氣)과 무엇이 다르냐고 고개를 갸우뚱거렸다. 마오쩌둥이 옌안(延安)

시절 펼쳤던 정풍(整風) 운동인 3풍 운동을 본뜬 '3강 운동'은 반대 세력에게 조롱에 가까운 비난을 받았다. '3풍 정돈 운동'은 '주관주의에 반대하여 학풍(學風)을 정비하자', '당파주의에 반대하여 당풍(黨風)을 정비하자', '공허한 형식주의에 반대하여 문풍(文風)을 정비하자'로, 지향하는 목표가 뚜렷했다. 하지만 '3강 운동'은 지향하는 바가 명확하지 않다는 지적이 적지 않았다. 또 하나의 모호한 슬로건을 추가했다는 식의 인식이 일반적인 반응이었다.

신좌파 세력, 장쩌민의 의도를 정확히 읽어내

'광대한 인민'이 갖는 혁명적 뜻을 가장 먼저, 그리고 정확하게 파악한 측은 '신좌파 세력'이었다. 신좌파 세력은 개혁개방의 부작용이 심화됨에 따라 마르크시즘 기본 원칙의 시각에서 당 지도부의 노선을 비판해온 30~50대의 신진 이론 그룹을 일컫는다. 이들은 구좌파라고 할 수 있는 덩리췬 등과 함께 ≪진리의 추구(眞理的追求)≫, ≪중류(中流)≫ 등의 잡지를 통해 줄기차게 지도부의 노선을 비판해왔다.[1]

먼저 포문을 연 이는 1948년생으로 칭화(淸華) 대학 출신인 린옌즈(林炎誌)였다. 그는 총서기 장쩌민의 '3개 대표론'을 수정주의 경향으로 간주했다. '광대한 인민의 이익'을 대변하기 위하여 중국 공산당이 자산계급을 흡수한다면 이는 공산주의 본질을 훼손하는 결과를 가져올 것이라고 비판했다. 이런 비판이 나오자 그제야 관변 이론가들이 움직이기 시작했다. 그들은 노동자, 농민만을 대표했던 중국 공산당은 이제 사회의 변화에 따라 지식인과 과학자는 물론 사영 기업가도 대표해야

---

[1] 30대 신좌파 이론가 중의 한 사람으로 한더치앙(韓德强)이 있다. 1967년생으로 중국 인민대학에서 경제학 박사학위를 받았으며, 현재 베이징항공대 경영대학원 부연구원으로 있다. 그는 2001년 한국에서 번역 소개된 『13억의 충돌』이란 책에서 주룽지 등 중국 지도부가 적극적으로 추진한 국제무역기구(WTO) 가입이 중국 경제 전반에 몰고 올 부정적 영향을 분석했다.

한다고 주장하기 시작했다.[2]

덩샤오핑의 남순강화 직전부터 덩의 과감한 개혁개방 노선을 이른 바 만언서(萬言書) 형식을 통해 집요하고 철저하며 지속적으로 비판해 온 좌왕(左王) 덩리췬의 분노에 찬 공격이 신좌파의 비판에 가세했다. 덩리췬은 "3개 대표론은 공산당이 사영 기업주의 이익마저 대변, 모두를 끌어안겠다는 것이지만 그렇게 되면 중국 공산당은 더 이상 공산당이 아니다"라고 맹공을 퍼부었다. 86세(2002년 현재)로 '마극사(馬克思: 마르크스) 선생'을 만나러 갈 날이 얼마 남지 않은 덩리췬은 당내 최고의 이론가로 꼽히는 인물이다. 후난(湖南) 성 출신에 베이징 대학을 나온 그는 당 이론지인 ≪홍기(紅旗)≫의 부편집장을 역임했으며 사회과학원 부원장, 당 중앙 선전부장, 당 중앙 서기처 서기, 그리고 당 중앙 간부 교육지도 소조의 조장을 역임했다. 그 이력에서 빼놓을 수 없는 게 1987년 덩샤오핑의 논적이던 천원(陳雲)이 주임으로 있는 중앙 고문위의 위원으로 선출되어 1992년 이 기구가 폐지될 때까지 천원의 오른팔 노릇을 했다는 사실이다. 오랫동안 마르크스주의와 경제이론 개발에 종사한 그는 현 지도부 노선의 이론적 허점을 날카롭게 지적해왔다.

이처럼 논쟁이 치열하게 전개되는 와중에서 장쩌민은 '3개 대표론'의 모호한 의미를 보다 구체화하는 발언을 하게 된다. 2001년 7월 1일 중국 공산당 창당 80주년 기념 연설에서 기업인의 공산당 입당을 허용해야 한다고 선언한 것이다.[3] '7·1 강화'로 불리는 이 연설에서 장쩌민

---

2) 사영기업의 경우, 2000년 말의 통계로 176만 개의 기업이 총 2,406만 명을 고용하여 국내 총생산의 12%를 차지하고 있다.

3) 개혁개방 이후 부상한 기업의 대표가 공산당원인 경우가 전혀 없지는 않다. 중국 최대의 컬러 TV 생산업체인 창홍(長虹) 그룹의 니룬펑(倪潤峯) 총재와 오토바이 생산부분 세계 1위 업체인 춘란(春蘭) 그룹의 타오젠싱(陶建倖) 총재는 공산당 중앙위원회 후보위원까지 올랐다. 그러나 이 기업들은 경영 자율권을 부여받아 사영 기업처럼 운영되기는 하지만 엄격한 의미에서는 여전히 국유기업이다. 창홍그룹은 항공기 레이더를 생산하는 군수업체인 창홍기기창(機器廠)을 모태로 하였으며, 춘란그룹 역시 타이저우 시 정부가 관리하고 있다.

은 현 시대에 재산의 많고 적음이라는 간단한 수단을 이데올로기의 기준으로 삼을 수 없다고 말했다. 그는 검증을 거친 기타 계층의 우수한 인재들을 공산당에 흡수해야 한다고 주장했다. 장쩌민의 이 같은 발언은 중국 공산당이 이전과는 현격히 구별되는 '새로운 역사'를 맞으려 한다는 것을 모두에게 분명히 일깨워준 '충격적' 선언이었다.

기업가와 노동자는 동일 계급

"기업가와 노동자는 대립하는 계급이 아니라 동일 계급 내의 다른 계층이다."

중국 노동조합 전국 기구인 중화전국총공회 기관지 ≪공인일보(工人日報)≫가 장쩌민의 3개 대표론과 관련하여 2001년 8월 28일 자에 실은 평론의 결론이다. ≪공인일보≫의 이 평론은 장쩌민의 7·1 강화 이후 중국의 거의 모든 언론매체를 통해 전개되고 있는 선전 캠페인의 일환으로 게재됐다. ≪공인일보≫의 이 같은 결론은 사영 기업인과 노동자는 착취와 피착취 관계에 있다는 공산당의 기존 입장을 탈피한 실로 코페르니쿠스적 변화라 아니할 수 없다.

이 평론은 노동자 계급과 노동자를 동일하다고 간주하는 것은 잘못이라는 관점에서 출발한다. 개혁개방이 20여 년 간 지속되면서 노동자의 일부인 지식인 속에서 기업가와 관리자, 기술자라는 계층이 형성됐으며 이런 종류의 분화는 현재도 진행 중이라고 ≪노동일보≫는 지적한다. 이 평론은 노동자 계급 내부의 이질적인 계층의 존재를 인정하지 않으면 현대 중국의 노동자 계급의 선진성을 이해할 수 없다고 주장한다. 이 말은 착취계급으로서의 사영 기업가가 공산 중국의 성립으로 소멸된 이후, 사회주의 시장경제의 발전에 따라 새로 등장한 기업가는 착취계급의 부활이 아니라 직업 분화의 산물이라는 것이다. 노동자 계급 내에서 노동자 계층과 기업가 계층의 분화는 계급 분열을 의미하는 것이 아니기 때문에 과거로의 퇴보가 아니라 역사의 진보라는 논리를 ≪공인일보≫는 전개하였다. 이 논리의 입장에서 보면, 노동자 계급에 속하는 기업가의 공산당 입당은 당연한 것이다. 좌파 이론가들에게 이는 견강부회의 궤변에 불과할 것이다. 그러나 이 이론은 3개 대표론과 기존 이론의 모순을 극복하려는 중국 관변 이론진들의 고심을 보여주는 단지 하나의 사례에 불과하다.

덩샤오핑 노선의 모순 극복

실용주의자인 덩샤오핑은 항상 실천을 이론에 앞세웠다. 이 점에서 그는 분명히 마오쩌둥과는 달랐다. 마오쩌둥은 여러 권의 저술을 통해 자신의 이론을 체계화하였다. 그러나 덩샤오핑은 연설, 혹은 강화(講話)를 통해 자신의 이론을 밝혔지만 저술을 통해 이를 체계화하지는 않았다. 마오가 연역적인 성향을 가졌다면 덩은 귀납적인 인물이었다. 또 마오가 자신의 이론에 집착, 융통성을 발휘하지 못했던 데 비해 정밀한 이론 체계를 갖추지 않았던 덩샤오핑은 훨씬 탄력적으로 상황에 대처해나갔다. 덩샤오핑이 개혁개방을 추진하는 한편 이른바 4항 기본노선을 강조했다. 4항 기본노선은 덩샤오핑이 권력을 장악한 직후인 1979년 3월 30일 제시한 것으로 마르크스주의와 마오쩌둥 사상의 견지, 사회주의 노선 견지, 공산당 영도 견지, 인민민주 전정(專政:독재) 견지를 지칭한다. 덩샤오핑이 4항 원칙을 내세웠던 것은 덩의 개혁개방이 마오가 생전에 지녔던 자본주의 길로 나가는 것이 아니냐는 보수 세력의 우려를 불식하기 위해서였다. 덩은 개혁개방 노선 추진 과정에서 정치적 위기에 빠질 때마다 이 4항 원칙을 적절히 활용했다.

1987년 1월 자신의 심복 후야오방을 실각시킬 때 그리고 1989년 천안문 사태가 벌어졌을 당시 4항 원칙을 강조하면서 보수 세력의 지지를 이끌어냈다. 심각한 정치적 위기가 아닐 때에도 강경 보수 세력의 도전의 방패막이 4항 원칙을 활용했음은 주지의 사실이다. 개혁개방 정책과 4항 원칙은 상호 모순되는 개념이다. 비유하자면 덩 통치의 흑묘(黑猫)와 백묘(白猫)인 셈이다. 이 모순되는 덩의 노선은 덩의 생전에는 그럭저럭 공존할 수 있었다. 하지만 개혁개방이 심화될수록 후계자들에게는 이론적 부담을 안겨주었고, 덩리췬을 비롯한 좌파 이론가들에게 공격의 빌미를 제공해주었다.

3개 대표론은 말하자면 4항 원칙의 핵심내용을 사실상 폐기함으로써 자기모순적인 덩 노선을 분명하게 한 것이라고 할 수 있다. 두 마리의 고양이 중에서 쥐를 잘 잡는 것으로 판명된 한 마리의 고양이만을 선택한 것으로 비유할 수 있다. 사실 남순강화를 통해 덩은 마오와 자신을 분명하게 차별화했다. 마오와의 결별은 반문혁 세력의 분열을 가져왔다. 천원과 덩리췬은 이론적 적대 세력으로 돌아섰다. 하지만 4항 원칙이 유명무실하게나마 견지되는 상황에서 많은 당 원로들은 천원과 덩리췬이 선택한 길에 동참하기를 주저했다.

3개 대표론을 통해 장쩌민이 덩 노선의 극복을 선언하자 주저하던 당 원로들이 마침내 입장을 분명히 하기 시작했다. 2001년 당 원로들의 잇단 탈당은 바로 3개 대표론에 대한 항의 표시였으며 이는 2001년 9월 화궈펑 전 당 주석의 탈당계 제출로 정점을 이루었다. 화궈펑은 탈당하면서 마오쩌둥과 저우언라이는 언급했지만 덩샤오핑을 거론하지 않았다. 장쩌민의 3개 대표론이 덩 노선의 연장선상에 있다고 인식한 때문일 것이다. 좀 더 적극적인 원로들은 장쩌민의 파면을 요구하기도 했다. 기업가의 입당 허용을 선언한 장쩌민의 7·1 강화가 당장에 근거한 것이 아닐 뿐더러 합당한 절차를 밟지도 않았다는 이유를 들었다.

3개 대표론의 태동 과정

3개 대표론이 발표되기 1년 전인 1999년 장쩌민 주석의 정치적 대

부인 왕다오한(王道涵)이 상하이의 일부 학자들과 함께 <세계의 사회민주 연구>라는 문건을 내놓았다. 이 보고서는 동유럽 공산당이 사회당, 민주사회당 등으로 변신한 과정과 유럽의 사회민주당을 연구한 것이다. 왕다오한은 장쩌민 주석에게 제왕학을 강의하는 스승 같은 존재로 '제사(帝師)'라는 별칭을 듣는 존재이다. 그와 장쩌민과의 인연은 건국 초기로까지 거슬러 올라간다.

왕다오한이 공산정권 수립 초기 화동(華東) 군정위원회 공업부장으로 있을 당시 장쩌민은 그 수하에 있었다. 왕다오한은 이후 장쩌민의 정치적 후견자가 되었다. 장쩌민이 그의 상하이 자오퉁 대학 후배이며 같은 안후이(安徽) 성 출신이었던 것이 적지 않게 작용한 것 같다. 장쩌민은 장쑤성 양저우(揚州)에서 태어났지만 원적은 안후이 성이라고 스스로도 밝힌 바 있다.

왕다오한은 1985년 세대교체 정책에 따라 상하이 시장에서 물러날 때 장 주석을 후임으로 추천했다. 왕다오한의 추천이 없었다면 장쩌민이 상하이 시 서기를 거쳐 총서기에 선출되지 못했을 것이며, 따라서 장쩌민의 오늘은 없었을 것이다. 장쩌민의 가장 큰 정치적 은인인 셈이다. 해협양안관계협회(海協會) 주석으로 있던 왕다오한은 1993년 싱가포르에서 열린 첫 양안(兩岸) 회담에 중국 측 대표로 참석했다. 왕다오한은 이때의 경험을 바탕으로 장쩌민에게 대만 통일 방침에 대한 조언을 하였으며, 이는 1995년 초 장쩌민의 8개조 대만 통일 방침 발표로 이어졌다. 이런 관계를 살펴볼 때 왕다오한의 <세계의 사회민주 연구> 보고가 장쩌민의 3개 대표론 발표에 직접적인 영향을 미쳤을 것이라는 점은 충분히 짐작이 가는 일이다. 장쩌민은 개혁개방이 심화됨에 따라 정체성의 위기를 겪고 있는 중국 공산당의 미래를 위해 서구의 사회민주주의에서 돌파구를 찾으려 했으며, 이러한 시도의 출발점으로 3개 대표론을 내세운 것으로 볼 수 있다.

장쩌민이 모델로 삼고 있는 서구의 사회민주주의는 제2차세계대전 이후 영국의 노동당과 서독의 사회민주당이 볼셰비즘에 기초한 소련의 사회주의와 자신들을 구별하기 위해 제창한 이념체계를 말한다. 이 사회민주주의는 폭력혁명 노선의 마르크스주의와 인연을 끊는 것을 선언했으며, 국유화 정책을 후퇴시키는 등 소유의 사회주의 대신 기능의 사회주의를 제창했다. 서독 사회민주당은 노동자의 경영 참가에 의한 노사 공동 결정을 주장하였다. 기업가와 노동자 간의 관계가 적대적인 것이 아니라 공존적 관계라는 것이 그 이론적 바탕이었다.

'기업가와 노동자는 적대적 관계가 아니다'라는 ≪공인일보≫의 주장에 유럽 사회민주주의의 영향이 짙게 배어 있음을 쉽게 짐작할 수 있다. 당시 유럽 사회민주주의 정당이 공산당과 구별하기 위해 공산당을 계급정당으로, 자신들을 국민정당으로 일컬었던 사실을 주목할 필요가 있다. 3개 대표론의 광범한 인민이라는 표현의 배경에 국민정당이란 개념이 자리잡고 있음은 앞서 지적한 바 있다.

주지하다시피 유럽의 주요 국가들에서는 사회민주주의를 신봉하는 정당들이 집권당으로 있다. 영국, 독일 등이 여기에 포함된다. 또한 동구권의 구 공산당 세력이 사회민주주의 정당으로 탈바꿈한 뒤 속속 재집권에 성공하였다. 대표적인 나라가 폴란드이다.

이런 상황을 종합할 때, 장쩌민은 정체성 위기를 극복하고 다른 한편으로는 지속적인 집권을 위해 공산당을 중국의 상황에 맞는 사회민주주의 정당으로 탈바꿈시키려고 하는 것 같다. 중국 공산당이 불가피하게 사회민주주의를 채택하지 않을 수 없다는 주장은 장쩌민을 중심으로 하는 당권파뿐만 아니라 보다 급진적인 정치학자들도 펴고 있다. 왕다오한이 <유럽의 사회민주 보고서>를 제출하던 비슷한 시기 차오쓰위안(曹思源)이란 진보적 학자는 중국 공산당의 당명을 사회민주당으로 바꿔야 한다고 주장하기도 했다.

3개 대표론의 이론 정립에 기여하였을 인물로 왕다오한 이외에 주목해야 할 사람들은 공산당 선전부 부부장으로 있는 류지(劉吉), 당 중앙 정책연구실 주임과 부주임인 텅원성(騰文生)과 왕후닝(王滬寧) 등이다. 류지는 상하이방(上海幇) 내 브레인트러스트의 좌장 격인 인물로 '장쩌민의 수슬로프'[4]와 같은 존재이다. 그는 삼강 운동을 제시했던 인물로 왕다오한의 보고서를 바탕으로 3개 대표론의 이론체계를 구성하는 데 주도적인 역할을 하였을 것이 틀림없다. 장쩌민의 대내어필(大內禦筆)로 불리는 텅원성은 덩리췬에 못지않은 이론가로 알려져 있다. 당내 주류 이론과 3개 대표론과의 간격을 좁히는 데 조언을 했을 것으로 짐작된다. 덩리췬과 텅원성은 공교롭게도 마오쩌둥과 같은 후난 성 출신이다. 그러나 두 사람은 정반대의 길을 걷고 있는 셈이다. 상하이 푸단(復旦) 대학 국제정치학 교수 출신인 왕후닝은 유럽의 사회민주주의에 대한 이해가 가장 깊은 인물로 류지의 보좌역을 충실히 수행했을 것으로 추측된다.

장쩌민의 3개 대표론이 이제 유명무실해진 덩샤오핑의 4항 원칙에 마지막 못질을 한 것이라고 앞서 지적한 바 있다. 이보다 훨씬 앞서 덩샤오핑 노선의 모순 구조를 직시하고 남순강화 노선의 철저한 추진을 위해 4항 원칙을 수정해야 한다고 주장한 이가 있었다. 그 사람은 6·4 사태 이전 당 중앙 선전부 부부장을 지냈으며 1987년 13대에서 자오쯔양(趙紫陽)이 발표한 정치공작 보고 작성에 관여했던 궁위즈(龔育之)다.

1929년생으로 마오쩌둥의 고향인 후난 성 상탄(湘潭)이 조적(본적)인 그는 남순강화가 있던 해인 1992년 11월 국무원이 발간하는 ≪경제일보≫에 무려 1만여 자에 달하는 장문의 기고를 했다. 이 글에서 궁위즈는 그해 2월에 있었던 덩의 남순강화는 새로운 시대의 진입을 알리는 사상해방의 선언이라고 찬양한 뒤, 4항 원칙의 일부 부정확한 개념은 실천을 통해 제거되어야 한다고 주장했다.

그는 4항 원칙이 생산력의 발전, 종합 국력의 증강, 인민 생활 수준

---

4) 미하일 수슬로프(Mikhail Suslov, 1902~1982) 소련의 정치가. 1963년 덩샤오핑 과 논쟁을 벌인 바 있는 이데올로기 전문가.

의 향상 등 3개 요소에 유리한지의 여부가 실천을 통해 검증되어야 하며, 정확한 것은 계속 견지해야 하지만 부정확한 개념은 포기해야 한다고 말했다. 이 대담한 주장은 개혁개방의 실천이 축적된 9년 뒤 집권 세력에 의해 수용된 셈이다. 이 시각에 보면 장쩌민의 3개 대표론은 1989년 천안문 사태로 좌절된 정치개혁 노선과 맞닿아 있는 것이다.

권력 투쟁을 예고하는 사상 투쟁

공산 중국의 역사는 사투(思鬪), 즉 사상 투쟁의 역사이기도 하다.

마오쩌둥 시절 초기에는 홍(紅)과 전 (專)의 첨예한 대립이, 그리고 후반 기에는 문혁 대 반문혁 간의 치열한 투쟁이 중국 정계 흐름을 이끌었 다. 반문혁 세력의 승리로 성립된 덩샤오핑 체제에서도 사상, 노선 투 쟁은 간단없이 계속되었다. 1987년 1월 후야오방 실각과 1989년 6월 천안문 사태는 개혁개방의 범위와 정도 및 속도를 놓고 벌어진 보혁간 극심한 사투가 빚어낸 결과물이었다. 이처럼 사상 투쟁은 권력 투쟁과 표리관계를 이루고 있다. 격렬한 사상 투쟁은 권력 투쟁으로 이어지고 권력 투쟁의 배경에는 어김없이 심각한 노선 투쟁이 자리잡고 있다.

1992년 초 덩샤오핑의 남순강화로 개혁개방이 재점화된 이후 중 국에서는 후야오방의 실각, 혹은 천안문 사태와 같은 경천동지할 권력 투쟁이 더 이상 벌어지지 않았다. 1997년 덩샤오핑이 죽은 뒤에도 일 각에서 우려하던, 마오쩌둥 사후에 발생한 것과 같은 정치적 동란은 일 어나지 않았다. 바꿔 말하면 남순강화 이후의 노선 투쟁이 그만큼 극렬 하지 않았다는 것이다.

사실 남순강화 이래 지도부 내 보수파의 목소리는 잦아들었다. 물 론 덩샤오핑과 타협을 거부하고 권력 중심에서 밀려난 보수파 중 강경 세력은 끊임없이 개혁개방 정책에 대해 비판을 제기했으나 반향 없는 외침에 그쳤다. 그러나 1997년부터 이러한 양상이 변화하는 조짐을 보이고 있다.

반개혁 세력에 대한 지도부의 응전 본격화

반개혁적 주장에 대한 당 지도부의 응전이 본격화되고 있다. 한동안 찻잔 속의 태풍처럼 취급당해온 강경 보수파의 목소리가 개혁 심화에 따른 부패 등 부작용이 현저해지는 상황을 배경으로 저변에서 힘을 얻으면서 태풍의 눈으로 인식되기 시작했다는 증거로 볼 수도 있다. 때문에 지도부의 응전은 사상 투쟁의 치열화를 예고하는 것으로, 나아가선 권력 투쟁의 도래를 알리는 전조로 해석될 수도 있다. 다시 수면 위로 떠오른 사상 투쟁은 그동안 어떠한 전개과정을 거쳐왔는가.

이를 살펴보기에 앞서 중국 내의 파벌을 알아볼 필요가 있다. 중국 내 파벌은 대체로 보수와 개혁파라는 양대 틀을 기본 구도로 하고 있다. 이를 다시 세분하면 강경 보수파, 보수파, 중도파, 개혁파, 급진 개혁파 등 5개로 나뉘어진다. 지하 총서기, 좌왕(左王)으로 불리는 덩리췬과 천안문 사태 당시 국무원 대변인으로 학생 시위대에 대한 유혈진압의 정당성을 강변했던 위안무(袁木)는 강경 보수파라고 할 수 있다. 현재 전인대에 모여 있는 리펑(李鵬), 쩌우자화(鄒家華), 장춘윈(姜春雲)과 국무원에 버티고 선 뤄간은 보수파로 분류된다. 강경 보수파와 보수파의 차이는 전자가 지속적이며 일관성 있게 당 지도부가 추구해온 일련의 개혁노선을 비판해온 반면 후자는 전자와 이론적 입장을 같이 하면서도 적극적인 이론 투쟁에 나서지 않았다는 점에서 찾을 수 있다. 중도파는 장쩌민, 우방궈(吳邦國), 리란칭(李嵐淸) 등 현재 집권 상하이방의 주류 세력과 군부를, 개혁파로는 주룽지, 리루이환(李瑞環), 톈지윈(田紀雲) 등을 꼽는다. 그리고 자오쯔양 전 총서기의 추종세력과 반체제 인사들은 급진 개혁파로 함께 분류할 수 있다.

또한 이 5개 파벌들을 보수파와 개혁파로 대별할 경우 강경 보수파와 보수파를 보수파로, 중도파, 개혁파 그리고 급진 개혁파를 범개혁파로 묶는 게 가능하다. 문제는 군부다. 군부는 이러한 보-혁 이분법에 의해 한쪽으로 몰아넣기 힘든 존재다. 어쩌면 보-혁의 경계선에 걸쳐 있는 중도적인 세력으로 보는 게 타당하다. 사상 투쟁이 권력 투쟁으로 비화될 때 군부의 향배는 승리가 어느 쪽으로 가느냐를 결정지었다. 천안문 사태 당시에는 보수파 쪽으로, 남순강화 때는 반대로 개혁파 쪽에 힘을 실어주었다. 따라서 앞으로 전개될 권력 투쟁에서 군부의 동향은 주목거리가 아닐 수 없다.

1989년 천안문 사태 이래 보혁간 권력 투쟁 양상을 요약하면 다음과 같다. 천안문 사태는 급진 개혁파가 정치권 주류에서 배제되는 결과를 가져왔다. 이후 강경 보수파와 보수파가 주도하던 정국은 1992년 초 남순강화와 그해 말 14대를 계기로 강경 보수파가 대거 제거되면서 개혁파가 전면에 나서게 되었다.

14대 이후는 개혁파가 정책을 선도하는 가운데 중도파가 이들을 뒷받침하고 보수파가 침묵하는 형태를 유지했다. 그리고 정권의 주류에서 밀려난 강경 보수파와 급진 개혁파가 외곽에서 끊임없이 당 지도부에 문제를 제기하는 형국이었다. 똑같이 현 당 지도부를 공격하지만 이들의 타깃은 다르다. 강경 보수파가 집권 세력 내부의 개혁파를 공격하고 있는 반면, 급진 개혁파가 겨냥하는 세력은 리펑 등 보수파이다.

강경 보수파의 파상 공세

강경 보수파의 좌장 역할을 맡고 있는 인물은 덩리췬이다. 1915년생인 그는 마오쩌둥과 동향인 후난 성 출신으로 당 선전 부문에서 주로 종사한 당내 이론가 중 한 명이다. 1963년 당 기관지 ≪홍기(紅旗)≫ 부편집장, 1975년 사회과학원 부원장, 1981년 당 중앙위 판공청 부주임, 1982년 중앙 선전부장, 중앙 서기처 서기, 1987년 중앙 고문위 위원을 역임했다.

덩리췬이 국제적으로 유명해진 계기는 1992년 초 제1차 <만언서>를 발표하면서였다. 1차 <만언서>는 남순강화를 기회로 당의 주류가 다시 개혁개방 쪽으로 기울기 직전에 작성되었다. 이는 당시 중앙 고문위 주임인 천윈이 주장한 '새장 경제학(鳥籠經濟學)' 관점에서 1978년 이래 지속돼온 개혁개방 정책을 비판한 문건이었다. 새장 경제학은 천윈이 개혁개방 초기인 1982년 12대에서 제시한 이론으로, 사회주의 계획경제에 도입된 시장경제 운영의 테두리를 새장과 새를 비유해 설명하였다. 천윈은 경제 활성화를 위해서는 시장경제의 도입이 필요하지만 그것은 어디까지나 계획과 공유제의 원칙을 보완하는 데에서 벗어나서는 안 된다고 주장했다. 이는 덩샤오핑이 주도한 경제개혁 자체를 부인하지는 않지만 속도와 폭은 계획경제의 근본 틀을 손상하지 않는 범위 내에서 이루어져야 한다는 것이다. 천윈은 덩샤오핑이 남부 연해 지역에 설치한 경제특구에 대하여 대단히 비판적이어서 1995년 사망할 때까지 단 한 차례도 특구 지역을 방문하지 않았다.

하지만 결국 <만언서>는 보수 세력이 정권의 주류에서 밀려나는 결과를 초래했다. 강경 보수파가 <만언서>를 작성한 시기는 덩샤오핑의 남순강화와 시기적으로 일치한다. 덩샤오핑이 그해 말로 예정된 14대를 앞두고 천안문 사태 이래 극도로 위축된 개혁개방을 다시 본궤도에 올리기 위해 88살의 노구를 이끌고 남방시찰에 나선 것과는 정반대의 목표를 갖고 이 문건은 작성됐다. 개혁개방이 야기한 당 노선의 궤도 이탈을 바로잡자는 내용이 골자였다. 실천가 덩샤오핑과 이론가 천윈 사이의 대결 양상으로 비화된 이 노선 투쟁은 덩샤오핑의 승리로 귀결되었다.

14대는 새장의 파괴

1997년 말 14대에서 천윈이 주임인 중앙 고문위는 폐지되었고, 고문위 위원이던 덩리췬은 중앙위원 선거에서 탈락, 현역 무대에서 퇴진하는 정치적 패배를 감수해야 했다. 당시 홍콩의 한 시사 잡지는 새가 새장 밖으로 날아가는 삽화를 표지에 실어 이론 투쟁에서 천의 '새장 경제론'이 덩의 적극적인 개혁개방론에 패배했음을 상징적으로 드러냈다.

이를 계기로 보수파는 덩리췬 등 지도부에서 밀려난 강경 보수파, 덩샤오핑과 타협하여 지도부 내 입지를 유지한 리펑 등의 보수파로 분화하였다. 한편 반보수 세력도 개혁과 개방에 좀더 적극적인 주룽지를 중심으로 한 개혁파, 개혁 성향이기는 하나 보수파를 의식하는 장쩌민과 차오스 등 중도파로 나뉘어졌다.

강경 보수파는 1995년, 1996년 초에도 당 정책을 비판하는 문건을 잇따라 발표하였으나 지도부는 무응답으로 대응하였다. 오히려 강경 보수파와 마찬가지로 정권에서 소외된 급진 개혁 세력이 이론공세에 적극 응전했다. 자유 지식인이 중심이 되어 이들의 주장을 정면으로 반박하는 8만 자의 탄원서를 전인대와 정협에 제출했다. 보혁간 노선 투쟁은 정권 중심부가 아닌 외곽에서 구경꾼 없는 싸움의 양상을 유지했던 것이다.

2차 만언서 공유제 문제 집중 거론

1997년 초 강경 보수파는 그간의 이론적 천착을 다듬어 2만 3,000자에 달하는 제2차 <만언서>를 발표한다. 1차 <만언서> 때와 마찬가지로 15대를 겨냥한 이론적 공세였다. 당시는 덩샤오핑이 사망을 목전에 둔 시기여서 <만언서>는 상당한 파장을 불러일으켰다.

‘공유제의 주체적 지위 견지에 관한 약간의 이론과 정책 문제’라는 제목의 2차 <만언서>는 경제정책의 소유제 문제를 집중 비판했으며, 위안무 전 국무원 연구실 주임 등이 국가교육위원회 발행 《당대사조(當代思潮)》 편집실 명의로 작성, 내부 문서로 당 중앙위원회에 제출하였다. 주장의 논점은 다음과 같다.

- 십 수년 동안 비공유경제의 급속한 발전은 공유제와 비공유제의 비율을 급속히 변화시켰다. 공유제는 주체적 지위를 상실할 잠재적 위험에 직면해 있다.
- 만약 공유제의 주체적 지위가 상실되면 노동자 계급은 피고용 노동자로 전락, 공산당은 통치의 경제적 기초를 잃고 국가 정권은 변질한다. 사회주의 이데올로기는 용해돼 사회주의의 정신적 지주가 무너지며 국가 전체의 사회주의 성격도 변해 국제 자본주의의 속국이 된다.
- 일부에선 소기업이 사유화해야 한다고 주장하고 있다. 소기업은 여러 경제 영역과 전국 각지에 퍼져 있어 독립채산기업의 96%를 점유, 노동자의 80% 내외를 차지하고 있다. 따라서 소기업의 사유화는 절대 다수 노동자의 생활을 비공유제 관계 속에 두는 것이 된다. 이렇게 되면 사람들의 생산관계, 즉 국가적 사회경제 제도는 이미 사회주의가 아니다.
- 외자도입은 서방자본주의 제도를 받아들이기 위한 것이 돼서는 안 된다.
- 근년 국유기업은 과도한 적자경영 상태에 있어 투자의 90%는 채무에 의존하고 있다. 이런 상황에서 비공유제가 축적해온 자산을 보다 많은 생산조건과 결합할 경우 비공유제는 강력한 경쟁상대가 된다.
- 고르바초프 개혁 정책은 서방국가가 제공한 개혁 책략으로 그는 정

권의 잘못된 노선을 추진, 결국 소련을 전복시켰다.

- 마오쩌둥 동지의 지적처럼 사상과 정치적으로 노선이 정확한지 여부가 모든 것을 결정한다. 공유제가 주체라는 점을 견지하는 것은 정확한 노선을 수행하는 국가 정권의 보증이다.

장쩌민의 응전

1996년까지 강경 보수파의 파상적 이론 공세에 대해 이를 반박하는 논문의 게재나 간행마저 금지한 당 지도부는 1997년에 들어 본격적인 응전에 나섰다. 지도부가 이렇게 대응에 나선 것은 무엇보다도 1997년 2월 덩샤오핑이 사망한 때문이다. 덩의 사망은 보수 세력의 공세를 막아주던 방파제가 사라진 것을 의미했다. 덩샤오핑과 같은 카리스마적 권위를 갖추지 못한 장쩌민 등 당 지도부는 독자적 사상체계로 무장, 보수 세력의 이론적 도전에 맞서야 할 처지에 놓이게 된 것이다.

또 다른 이유는 개혁의 심화로 사회주의 경제의 근간인 공유제 문제를 건드리지 않을 수 없는 상황에 접어들었기 때문이다. 집권세력은 15대를 앞두고 개혁이 보수 이론가들이 지적한 것처럼, 공산당의 정체성을 부인한 것이 아니라고 반박해야 할 필요성이 절박해졌다. 보혁간 대립 속에서 중도적 입장을 취한 장쩌민은 개혁파의 주장을 수용함으로써 이러한 이론적 곤경을 헤쳐나가려 했다.

공유제 개념의 확대를 통해 이론적 반격

장쩌민은 덩샤오핑 사망 100일째인 1997년 5월 29일 당 최고간부 연수 수료식 연설에서 중국 특색을 가진 사회주의라는 덩샤오핑 이론 견지, 사회주의 초급 단계론 재제기, 국유기업 비중 축소를 근간으로 한 경제체제의 개혁, 당 지도 강화 등 4대 노선을 제시했다. 이 중 사회주의 초급 단계론은 1987년 13대에서 자오쯔양이 내세운 이론으로, 중국 사회를 자본주의 요소가 남아 있는 사회주의 초급단계로 규정, 자본주의 생산방식의 채택을 정당화한 이론이다. 장쩌민은 자오쯔양의 초급 단계론을 다시 꺼내 모든 경영 방식과 조직 형태를 과감하게 이용해 비공유 부문을 확대시키자고 강조했다.

장쩌민의 이러한 노선 천명은 이제껏 좌고우면(左顧右眄) 자세에서 벗어나 개혁파로 기울었음을 보여주는 것이다. 그러나 10년 전에 이미 제시된 사회주의 초급 단계론을 다시 동원한 것은 한편으로 이론적인 취약점을 드러낸 셈이다. 상당 기간이 지난 시점에서 자본주의 생산방식을 더 강화하자는 주장은 앞서 나가는 게 아니라 뒷걸음치고 있음을 고백하는 것과 다름없다. 이러한 모순을 해결하기 위하여 장쩌민은 공유제의 정의를 확대하였다. 국유기업 개혁과정에서 도입하려는 주식제를 공유제의 한 형태로 규정한 것이다.

강경 보수파의 이론적 공세에 대해 이렇게 입장을 정리한 지도부는 이후 공세로 나왔다. 중앙 선전부를 동원, 장쩌민의 4대 노선이 1978년 개혁개방 노선 채택, 1992년 시장경제를 전면 도입시킨 덩의 남순강화에 비견될 제3차 사상해방이라는 캠페인을 전개하는 한편, 9월 15대를 앞두고 6월부터 8월까지 대대적인 학습 운동을 펼쳤다.

다음해인 1998년 장쩌민 주석의 일급 브레인 류지 사회과학원 부원장이 사상해방을 강조한 『자오펑(交鋒)』이라는 책을 출간한 것도 당지도부가 강경 보수파를 겨냥한 반격 캠페인의 일환이다. 류지는 이 책에서 보수파에 대해 "실천이 진리를 검증한다"라는 마오쩌둥의 말을 인용, 보수파에게 발상의 전환을 요구했다.

개방 문제를 놓고 보수파의 총공세

개혁 문제에 관해 개혁파의 입장으로 돌아선 장쩌민이지만 1999년

에 들어서선 개방의 확대 문제를 놓고 한동안 개혁파와 일정한 거리를
두는 관망적 자세를 취했다. 주룽지 총리가 적극적으로 추진한 개방에
대해 보수파의 공격이 거세지자 뒷짐을 지고 방관하는 자세를 취했다.
이때 개혁파 공격의 전면에 나선 것은 강경 보수파가 아니라 리펑을
중심으로 한 지도부 내 보수파였다.

리펑, 쩌우자화, 장춘원 등 전인대의 보수파 3인방은 주룽지 총리가
주도해온 WTO 가입 추진에 대해 본격적으로 제동을 걸고 나섰다. 이
들은 추종세력들을 지방에 순회시켜 WTO 가입 정책을 맹렬히 비난하
게 했다. 당시 주요 주장 내용은 다음과 같다.

- 외국의 값싼 원유가 들어오면 다칭(大慶) 유전 등 국내의 모든 유전
  은 망한다.
- 1,000만 명 이상이 직장을 잃는다.
- 자본시장 개방으로 금융 위기가 온다.
- 매년 730만 톤의 밀을 미국에서 수입해야 하며 이는 농민에게 큰
  피해를 준다.

그때 주룽지 총리는 사면초가의 위기에 빠져 있었다. 1999년 4월
미국 방문에서 성과를 거두지 못한 그는 5월에 들어 나토 소속 미군기
의 유고 주재 중국대사관 폭격 사건이라는 악재까지 만나 더욱 곤혹스
런 입장에 처했다. 중도파의 대부분이 등을 돌렸다. 국유기업 개혁을
담당한 우방궈 부총리, 후진타오 국가 부주석, 심지어 과거 WTO 협상
을 책임졌던 리란칭 부총리마저도 주 총리의 정책에 대하여 비판적이
었다. 개혁파인 리루이환 역시 주 총리에게 호의적이지 않았다.

이런 상황 속에서 장쩌민 주석과 주룽지 총리 간 불화설이 나오고
급기야 주 총리의 실각 가능성까지 거론되었다. 하지만 그해 8월 베이
다이허 회의에서 개혁개방의 입장과 방향에는 변함이 없다는 결론이

내려짐에 따라 WTO 가입을 둘러싼 논쟁은 주룽지 총리의 승리로 귀착되었다. 그러나 한 달 뒤인 9월 공산당 15기 4중전회에서 국유기업의 개혁 기간을 주 총리가 당초 제시한 3년에서 10년으로 연장했다. 이와 함께 눈여겨보아야 할 사건은 청커제(成克杰) 전인대 부위원장이 10월 과거 광시(廣西) 자치구 주석 시절의 비리 혐의로 체포된 것이다. 보수파의 주룽지 때리기는 표면상의 이유가 WTO 가입 문제였으나 이는 실제로는 개혁개방 노선에 대한 범보수 세력의 총공세였다. 결국 주룽지가 개혁의 속도를 완화하는 선에서 장쩌민 등 중도파와 타협에 성공, 보수파의 반격을 저지했다.

주룽지의 양보가 있은 지 1개월 뒤 있은 청커제의 체포는 중도파가 개혁파와 손을 잡으면서 이를 내외에 과시하기 위한 조치였다고 해석할 수 있다. 장쩌민이 한때 관망 자세를 취한 것은 주룽지가 추구한 개혁의 속도가 너무 빨라 잘못하면 천안문 사태 이전의 경제적 혼란을 초래할 수 있다는 우려 때문이었는지 모른다. 어쨌든 이 같은 일련의 사태 전개를 통해 개혁 문제뿐만 아니라 개방 문제에까지 중도파가 개혁파 쪽으로 기울었음이 분명해졌다.

강경 보수파의 사령부 포격

타좌등향우전(打左燈向右轉). 이는 보수파와 개혁파 사이에서 좌고우면(左顧右眄)하는 장쩌민을 조롱하는 표현이다. 개혁파의 정책 노선을 실천에 옮기면서도 다른 한편으로는 사회주의를 견지해야 한다는 보수파의 주장을 수용하는 장쩌민의 이중적 태도를 "좌측 깜박이 등을 켜고서 우회전한다"라고 비아냥댄 것이다.

그러나 1997년 덩샤오핑 사망 이후 장쩌민이 개혁개방 노선을 취하는 쪽으로 입장을 확고히 함에 따라 강경 보수파는 주룽지를 중심으로 한 개혁파를 주공격 타깃으로 하던 종전 자세에서 벗어나 장쩌민을 직접 겨냥하기 시작했다. '사령부'를 포격하기 시작한 것이다.

일부 강경 보수파는 1999년 발표한 문건에서 "자산계급을 고취하는 분자들이 아무런 제재를 받지 않고 대담하게 활동하는 것은 정책 결정권자와 미국을 우두머리로 하는 서방 자산계급 권력자와 묵계한 때문이며, 이는 결국 중국을 점점 더 서방 자본주의 그물망 속에 집어넣는 결과를 가져올 것이다"라고 주장했다. 이 문건은 장쩌민의 이름을 직접 거명하지는 않고 당내의 새로운 자산계급 당권파라고 우회적으로 표현하였다.

2000년 3월 강경 보수파가 1990년에 창간한 이론지 ≪중류(中流)≫에 베이징 대학의 한 대학원생이 기고한 글은 한 발 더 나아갔다. "대학의 사상문화 진지가 자산계급 자유화 분자에 의하여 점령되었으며 이는 상급 영도층의 책임이다"라는 대목이다. 이는 명백히 장쩌민을 지칭한 것으로 이 내용만 ≪광명일보(光明日報)≫에 전재될 때 삭제되었다.

이들은 장쩌민이 내세운 3개 대표론에 초점을 맞추어 공격하기 시작했다. 장쩌민이 2000년 2월 광둥 성 시찰 때 처음 내놓은 3개 대표 이론은 중국 공산당이 중국 선진 사회 생산력의 발전 요구, 중국 선진 문화의 전진 방향, 광범위한 인민의 근본 이익을 대표해야 한다는 이론이다. 이는 중국 공산당의 계급 기초를 노동자 중심에서 광범위한 인민으로 확대, 개혁개방 이후 중국 내 경제사회 구조의 변화를 반영시켰다.

덩리췬은 일단 3개 대표 이론을 선전하는 신문 잡지를 공격하는 외곽 때리기에 나섰다. 그는 "우리는 현재 사유화 서구화 분열화 부패화라는 4화(化)의 위기에 봉착했다"면서 적지 않은 신문 잡지에서 당 중앙 노선과 마르크스레닌주의, 마오쩌둥·덩샤오핑 사상을 벗어나고 있어, 우리는 머지않아 닥쳐올 이들과의 사상 투쟁에 대비해야 한다고 강조했다. 위안무도 ≪구시(求是)≫, ≪당대사조≫ 등의 잡지에 장 주석의

3개 대표론을 비판하는 글을 잇따라 게재했다.

이들은 다른 한편으로 3개 대표 이론 등 지도부의 노선에 이론적 토대를 제공하고 있는 학자 등을 맹비난했다. "현재 중국의 사상 이론 계와 정계에 기본사상(마르크스 - 레닌 및 마오쩌둥 사상)을 부정하는 문제가 존재한다"며 유명 이론가, 철학가, 사학가들이 이 흐름에 동참하고 있다고 비판했다. 강경 보수파가 직접적으로 거명한 지식인들은 중앙당교 교수로 민간부문의 중요성을 강조한 왕줴, 국유기업 파산과 사유화를 강조한 차오쓰원(曹思源), 그리고 유명한 시장경제 이론가 우징롄(吳敬璉) 교수 등이다.

공산당 10년 내에 몰락한다

1997년 15대를 앞두고 발표한 <만언서>에서 공유제 문제를 본격적으로 제기한 덩리췬은 2000년에 들어서자마자 재차 이 문제를 집요하게 물고 늘어졌다. 그는 2000년 1월 발표한 문건에서 국유기업 개혁 작업이 계속된다면 당의 통치 기반이 붕괴될 것이라고 경고했다. 국유기업이 경제의 근간이 되지 않는 한 10년 이내에 공산당이 몰락하고 말 것이라는 말까지 했다. 또한 당·정 기관들이 세수 등 수입의 원천이 되고 있는 민간 및 외국기업들에 종속되고 있다면서 국유기업의 역할 감소는 향후 중국의 정치·사회 상황의 변화를 초래, 결국 공산당의 일당 독점체제도 위협받을 것이라고 주장했다.

다만 주목할 만한 사태 변화는 이 같은 강경 보수파의 이론 공세가 과거와는 달리 나름의 힘을 얻고 있다는 사실이다. 이들의 주장은 사회에 만연한 극심한 부패상과 국유기업 개혁에 수반되는 대량 실업, 빈부 격차의 확대 등 이들의 주장을 뒷받침하는 현상이 점차 뚜렷해지고 있는 현실을 배경으로 하고 있다.

지금까지의 이론 공세가 리펑 등 지도부 내 보수파들이 침묵하는 상태에서 덩리췬, 위안무 등 원로들에 의해 외롭게 주창되어왔으나 최근 들어서는 45세 이하 젊은 세대 가운데 강경 보수파의 입장에 서서 개혁 추진을 비판하는 일이 점차 빈번해지고 있다는 사실도 유의해야 할 변화이다. 지도부 내 보수파는 새로운 피의 수혈에 실패했지만 강경 보수파는 세대교체에 어느 정도 성공하고 있다. 당 지도부도 이를 의식, 적극적으로 이론 투쟁에 나서고 있다. 2000년 11월 당 기관지 ≪구시≫가 개혁개방론을 부정하는 주장이 당내에 존재함을 인정하고 이를 정면에서 비판하는 논문을 게재한 사실은 이러한 상황 인식을 배경으로 한 것이다.

핵심 지도부 인사 정치개혁 거론

당 지도부가 원칙론을 강조하는 보수파에 대해 그간의 수세적 입장에서 벗어나 정치개혁을 주장하는 등 정면대응 자세를 보이고 있는 것은 주목해야 한다. 개혁파인 리루이환은 2000년 8월 정협에 참여 중인 민주당파에 제한된 야당의 역할을 부여, 공산당을 감시토록 해 공산당 일당 독재에 따른 부패의 만연을 막자고 주장했다. 또한 웨이젠싱(尉健行) 당기율검사위원회 서기 역시 정치개혁 문제를 정식 제기했다.

홍콩 시사월간지 ≪쟁명(爭鳴)≫ 12월호가 보도한 바에 따르면, 중국 최대의 부패 스캔들인 샤먼 사건에 대한 1심 판결 후인 2000년 11월 중순에 열린 기율검사위 공작회의에서 웨이젠싱은 심각한 간부 부패상을 척결하기 위해 정치제도와 행정체제의 개혁에 착수해야 한다고 주장했다. 그는 당 간부의 월권행위와 권력 남용을 막지 못한 것은 공산당 주도로 법을 정비해왔기 때문이라고 지적했다. 웨이젠싱의 주장은 리루이환의 발언과 일맥상통한다.

리루이환과 웨이젠싱의 발언에 관심을 두어야 하는 것은 그들이 제기한 정치 개혁이 현 정권에서 배제된 급진 개혁파가 줄기차게 주장해

오던 사항이라는 사실이다. 이는 개혁 세력이 그동안 소외시켜왔던 급진 개혁파를 끌어들여 강경 보수파를 상대로 한 일대 결전을 준비하고 있는 조짐으로 받아들일 수 있다.

장쩌민 주석이 2000년 8월 미국 CBS 방송과의 회견에서, 천안문 사태 당시 학생들의 열정을 이해한다고 발언한 것도 급진 개혁 세력을 보수파와의 결전을 앞두고 자신의 세력으로 끌어들이려는 장기적 포석의 하나로 해석할 수 있다. 리루이환과 웨이젠싱은 장쩌민과는 계보가 다른 지도자이다. 리루이환은 급진 개혁파에 가까운 개혁파이고, 웨이젠싱은 장쩌민과 같은 중도파이긴 하지만 차오스 계열에 속한다.

장쩌민의 오른팔인 쩡칭훙이 자오쯔양 집권 시 정치체제개혁연구소 주임이었던 바오퉁과 접촉하고 있다는 이야기가 나오고 있는 것을 눈여겨볼 필요가 있다. 1987년 13대에서 자오쯔양이 발표한 정치공작 보고의 핵심 내용은 사회주의 초급 단계론과 정치개혁이었다. 쩡칭훙이 13대 정치공작 보고서를 집필한 바오퉁을 만난다는 사실은 1997년 15대에서 사회주의 초급 단계론을 부활시킨 장쩌민이 이제는 정치개혁론을 다시 들고 나오려는 것이 아닌가 하는 추론을 가능케 하는 사태다.

천안문 사태 당시 개혁파와 보수파 간 대결은 개혁파의 참담한 패배로 끝났다. 2002년 16대를 목전에 두고 날로 첨예화되는 보수파와 개혁파 사이의 사상 투쟁이 과연 가까운 장래에 심각한 권력 투쟁을 예고하는 전조가 될지 자못 궁금하다.

3
갈등

　　중국이 21세기에 미국과 맞설 강국으로 성장하느냐의 여부는 개혁개방 이후 발생한 모순을 중국 지도부가 어떻게 극복하느냐에 달려 있다. 이 장에서는 개혁개방 이후 중국의 전도를 어둡게 하는 여러 요소 중 부패, 파룬궁이 상징하는 이념적 아노미 현상, 그리고 중앙과 지방 간의 분열을 다루었다. 중국이 내외의 많은 난관을 극복하고 지난 20년간 놀라운 경제성장과 정치 안정을 이룩한 것처럼, 수많은 모순에도 불구하고 초강대국으로 성장할 것이라는 낙관적 전망이 대세를 이룬 가운데 중국 역시 소련처럼 자체 모순의 중압으로 결국은 붕괴하고 말 것이라는 이른바 '중국 붕괴론'도 다른 한편에서는 힘을 얻고 있다. 여기에서 다룬 주제들은 중국 붕괴론의 단골 논거로도 자주 지적되고 있다.

부패, 공산당과 국민당

"공산당은 앞으로 희망이 없다. 나 말고도 모두가 썩었기 때문이다."
"국가 지도자 및 간부들 수중의 권력은 인민의 이익을 도모하는 데만 사용할 수 있으며 절대 자기 가족을 위해 사리를 챙기는 수단으로 사용해서는 안 된다."

위의 인용은 후창칭(胡長淸) 전 장시 성 부성장이 2000년 3월 18일 형장에서 남긴 말이다. 6개월 사이 87회에 걸쳐 600만 위안(약 9억 원) 상당의 뇌물을 수수한 그는 2000년 9월 14일 청커제 전 전인대 부위원장의 처형 전까지 공산정권 수립 후 사형 당한 최고위 공직자라는 기록을 남겼다. 청커제는 4,109만 위안(61억 6,350만 원)에 상당하는 뇌물을 받았다.

뒤의 말은 후창칭의 처형이 있은 뒤 2년 뒤인 2002년 3월 12일 당·정 지도층 인사의 부정부패 단속을 책임지고 있으며, 이들에 대한 기소권을 갖고 있는 당중앙 기율검사위 서기인 웨이젠싱이 전인대의 한 소회의 석상에서 한 발언이다.

웨이젠싱은 우회적으로 경고했지만 그 대상이 누구라는 것은 모두들 잘 알고 있었다. 전인대 개막에 앞서 일단의 선물시장 사기 사건 피해자들이 리펑 전인대 상무위원장의 맏아들 리샤오융(李小勇)이 이 사건에 관련되었다며 베이징 시내 한복판에서 피해를 보상하라는 시위를 벌였다. 웨이젠싱의 경고는 리펑만을 겨냥한 것이 아니다. 밀수 사건에 연루된 부인과 이혼한 베이징 시 서기 자칭린(賈慶林), 자녀의 결혼식에 공직자들을 대거 동원한 황쥐(黃菊) 상하이 시 서기도 함께 겨누고 있다. 장쩌민은 1월에 기율검사위 회의에서 부패를 저지른 사람들은 강도 높은 처벌을 각오해야 할 것이라고 말했지만 그 역시 아들 장몐헝을 포함한 자신의 친인척들에 특혜를 주고 있다는 구설에 올라 있다.

후창칭이 형장에서 한 발언은 당시 이를 전한 관영언론이 규정한 것처럼, 범죄자의 저주가 아니라 상하가 모두 부패한 가운데 자신이 속죄양으로 선택된 데 대한 냉소가 가득한 폭로인 셈이며 웨이젠싱의 경고는 이를 뒷받침해주고 있다.

장제스, 밀수 연루 며느리에 자살토록

후창칭의 말을 접하면서 문득 떠올랐던 것은 대만 타이베이(臺北) 시의 위안산(圓山) 대반점(Grand Hotel)이다. 1952년에 세워진 이 호텔은 타이베이 시 명물로 시내를 굽어보는 언덕에 위치하고 있다. 타이베이 시 전경과 단수이허(淡水河), 지룽(基隆) 강이 한눈에 들어온다. 황실의 전통색인 진홍의 기둥과 황금색 기와지붕 등 전통 양식을 가미한 웅장한 모습을 보고 어떤 건축가는 천하를 호령하는 관운장의 형상이라고 표현하기도 했다. 이 호텔은 세워진 뒤 20여 년 간 세계 10대 호텔의 하나로 꼽혀왔다.

최신 설비의 초고층 호텔들이 타이베이 중심가에 들어서면서 명성이 퇴색하던 이 호텔은 1995년 6월 큰 화재가 발생, 상부 3개 층과 지붕이 소실됐다. 당시 하늘로 솟는 검은 연기는 타이베이 시 전역에서 볼 수 있었다. 시민들은 이를 바라보며 한 시대가 마감하는 듯한 처연한 감정에 사로잡혔다고 한다. 화려하고 웅장한 이 건물의 '불행'을 보면서 적지 않은 이들은 호텔의 건립과 관련한 비극적 야사를 떠올렸을 것이다.

야사 내용은 장제스가 공산당에 쫓겨 대만으로 철수한 후 고위층 내 만연한 부패 때문에 대륙을 잃은 것이라며, 부패 근절을 위한 충격요법으로 밀수와 관련한 며느리를 자살하게 한 뒤 그 넋을 위로하기 위해 호텔을 건립했다는 것이다. 혼백을 위로하려고 호텔을 세웠다는 게 납득이 가지 않을 수도 있지만 이 건축물이 단순한 호텔로 볼 수 없을 만큼 화려하고 웅장한 점을 감안하면 일견 수긍이 가기도 한다.

이 야사에서 원래의 '희생양'은 며느리가 아니라 처인 쑹메이링(宋美齡)이었다고 전한다. 장제스가 결심에 앞서 아들 장징궈(蔣經國)를 불러 자신이 붓으로 써놓은 충(忠)과 효(孝) 가운데 하나를 선택하라고 했다. 장징궈는 효를 집어, 계모의 목숨을 구했고 그 대신 이복 동생의 처가 속죄양이 되었다는 것이다. 며느리에게 권총이 담긴 상자를 보내 자살토록 한 장제스가 다른 부패 인사들을 어떻게 처리하였을 것이라는 사실은 능히 짐작이 가는 일이다. 죄질이 나쁜 부패관리들을 군 수송기에 싣고 태평양 상공으로 날아가 그대로 바다에 뿌려버렸다는 무시무시한 이야기까지 있다.

중국에서 2000년에 전개된 '부패와의 전쟁'은 그 대상의 무차별성과 처벌의 강도에서 대만으로 쫓겨온 직후 장제스의 엄격한 조치를 연상시킨다. 후창칭은 우리나라로 치면 부지사, 청커제는 국회부의장이다. 이 밖에 처형은 면했지만 중형을 받은 푸젠 성 샤먼 시 밀수 사건과 연루된 리지저우(李紀周) 공안부 부부장은 우리로 치면 경찰청 차장이며 지성더(姬勝德) 인민해방군 소장은 전 외교부장 지펑페이(姬鵬飛)의 아들이다.

주룽지, 백 개의 관을 준비해라

이 같은 일벌백계의 충격요법이 불가피할 정도로 중국의 부패는 만연되어 있었다. 2000년 들어 8월까지 2만 3,000건의 부패 사건이 적발되었으며 이 중에는 부장, 부부장(차관)급이 4명이고 국, 청장급 관리는 100명이나 되었다. 이에 앞서 1999년에는 성 정부 차원과 부장급 당원

17명이 당 기율검사위로부터 징계를 받았다. 당시 지도부가 부패 문제에 대해 얼마나 심각한 위기 의식을 느꼈는지는 주룽지 총리가 1998년 총리 취임 후 부패와의 전쟁을 선포하면서 한 말에서 잘 드러난다. 그는 "관 100개를 준비해라. 99개는 탐오(탐관오리)분자의 것이고 남은 하나는 내 것이다" 라고 말했다고 한다.

중국 당국은 이런 '충격요법'뿐만 아니라 부패 방지를 위한 제도적 장치 마련에도 힘을 쏟았다. 당정기관의 기업활동을 제한할 방침 아래 2000년 9월 15일부터 베이징 시 당국은 산하 직속기구와 당 기관, 인민표대회(시의회) 등의 기업경영을 금지하는 조치를 실행에 옮겼다. 이에 앞서 1998년 7월에는 당 중앙위원회 결의에 따라 군, 인민무장경찰대, 공안, 사법기관의 상거래 활동이 전면 금지됐다. 개혁개방 이후 경제 분야에 대한 투자 집중을 위해 이 기관들의 예산이 대폭 삭감되었으며 이에 대한 보전책으로 이 기관들이 독자적으로 기업을 운영하는 것이 허용되었다. 하지만 이것이 부패의 온상 구실을 하자 이를 금지한 것이다. 심지어 일부 군 산하 기업에서는 밀수마저 손을 대었으며[1] 상업활동 금지 조치가 있기 전에는 군 산하 기업의 밀수 현상이 급속히 확산, 증가하는 추세였다. 주룽지는 군과의 마찰을 우려, 주저하는 장쩌민에게 이를 막지 않으면 중국이라는 배는 완전히 침몰할 것이며 결국은 모두 멸망할 것이라고 설득, 이를 관철시켰다.

그러나 당국의 노력에도 불구하고 중국의 부패는 백약이 무효라는

---

1) 군과 공안계통이 밀수에 개입한 대표적 사례는 다음과 같다.
- 1984~85년 하이난(海南)도 자동차 밀수 사건: 군의 운수함과 상륙용 함정 등을 이용, 몇만 대의 자동차를 밀수.
- 1994년 랴오닝 성 단둥(丹東) 시 창이퉁(常義仝) 시장과 무장경찰부대의 합작으로 272대의 자동차 밀수.
- 1995년 군 산하의 바오리(保利)과학기술유한공사가 미국에 AK47 기종의 총기류를 불법으로 수출. 1999년에 적발된 푸젠 성 샤먼 시 밀수 사건에도 군이 관여한 것으로 알려지고 있다.

말이 나올 정도로 심각한 상태였다. 부패가 개인 비리라기보다는 관료의 열악한 처우에서 비롯된 집단 비리인 경우가 대부분인 만큼 '법대로' 처벌할 경우 조직 전체가 와해될 형편이었다. 탈세액 60억 위안(8,000억 원)을 포함, 총 규모 100억 위안(1조 5,000억 원)의 초대형 부패 사건인 장가강(張家港) 시 밀수 수뢰 사건의 경우 당원 57명을 포함한 중앙정부 관리 200여 명이 연루되었다.

현재 가동 중인 국유기업의 적어도 반이 어떤 형태로든 부패, 수뢰에 연루되었다는 주장마저 나오고 있는 실정이다. 게다가 이러한 부패 사건을 다루는 사정기관과 법원마저 부패에 오염된 사실은 문제의 심각성을 더해준다. 심지어 경제사건을 다루는 법관이 양쪽 당사자들로부터 모두 뇌물을 받아 챙긴 후 뇌물을 많이 건넨 쪽에 유리한 판결을 내리고 있는 일까지 빚어지고 있다.

권력 핵심부의 부패 양상 국민당 말기를 연상시켜

특히 권력 핵심부의 부패 양상은 제2차세계대전 후 장제스의 국민당 정권과 놀랍게도 유사하다.[2] 당시는 장제스와 천궈푸(陳果夫), 쑹쯔원(宋子文), 쿵샹시(孔祥熙) 등으로 대표되는 4대 가문에 부가 집중되어 있었다. 인척관계로 서로 얽힌 이 가문들은 부뿐만 아니라 정치권력마저 독점했다. 장제스의 처남인 저장(浙江)재벌 쑹쯔원은 1928년부터 국민당 정권에 참여하여 행정원 부원장(부총리), 재정부장, 중앙은행 총재, 그리고 1945년 6월부터 1947년까지 행정원장(총리)을 역임했다. 장제스의 손위 동서인 쿵샹시 역시 상공부장, 재정부장과 중앙은행 총재 등을

---

[2] 2001년 10월 화궈펑 전 당 주석은 탈당 의사를 밝히면서 "오늘날 우리 공산당이 과거 국민당 및 자산계급과 다른 점이 무엇이냐. 당내의 비정상적 생활이 부패로 이어지고 있으며 이로 인해 당이 민심과 당심(黨心)을 상실해 국가와 민족에 재앙을 초래하고 있다"고 말한 바 있다.

지냈다. 이들이 주도해나간 국민당 정권은 지방지주 권력의 재건과 강화를 방치했다. 지식층은 이러한 국민당에 등을 돌렸고 민심 역시 이반했다.

이 같은 국민당의 모습은 바로 오늘의 중국을 보는 듯하다. 지연, 학연과 인맥 등으로 얽혀 있는 원로들의 자제들로 구성된 이른바 태자당은 권력의 세습은 물론 개혁개방에 따른 각종 이권에 개입, 권력과 부를 동시에 누려왔다.[3] 1980년대 말과 1990년대 중반 사이에 발생한 대규모 비리 사건에는 덩푸팡(鄧樸方), 덩즈팡(鄧質方) 등 덩샤오핑 아들들의 이름이 거론되곤 하였으며, 현재는 권력 서열 2위인 리펑이 부패 사건의 배후로 자주 거론된다. 하지만 이들에 대해서는 '정치적 견제'가 고작이었다. 웨이젠싱의 경고는 부패와의 전쟁이 최고위층의 부패 문제를 건드리는 데는 실패하였다고 자인한 것과 마찬가지이다. 고위급 인사의 처형과 같은 충격적인 조치에도 라오바이싱이 냉소적인 것은 여전히 '고래'는 잡히지 않기 때문이다.[4] 또한 광둥 성을 비롯한 지방 세력들이 개혁개방 과정에서 축적한 경제력을 바탕으로 중앙정부에 도전하는 양상 또한 국민당 말기를 연상시키기에 충분하다.

---

3) 1993년 조사에 따르면, 홍콩에는 최소 8,000명 이상의 고위 간부의 친인척과 자녀들이 거주하고 있다. 1995년 적발된 수도강철공사의 홍콩 자회사의 비리에 이 회사의 간부로 있던 덩샤오핑의 둘째 아들 덩즈팡이 연루된 사실은 이들 중 상당수가 각종 이권에 개입하고 있다는 추론을 가능하게 한다.

4) 일반 국민들 사이에서 유행하고 있는 다음과 같은 글귀에서 최고 지도층의 反부패 캠페인에 대한 일반 국민들의 냉소적 태도를 읽을 수 있다. '부정부패는 조직적이고 개혁개방은 깨끗하기 어려워 나라가 없을 정도다(貪汚腐敗成系統 改革改放理難淸 無邦國)', '부정부패는 조직적이고 개혁개방은 보이지 않고 올바른 관리가 없다(貪汚腐敗成系統 改革開放未見行 無官正)'. 여기서, 成系統은 1995년 부패를 이유로 숙청된 정치국 위원 천시퉁(陳希同)과 발음이 유사하고 理難淸, 無邦國, 未見行, 無官正은 각각 정치국 상무위원인 웨이젠싱, 리란칭과 정치국 위원 우방궈, 우관정(吳官正)과 발음이 같다.

보수파 반부패 운동을 권력 투쟁 수단으로 평가 절하

더욱 심각한 것은 이와 같이 한계가 있을 수밖에 없는 반부패 투쟁마저 이에 필연적으로 내포하는 정치적 측면을 빌미 삼아 견제세력이 목소리를 높이고 있다는 점이다. 청커제 처형에 앞서 한 정치국 상무위원(아마 리펑이 아닐까)급 인사가 고위직의 처형이 중국 공산당의 전통이 아니라며 사형집행을 강력 반대했다고 한다. 홍콩 ≪사우스차이나 모닝포스트≫가 보도한 바에 따르면, 이 인사는 마오쩌둥 주석과 저우언라이 총리 시대에 고위 관리에 통상 사형을 않는 전통이 세워져 4인방과 같은 무리도 사형집행 유예 판결을 받았다면서 가급적 극형을 피해야 한다고 주장했다는 것이다. 그는 고위직 간부에 대한 사형 판결을 '남발'할 경우 당내 권력 투쟁에서 패하면 생명을 잃을 수도 있다는 공포 때문에 이들의 사기를 떨어뜨린다고 지적했다고 한다. 장쩌민 주석과 주룽지 총리가 이를 거부, 청커제의 사형은 집행됐지만 이는 당내 보수 세력이 현 집권층이 강력히 추진하는 반부패 투쟁을 권력 투쟁의 한 수단으로 의미를 격하, 일벌백계의 효과마저 반감시키고 있다.

공산당, 과연 국민당의 전철을 밟는가

이런 모습에서 50년 전 정권을 잃기 이전의 국민당 정권을 연상하는 것은 비약일까. 시장경제 도입으로 현재의 중국 공산당은 국민당과 속성 면에서 비슷해졌다. 야당 존재를 허용치 않는 일당독재를 폄으로써 견제를 받지 않는 가운데 부와 권력이 당과 당 간부들에게 집중되고 있다. 장제스의 살벌한 반부패 투쟁으로 한동안 사라졌던 대만의 부패도 결국 부활했다는 사실은 야당 출신 천수이볜(陳水扁)이 총통에 당선된 이후 속속 드러나고 있다. 고인 물은 썩기 마련이라는 사실은 불변의 진리인 것이다.

또한 국민당의 권력 기초가 지방 군벌에 비해 상대적으로 앞선 무력이었듯이, 현재의 중국 공산당도 과거처럼 사상과 조직에 의해서가 아니라 인민해방군의 무력에 의존해 독재체제를 유지하고 있다. 천안문 사태가 이를 웅변해주고 있다. 그렇다면 중국 공산당은 과거 국민당의 전철을 밟고 있는 것인가. 일당 독재를 고수하는 한 어떠한 과격한 충격요법을 쓰더라도 그 효과는 한시적일 수밖에 없을 것이다. 모든 의사결정 권한이 공산당 간부에 집중되는 이러한 체제하에서는 부패는 언제든 독버섯처럼 자랄 수밖에 없기 때문이다.

　다만 한 가지 국민당과 공산당이 크게 다른 점은 국민당이 소 잃고 외양간을 고친 데 비해 공산당은 사전에 외양간을 고치려 하고 있다는 사실이다. 비록 외양간을 고치는 정도가 소를 잃지 않기에는 너무 부족한 점이 많기는 하지만 주의 깊게 두고볼 일이다.

파룬연변(法輪演變)

하나의 냉전이 종결됐는지는 모르나 또 다른 두 개의 냉전이 시작되고 있다. 제3세계에 대한 냉전과 사회주의에 대한 냉전이 그것이다. 서방 국가들은 지금 한창 초연 없는 제3차 대전을 벌이고 있다. 이 전쟁은 곧 사회주의 국가를 화평연변(和平演變)하려는 전쟁이다.

진정으로 말하면 국권(國權)은 인권(人權)에 비해 훨씬 더 중요하다. 약소 국가와 제3세계 국가의 국권은 언제나 그들에 의해 침범당하고 있다. 따라서 미국 정부의 공식 문서인 인권보고가 중국의 인권을 거론하면서 노골적으로 중국을 비난하고 있는 것은 명백한 내정간섭이다.

미국의 궁극적인 목적은 중국에 대한 화평연변 전략을 실현하려는 데 있다

덩 샤오핑의 위의 글은 '반화평연변론(反和平演變論)'의 핵심 대목이다. 덩 샤오핑의 이 발언은 천안문 사태 한 달 뒤인 1989년 7월 프랑스 파리에서 열린 서방 선진 7개국 정상회담(G7)에서 각 국 수뇌들이 중국 당국이 폭력으로 인권을 유린했다고 비난하면서 세계은행의 대중(對中) 차관을 동결하는 등 제재를 구체화한 것에 대한 대응이다.

화평연변이란

'화평연변(和平演變)'이란 용어를 글자 그대로 풀이하자면 '평화적으

로 변화를 일으킨다'이다. 이것이 중국에서 정치적 의미를 내포하며 쓰이기 시작한 것은 문화대혁명 때부터였다. 주로 사회주의에서 자본주의로 변질을 시도하려는 노력을 비판하는 뜻으로 사용됐다. 당시 류사오치(劉少奇), 덩샤오핑 등 당권파(當權派: 집권세력)가 추구한, 생산력 확대에 초점을 맞춘 경제정책을 사회주의 본질에서 이탈하는 것으로 간주한 문화대혁명 세력은 당권파가 평화적인 방법을 통해 중국을 자본주의의 길로 이끌고 있다고 주장했다. 이 문화대혁명 세력들은 외부의 적, 즉 제국주의 세력이 무력 대신 이권 양여 및 투자 방식을 사용하여 중국을 자본주의화하려는 것을 공격하기 위해 사용해온 화평침략(和平侵略)을 내부의 적인 당권파를 성토할 목적으로 변용한 것이다.

'화평연변'은 린뱌오(林彪) 세력이 마오쩌둥을 제거하려고 작성한 쿠데타 계획서인 '571 공정(工程)'에도 나온다. 5, 7, 1의 중국어 발음은 '우(武)', '치(起)', '이(義)'와 같다. 결국 '571'은 '武(装)起義'로 해석돼 무장 봉기를 의미한다. 총 9개 항목으로 된 쿠데타 계획서는 제1항 '가능성'에서 당시 정치 상황을 언급하면서 '화평연변'이라는 단어를 등장시켰다. 군인들이 아닌 '문민들'에 의한 권력 탈취, 즉 '화평연변'이 진행되고 있다고 기술했다. '문민들'이란 장칭(江青), 장춘차오(張春橋) 등 4인방 세력을 지칭하며 여기에서는 '무력을 수반하지 않는 내부적 정변'이라는 의미로 사용됐다. 문화대혁명 초기 당권파를 공격할 때와는 전혀 다른 뉘앙스다.

이처럼 정치 상황에 따라 달리 쓰여진 화평연변을 천안문 사태 이후 외교적 고립이 가속화하는 상황에서 덩샤오핑이 '부활'시켰다. 덩이 사용한 의미는 화평침략에 가깝다. 그가 굳이 화평연변이라는 용어를 사용한 데는 개혁개방을 추진해야 하는 상황에서 침략이라는 자극적 용어를 사용하기가 다소 주저되었기 때문인지 모른다. 또한 '반화평연변론'이 외부 세력을 겨냥하는 것 못지않게 여기에 동조하는 국내 민주화 세력을 경계하는 의미도 갖고 있기 때문에 '침략' 대신 '연변'이라는 단어를 선택한 것으로 판단된다.

서방의 제재에 대한 대항 이데올로기로

덩샤오핑이 화평연변을 부활시킨 이후 1991년 말까지 2년 여 동안 반화평연변론은 서방 제재에 대한 중국 당국의 대항 이데올로기를 상징하는 말로 적극 사용되고 중시됐다. 1991년 7월 1일 당 기관지 ≪인민일보≫는 중국 공산당 창건 70주년 기념 사설에서 "세계의 사회주의 사업이 혹독한 좌절에 직면해 있고, 적대 세력은 사회주의 국가를 평화적으로 전복하려는 활동을 강화하고 있다"고 분석했다. 이때 당내 이론가들이 집필하고 간부들이 회람한 문건인 <총성 없는 전쟁 ― 화평연변과 그 대책>은 서방의 '화평연변' 전략을 보다 구체적으로 소개했으며 ≪인민일보≫의 사설은 이러한 대(對)서방 인식을 배경으로 깔고 작성되었다.

이 문건은 화평연변을 평화적 수단으로 현 체제(공산 중국 체제)를 전복하려는 기도로 규정했다. 구체적인 '평화적 수단'으로는 '무역최혜국 대우', '민간원조', '경제기술 협력', 그리고 '문화·학술 분야의 인적 교류' 등을 거론했다. 또한 문건은 연변 공작의 주모자로 미국을 지목하는 한편 미국이 '침략'을 '우호'로 포장하고, 중국 인민에게 해독을 뿌리는 행위를 '원조'라고 둘러대고 있다고 비난했다. 문건은 이어 선동과 기만으로 세계 여론을 조작하고 달러와 기술을 무기로 중국인을 낚아올려 반체제 세력을 양성하려고 기를 쓰고 있다고 미국을 신랄하게 공격했다. 장쩌민도 소련 보수 강경파의 쿠데타 미수 사건 직후인 1991년 8월 24일 "어떠한 나라도 자국의 이데올로기를 다른 나라에 강요해서는 안 된다"고 발언, 화평연변전략에 대한 경계심을 환기했다.

반화평연변론의 소멸

이처럼 천안문 사태 이후 서방과 미국에 대한 중국의 대항 이데올로기 역할을 해온 반화평연변론은 1991년 말을 계기로 자취를 감추게 된다. 1991년 12월 홍콩 친대만계 영자지 《스탠더드》는 장쩌민 총서기와 리펑 총리가 당 문서를 통해 각급 당 간부들에게 더 이상 서방의 화평연변이란 말을 입에 올리지 말라고 지시했다고 보도했다. 《스탠더드》는 이러한 당의 노선 변화는 덩샤오핑이 13기 8중전회(1991년 11월) 개막 직전, 화평연변에 관해 앞으로 언급하지 말 것을 명령한 데서 비롯됐으며, 이는 덩샤오핑이 개혁파의 주장을 받아들였기 때문이라고 분석했다. 개혁파 지도자들은 반화평연변론이 중국의 대외관계에 악영향을 미쳐 외국의 경제 지원을 얻지 못하게 한다면 결과적으로 경제에 큰 손실을 가져올 것이라고 주장해왔다. 이 말이 덩샤오핑의 마음을 움직이는 데 성공한 셈이다.

덩샤오핑의 입장 선회는 1990년 휴스턴에서 열린 G7회의가 대중 경제 제재를 완화하는 것을 시작으로 서방의 압력이 줄어든 동시에 반체제 세력에 대한 강력한 통제로 사회가 비교적 안정을 되찾았다고 판단한 때문으로 풀이된다. 반화평연변론은 1992년 2월 적극적인 개혁과 개방을 촉구한 덩샤오핑의 남순강화 이후 중국 지도자의 입에서 더 이상 나오지 않았으며 공식 문건에서도 사라졌다.

처음 나왔을 당시 덩샤오핑이 1974년 유엔총회 연설을 통해 미-소 패권주의에 반발하여 제기한 제3세계론의 전면 수정판이라는 평가를 받았던 반화평연변론은 그 이론의 창안자에 의해 정치 선전 무대에서 퇴출된 것이다. 다만 덩샤오핑이 자신의 이론을 거두기는 하였지만 반화평연변론에서 드러낸 것과 같은 국제정세 인식이 변화한 것은 아니었다. 이후 경제 지원을 무기로 한 미국의 공세가 파상적으로 이루어질 때마다 나온 중국의 반응 속에는 반화평연변론적인 상황 인식이 여전히 깔려 있음이 감지된다.

그러나 중국 당국은 그러한 상황인식을 잘 대변해주는 용어인 반화평연변론을 입에 올리지 않았다. 이는 당초 반화평연변론이라는 대항 이데올로기를 내세운 데는 내부 단속의 목적이 강했던 때문이기도 하다. 강제적이기는 하나 정치적 안정을 이룬 마당에 구태여 이를 거론해 대외관계를 긴장시킬 필요가 없다는 현실적 판단이 이 용어의 동면을 가져온 이유라 하겠다.

부시 행정부의 출범과 새로운 대항 이데올로기

조지 W. 부시 행정부가 출범한 이후 중국의 대응에는 새로운 대항 이데올로기가 형성될 것 같은 조짐이 엿보인다. 특히 중국이 사교로 규정한 파룬궁 문제를 둘러싸고 양국이 첨예하게 대립하고 있는 양상은 중국이 미국에 의한 일련의 공세를 '파룬연변'으로 인식하고 있는 게 아니냐는 추측을 불러 일으키기에 충분하다. 부시 행정부 출범을 전후하여 중국 당국은 파룬궁에 대한 대책을 전방위적으로 강화하였다. 우선 관련 언론 보도를 통하여 이를 살펴보자.

중국 당국은 말단 행정기구에 파룬궁 감시체제를 갖추도록 하였다. 이 감시체제는 말단 행정 지도자에게 파룬궁 수련자의 감시 책임을 맡기는 '지도자 책임제'를 주요 내용으로 하고 있다.

－2001년 2월 3일 일본 교토통신

중국 공안 당국은 전국의 파룬궁 주요 간부 1,000여 명의 거주지를 급습하고 파룬궁과 각 종교 단체 사이의 연계에 관련한 증거를 수집했다. 해외 정보 기관에는 현지 거주 파룬궁의 주요 간부의 신상 자료를 조사하라는 지시를 내렸다.

－2001년 2월 11일 미 CNN방송

중국 당국은 당 정치국 직속으로 파룬궁 문제를 전담하는 상설기구를 설치했다. '601 판공실'로 명명된 이 전담기구는 리란칭 상무 부총리 겸 정치국 상무위원을 주임으로 하고 그동안 파룬궁 문제를 담당해온 뤄간 국무위원 겸 정치국원으로 하여금 일상업무를 처리하도록 했다. 주요 구성원으로는 인민법원, 인민 검찰원, 국가안전부, 공안부, 외교부 그리고 중앙 선전부의 고위 간부들이 대거 포함돼 있다. 지방에도 이에 상응하는 하부기관을 설치했다.

-2001년 2월 12일 홍콩의 명보

이와 같은 언론 보도와 관련하여 주목할 것은 2001년 2월 12일부터 3일간 개최된 당 정치국 공작회의이다. 정치국 공작회의는 전인대 등과 같은 정치행사를 앞두고 의례적으로 소집되는 회의가 아니라는 점에서 눈길을 끌었다. 신화통신은 수년 만에 처음 열린 회의의 의제가 '당면 국제 정세 및 국내 정세'라고 전하고 있어 부시 행정부의 파룬궁을 매개로 한 대중 인권공세와 파룬궁 대책이 집중 논의된 것으로 짐작된다.

중국 당국의 단속은 대내에만 그치지 않았다. 대외적으로도 파룬궁 단속에 적극적으로 나섰다. 자춘왕(賈春旺) 공안부장이 2001년 1월에 태국을 방문한 것은 바로 파룬궁 문제 때문이었다. 1월 홍콩에서 집회를 가진 파룬궁은 4월 태국에서 대규모 집회를 열 계획이었는데 자춘왕은 태국 정부의 관련 부서와 접촉, 집회불허 여부를 타진했다. 비슷한 시기 중국 농업부는 주중 태국대사관을 통해 파룬궁 집회를 허가하면 태국 농산품에 대해 수입금지 조치를 취할 것을 암시한 것으로 알려졌다. 결국 태국 정부는 중국 정부의 이러한 은근한 압력에 굴복해 파룬궁의 집회를 취소시키는 결정을 내렸다.

홍콩의 정무사장 파룬궁 문제로 사임

1997년 홍콩의 주권이 중국으로 넘어간 이래 총리 격인 정무사장 직에 있던 앤슨 찬(陳方安生) 여사가 1월 11일 갑작스럽게 사임한 것 역시 파룬궁 문제가 결정적 원인이 되었다. 물론 둥젠화(董建華) 행정장관과 불화를 빚어온 앤슨 찬의 사임은 어느 정도 예고돼왔다. 중국 정부의 입장과는 달리 둥젠화의 연임에 반대하는 입장을 공공연히 밝혀온 찬 정무사장은 2000년 10월 업무 보고를 위해 둥젠화와 함께 베이징을 방문했을 때 첸지천 부총리로부터 중앙의 사퇴 요구를 전달받은 것으로 알려졌다.

그러나 1월 그녀가 갑작스럽게 사임을 발표한 것은 중국 정부의 파룬궁 집회 불허 희망에도 불구하고 적법 절차를 거쳤다는 이유를 들어 집회를 허가한 것이 베이징을 자극한 데 따른 것이라는 분석이다. 둥젠화 행정장관은 2월 8일 입법회(의회)에 출석, "정부는 파룬궁 수련자들의 행동을 정밀 감시하고 홍콩 또는 중국 내 공공질서를 위협하는 어떠한 행동도 허용치 않을 것"이라고 밝혀 앤슨 찬 사임과 파룬궁 문제가 연결되어 있다는 추측을 뒷받침했다.

이처럼 파룬궁에 대한 중국의 공세적 대응은 외교 마찰까지 불러일으켰다. 홍콩을 거쳐 2월 초 방중하기로 한 네덜란드 외무장관이 방문 직전 일정을 돌연 취소했다. 중국 외교부가 홍콩에서 파룬궁 신도들과 접촉하려 한 데 대해 그를 비난하자 타국의 외교 활동에 간섭하는 것이라고 반발한 때문이다. 중국 당국이 부시 행정부 출범을 전후해 파룬궁 문제에 대해 한층 민감한 반응을 보이는 데는 부시 행정부가 파룬궁 문제를 대(對)중국 인권 압력의 지렛대로 사용하려는 의사를 노골화하고 있는 것과 무관하지 않다.

부시 행정부가 출범한 지 이틀 뒤인 1월 22일, 춘제(春節: 설날) 전날, 천안문 광장에서 파룬궁 신도 5명의 분신 기도가 있었다. 당초 7명이 분신을 감행하려 했으나 2명은 순찰 중인 공안원에 제지되어 5명만이 몸에 불을 붙였고 그중 2명이 사망했다. 분신이라는 극단적인 항의 표시에 대해 파룬궁 측은 이를 반대한다는 취지의 성명을 내놓았다. 파룬궁은 "우리는 자살을 포함한 모든 종류의 살생을 금하고 있다는 점에서 분신자는 파룬궁 수련자들이 아니다"라고 주장했다. 이는 분신이 파룬궁을 사교집단으로 규정한 중국 당국의 주장을 뒷받침할 수 있는 극단적 행동인 까닭이다. 당사자인 파룬궁 측의 반응이 이렇게 조심스러운 데 반해 미국의 새 정부는 이를 중국의 인권탄압에 의해 초래된 비극으로 인식하는 자세를 보였다.

콜린 파월(Colin Powell) 국무장관은 취임한 뒤 처음 만나는 외교사절인 중국의 주미대사 리자오싱(李肇星)에게 파룬궁 문제를 거론했다. 파월은 파룬궁에 대한 탄압을 철회할 것을 강력히 요구했다. 중국 외교부는 즉각 반박 성명을 내는 한편, CC-TV를 통해 파룬궁 신도들의 분신 장면을 공개하는 등 반파룬궁 캠페인을 전개했다. 분신을 기도한 신도 중에 12살 먹은 소녀도 포함된 사실을 공개해 파룬궁이 '극악한' 사교집단임을 부각시키려 했다. 아울러 2000년 4월 5일 파룬궁 신도 한 명이 자신의 몸에 폭약을 장치하고 폭사하려다가 순찰하던 공안원에 발각되어 실패했던 사실을 ≪인민일보≫ 평론을 통해 밝혔다. 이미 10개월 동안 묻어두었던 사실을 공개한 뜻은 신도들이 죽음마저도 불사할 정도로 맹목적인 신앙을 갖고 있다는 점을 강조하기 위한 것임은 두말할 나위도 없다.

중국 당국 파룬궁과 미국의 연계 의심

중국 당국이 파룬궁 문제에 관해 극도로 예민하게 반응하는 것과 관련하여 당시 홍콩에서 흥미로운 기사가 나왔다. 홍콩 월간지 ≪경보(鏡報)≫는 미국의 정부 기관인 국제개발처(AID)가 파룬궁에 2,000만 달러의 자금을 지원했다고 보도한 것이다. 잡지는 미국 의회도 파룬궁 창시자인 리훙즈(李洪志) 등이 미국 라디오를 통해 매일 2시간 동안 중국 대륙을 향해 파룬궁을 선전하는 방송을 할 수 있도록 자금을 대왔다고 주장했다. 또한 AP, <미국의 소리(VOA)>, ≪월 스트리트 저널≫, ≪뉴욕 타임즈≫ 등 미국 유력 언론 매체들이 그간 중국에서 여러 차례 파룬궁에 대한 여론조사를 실시했으나 미국이 당초 기대한 전략 목표에 부합하지 않은 결과가 나옴에 따라 공개하고 있지 않다고도 주장했다.

≪경보≫는 미국 당국이 이같이 파룬궁에 대해 지원과 관심을 기울이는 것은 웨이징성(魏京生) 등 미국으로 망명한 반체제 인사들의 '이용 가치'가 부정적으로 나타나자 리훙즈를 대체 카드로 활용하려 하기 때문이라고 지적했다. 이러한 보도는 사실 여부를 떠나 중국이 파룬궁 문제에 관한 미국의 공세를 어떻게 인식하고 있는가를 잘 보여준다. 파룬연변, 즉 파룬궁 문제를 통해 중국 체제를 뒤흔들려 하고 있다고 생각하는 것이다. 중국 당국이 2월 12일 파룬궁에 대한 박멸 전쟁을 벌이겠다고 선언한 것도 이러한 인식에 바탕을 둔 것이다. 중국 당국은 파룬궁과의 전쟁은 개혁과 개방을 지키기 위한 것이며 파룬궁의 배후에는 서방세력이 도사리고 있다고 주장했다. 사태가 전개되는 양상과 파룬궁 문제와 관련한 대미·대서방 인식이 덩샤오핑이 반화평연변론을 들고나올 때와 너무 흡사하다.

2001년 2월 5일 중국의 CC-TV는 파룬궁과 관련한 좌담을 방영했다. 이 좌담회에서 참석한 중국 인권발전기금회의 부회장인 린보청(林伯承)과 좌담을 결론짓는 사회자의 발언은 중국의 반파룬궁 캠페인이 앞으로 이데올로기적 공세로 발전할 가능성을 점치게 한다. 린보청의 발언은 다음과 같이 요약된다.

• 파룬궁은 인간의 생명을 해치고 생명을 해치는 죄악을 저질렀다. 리훙즈와 그 집단은 파룬궁을 수련하면 모든 것이 다 잘될 것이라

는 요사스런 말을 퍼뜨려, 맹신자들을 분신자살로 이끌었다. 인명을 가볍게 본 이 같은 처사는 사람의 생명을 유린한 행위이다.

- 파룬궁은 '파룬다파(法輪大法)'만을 믿고 오직 그들의 사부만을 따르게 만들어 다른 신앙을 외면하도록 유도했다. 이 같은 행위는 인민의 정치권을 심각하게 침해한 행위이다.
- 파룬궁은 인민 군중의 정상적인 생활권을 빼앗았으며, 사회 안정을 깨뜨리고 소요를 일으켜 사회질서를 무너뜨렸다.

좌담회 사회자는 리훙즈의 파룬궁은 "국제적 반중 세력과 힘을 합쳐 중국의 인권 상황을 헐뜯고 중국의 안정을 해치려 한다"며 "중국의 발전과 개방을 망치려 드는 반중 세력의 도구로 전락했다"고 결론을 내렸다.

덩샤오핑의 반화평연변론은 한편으로 천안문 사태를 야기한 중국 내 민주화 세력과, 다른 한편으로는 이들에 대한 탄압을 비난하며 압력을 가하는 미국을 중심으로 한 서방 세력 양쪽을 겨냥한 것이었다. 마찬가지로 현재 '반파룬연변론'이라고 이름을 붙여봄직한 중국 당국의 선전 공세는 한편으로는 공산체제의 권위를 위협하고 사회주의에 대한 대항 이념으로까지 성장이 우려되는 파룬궁을 겨냥하고 있다. 또 다른 한편으로는 파룬궁 탄압을 적극적으로 비난하는 미국 등을 겨누고 있다.

중국은 파룬궁의 위협에 왜 민감한가

중국 당국이 왜 이처럼 파룬궁에 대해 위기의식을 갖고 있는가. 우선 엄청난 수련자 수 때문이다. 파룬궁 측은 1억 명이라고 주장하고 있다. 당국은 5,000만 명으로 추산한다. 파룬궁 측 주장을 받아들인다면 13억 중국인 중에서 13명에 1명 꼴로 파룬궁의 수련자인 셈이다. 또한 중국 측의 발표대로라고 해도 6,000만 공산당원과 맞먹는 세력을 확보하고 있는 셈이다.

1992년 지린(吉林) 성 출신의 리훙즈(1951년생)가 창시한 파룬궁이 불과 8년여의 짧은 시간 안에 이처럼 엄청난 수련자를 모은 것은 개혁과 개방이 심화되면서 공산주의 이념이 퇴색한데다가 물질숭배적 사회 분위기가 중국인들 사이에서 정신적 공백을 야기했기 때문이다.

파룬궁은 전통적인 종교인 불교와 도교를 혼합, 진(眞), 선(善), 인(忍) 등 세 가지 덕목과 중국인에게 친숙한 기공(氣功)수련을 강조하는 비교적 단순한 교리와 수련으로 중국인 사이를 급속히 파고들었다. 중국 지도부는 공산주의 이념 퇴색에 따른 이념적 공백의 대안으로 '중화 민족주의'를 들고 나왔다. 하지만 이는 일부 지식층에게만 영향을 미쳤을 뿐이었다.

이에 반해 '유심론적이고' '대중 친화적인' 파룬궁은 급속도로 변화하는 중국 사회에 적응하지 못한 이농자, 실업자, 그리고 퇴직자 등 일반 하층 민중들 사이에서 폭발적인 호응을 얻어냈다. 더욱이 파룬궁을 종교로 보지 않는 지식층과 당 간부들 사이에도 적지 않은 추종자를 거느리게 됐다. 중국 당국이 파룬궁에 대해 심각하게 여기기 시작한 것은 1999년 4월 1만여 명의 수련자가 탄압 중지를 요구하며 요인들의 거주지인 중난하이 외곽에서 침묵 시위를 벌인 때부터이다. 이 정도 규모의 시위는 1989년 천안문 사태 이후 처음 있는 일이다. 후야오방 전 총서기의 갑작스런 죽음에 대한 평화적인 추모시위를 방치하다 천안문 사태를 야기한 경험을 갖고 있는 중국 당국은 이들이 평화적인 방법으로 시위를 벌였지만 대대적인 탄압으로 대응했다.

1999년 7월에는 파룬궁을 반정부, 반합법적인 단체이자 사교로 규정하고 조직적인 탄압을 전개했다. 공안 당국은 수십만 권의 파룬궁 관련 서적을 불태웠으며, 약 4만 명의 파룬궁 수련자들을 구금했다. 또한 파룬궁 추종자들이 천안문 광장 등에서 시위를 벌이는 즉시 연행, 집단

행동으로 발전하는 것을 방지했다. 당국의 전방위적인 탄압으로 파룬궁 문제는 표면적으로 잠잠해졌다. 그런데 부시 행정부가 들어서면서 파룬궁 문제에 대한 언급을 한 것이 수련자들을 고무하는 결과를 빚자 중국 당국은 극도의 경계심을 나타내기 시작한 것이다.

반파룬연변의 미래는

'파룬연변'은 과거 '화평연변'과 마찬가지로 국내적으로 정치 투쟁의 도구가 될 조짐을 보이고 있다. '화평연변'은 개혁파와 보수파 간 대립의 접점 구실을 했다. 개혁파는 '화평연변'의 강조를 통한 대외 강경노선이 중국의 개혁개방을 지체시킨다는 시각에서 보수파를 공격했으며, 마침내 반화평연변론을 퇴출시키는 결과를 가져왔다.

파룬궁 처리 문제와 관련해서도 이러한 양상이 보이고 있다. 홍콩에서 발간된 월간 잡지 ≪전초(前哨)≫는 2000년 10월 15기 5중전회에서 리펑 전인대 상무위원장과 리루이환 정협 주석이 장쩌민 주석의 파룬궁 대책에 대해 협공했다고 보도하고 있다. 리루이환 주석은 "파룬궁 추종자들을 무력으로 진압한 것은 실패였다"고 지적하고 "온갖 탄압에도 불구하고 굴하지 않는 추종자들을 힘으로만 다루려다 보니 전체 당원과 국가의 체면이 많이 손상됐다"고 장 주석을 직접 겨냥했다는 것이다. 리펑 위원장도 장 주석 공격에 가세한 것으로 알려지고 있다. 리 위원장은 "파룬궁을 1년 이상 탄압했어도 아무 성과가 없었다"고 비판한 뒤 "반동조직이 아닌 파룬궁을 적대적으로 만든 장 주석은 무능하다"고 직격탄을 날렸다고 한다.

리루이환의 정치 성향으로 보면 강경 일변도의 파룬궁 대책에 대해 비판하는 것은 충분히 납득할 수 있다. 그러나 이 잡지가 전한 리펑의 공격은 다소 의외다. 파룬궁 강경 대책의 실무 책임자는 뤄간 정법위원회 서기로, 리펑의 직계 인물이다. 리펑의 비난은 자신의 직계 인물의 입지를 위협하는 발언일 수도 있어 신빙성에 의심이 간다. 리펑의 이러한 발언의 배경과 관련, 리펑이 한때 파룬궁을 수련했다는 소문을 드는 분석도 나오고 있다. 하지만 그가 파룬궁에 대해서 동정적이기 때문에 이 같은 발언을 한 것 같지는 않다.

장 주석의 정치적 구상에 반대 입장을 갖고 있는 리펑 역시 장 주석과 대립하고 있는 리루이환과 연합전선을 펴기 위해 리루이환을 거든 것 이상의 의미를 갖고 있지 않다고 보는 게 타당할 듯하다. 당시 리펑 위원장은 2000년 8월 장 주석이 천안문 시위대에 대해 동정적인 발언을 한 것에 대해 무척 불쾌하게 여겼던 것으로 알려지고 있다. 이러한 맥락에서 보면 리펑의 발언은 '역지사지'해보라는 일종의 비아냥으로 볼 수도 있다.

여기서 중요한 것은 파룬궁 문제가 화평연변론처럼 중국 지도부 내 정쟁의 주요 쟁점이 될 것이라는 점이다. 부시 행정부의 대중 강경노선으로 일단은 반파룬연변론으로 의견이 수렴된 것으로 판단된다. 그렇지만 시간이 흐르면서 파룬궁 문제는 장 주석과 반(反)장주석파 간 권력 투쟁의 인계철선이 될 가능성이 농후하다. 천안문 사태 이후 첨예하게 대립했던 리루이환과 리펑이 공동전선을 폈다는 사실은 파룬궁 문제 처리를 놓고 과거 반화평연변론 경우처럼 복잡한 합종연형이 전개될 것임을 예고한다고 보아도 좋다.

중앙 대 지방

중국 역사를 관통하는 법칙 가운데 하나로 제시되는 것이 '분구필합 합구필분(分久必合 合久必分)'이다. '나뉘어짐이 오래면 합치고 합친 지 오래면 나뉜다'라는 뜻이다. 강력한 통일국가가 오래되어 지방에 대한 통제력을 잃게 되면 지방의 반란이 계기가 되어 분열하고, 분열이 오래되면 다시 강력한 통일국가가 성립하는 것은 중국 역사상 누차 반복돼온 사실이다.

근세에 들어와 통일왕조 지속 기간에 비해 분열시대가 짧아지는 경향이 있기는 하지만 이러한 패턴은 어김없이 계속되었다. 명(明)은 동북 지방에 근거한 만주족의 흥기와 리쯔청(李自成)의 지방농민 반란군에 의해 멸망했다. 이후 만주족 청(淸)이 강력한 통일국가를 수립하기 이전에는 청에 투항한 명장 오삼계(吳三桂), 경정충(耿精忠)과 상지신(尙之信) 등이 윈난(雲南), 구이저우 성 등 변방 지역〔藩〕을 독자적으로 통치하는 과도기(분열 상태)를 겪었다.

청조 역시 광둥 성 등 남부 지역을 기반으로 한 혁명세력에 의해 멸망했고, 공산 중국이 대륙을 장악하기까지 각지의 군벌이 지방을 독자적으로 통치하는 분열 시대를 겪었다. 이런 역사적 배경 때문에 통일국가의 중앙정부는 항상 지방을 확고히 장악하려 애쓰고 분열 시대에 독자성을 향유했던 지방은 중앙정부의 통제력 강화 노력에 저항하기 마련이다.

공산 중국 성립 초기의 '가오강(高崗) 사건'은 소련에 인접한 동북지방에 대한 중앙정부의 통제력을 강화하는 과정에서 발생한 것이다. 문화대혁명은 '홍(紅)과 전(專) 사이의 대립'이라는 이데올로기적 측면이 강한 것이지만 다른 한편으로는 지방 세력인 상하이가 중앙을 접수한 것이라는 성격도 함께 지니고 있다. 이처럼 공산 중국 성립 이후에도 중앙과 지방 사이의 갈등과 대립이 존재했지만 마오쩌둥, 덩샤오핑 등과 같은 '황제형'의 강력한 통치자가 중앙에 있었기 때문에 그런 갈등 구조는 분열로 발전하지는 않았다.

하지만 덩샤오핑 사망을 전후한 시기, 중앙과 지방 간 대립은 극히 심각한 상황에 빠져들었다. 지방이 중앙 권위를 인정하지 않고 심지어 위협하는, 그래서 다시 분열시대로 이어질 수 있는 지경에까지 이르렀다. 개혁개방 정책을 추진하는 과정에서 많은 재량권을 부여받아 경제를 성장시키는 데 성공한 일부 지방 세력들은 자신과 대등한 위치였던 상하이 세력이 주도하는 중앙정부의 지시를 고분고분 따르지 않았던 것이다.

이런 상황은 덩이 자초한 측면도 있다. 덩샤오핑은 1992년 초 남순강화를 통해 개혁개방으로 경제력을 키워온 지방에 더욱 큰 힘을 실어주었기 때문이다. 중앙의 통제력 약화는 경제 과열 현상을 초래했고, 급기야는 전국의 균형적 발전이라는 중앙정부의 일차적 책무를 수행하는 데까지 곤란을 주었다. 결국 중앙정부는 지방에 대한 통제력 회복에 나서지 않을 수 없었다. 그 첫번째 시도가 1995년 베이징 시당, 즉 베이징방(北京幇)의 숙청이었고 여기에 동원된 명분은 부패 척결이었다.

베이징방 숙청 과정

베이징방 숙청의 하이라이트는 1995년 4월 26일 천시퉁(陳希同) 베이징 서기의 해임과 가택연금 조치였다. 당 서열 15위인 천시퉁은 같은 달 4일 비리 혐의로 조사를 받던 자신의 측근이자 베이징 시 경제 담당 부시장인 왕바오선(王寶森)이 베이징 근교에서 권총 자살한 시체로 발견된 직후까지만 해도 사정의 칼날이 자신에게도 미칠 줄 몰랐던 것 같다. 왕 부시장 자살 이후 소집한 간부회의 석상에서 천은 "왕 부시장에 대한 조사는 중앙의 부패 척결에 대한 의지를 보여준 것"이라고 발언한 사실이 이를 뒷받침한다.

그러나 중앙이 단순 비리 척결 차원에서만 왕을 조사한 것이 아니었다는 사실이 곧 드러났다. 천의 해임과 더불어 베이징 시의 한 호텔 사장으로 있던 그의 아들 천샤오퉁(陳小同)이 구속되었으며 리치옌(李其炎) 베이징 시장 아들도 역시 비리 혐의로 조사받은 것으로 알려졌다. 왕과 함께 부시장 중 하나인 장바이파(張百發)도 아시안게임 선수촌을 비롯한 많은 부동산 거래와 관련한 부정 혐의로 조사를 받았다. 또 베이징의 경찰 책임자인 공안국장은 취임 6개월 만에 사임됐다. 천의 해임에 앞서 40여 명의 베이징 시 관리들이 각종 경제범죄를 저지른 혐의로 조사받았다. 베이징 시가 그야말로 쑥대밭이 된 것이다.

천시퉁의 후임으로는 차오스 계열의 웨이젠싱이 임명되었는데 그는 감찰과 사정업무를 담당하는 당 기율검사위에서 잔뼈가 굵은 인물이었다. 이는 베이징 시에 대한 사정 작업을 지속적으로 밀고 나가겠다는 의지를 드러낸 것이다. 그해 12월 베이징 시 인민대표대회(시의회) 부주임이 구속되는 등 장장 3년여에 걸쳐 베이징 시에 대한 사정 작업과 물갈이 작업이 계속되었다.

베이징의 행정 공백을 막기 위해 '잠시 살려준' 리치옌 시장도 1996년 10월 장쩌민 국가 주석의 측근인 자칭린으로 교체됐다. 1998년

8월 천시퉁에게는 16년 징역형이 확정되고 그에 앞서 1997년 6월 천의 아들에는 12년 징역형이 선고됐다. 이로써 중앙 정부는 베이징 시에 대해 완전한 통제력을 갖게 되었다.

사정 작업이 있기 전까지만 해도 수도 베이징은 마치 두 개의 정부에 의해 지배되는 듯한 양상을 보였다. 베이징 당국은 베이징의 명동이라고 할 수 있는 왕푸징(王府井)에 홍콩 최대 재벌 리카싱(李嘉誠)의 자본을 끌어들여 '둥팡(東方) 광장'이라는 초현대식 쇼핑몰을 건설하면서 중앙정부의 고도제한 규정을 무시했다. 또 중앙정부의 반대에도 불구하고 (베이징 시) 도시 진입세를 도입하려 했다. 결국 둥팡 광장은 1994년 11월 건설이 일시 중단되었다. 이를 계기로 베이징 시와 중앙정부 간의 알력이 내외에 알려지면서 중앙정부의 권위는 심각한 손상을 받게 되었다.

베이징방의 이 같은 오만은 어디에서 비롯된 것일까. 이를 보다 자세히 알기 위해선 당시 권력 역학관계를 살펴보지 않을 수 없다. 1989년 6월 천안문 사건을 계기로 장쩌민, 주룽지 등 이른바 상하이 당정 인사들이 속속 중앙무대로 진출, 핵심 요직을 차지했지만 이들의 권력 기반은 극히 취약했다. 덩샤오핑의 존재를 제외하고 본다면 당정의 최대 세력은 리펑 총리를 전면에 내세운 보수파였으며, 리펑과 천시퉁은 천안문 사태를 유혈 진압하는 데 선봉에 섰다는 점에서 같은 배를 타고 있었다.

게다가 천시퉁은 덩샤오핑의 가족과도 가까웠다. 천이 쓰촨(四川)성 출신이라는 지연(地緣)이 작용한 탓이다. 천시퉁의 해임 이후 덩의 둘째 아들 덩즈팡(鄧質力)이 조사를 받고 이에 충격을 받아 덩의 부인인 쥐린(卓琳)이 자살을 기도했다는 소문은 그 사실 여부를 떠나 덩의 가족과 천시퉁 간 깊은 유대를 엿볼 수 있게 하는 대목이다. 또한 천시퉁의 베이징 내 막강한 인적 네트워크도 그의 교만을 부채질했을 것이다. 베이징 대학을 나온 천시퉁은 1949년 베이징 공안국 파출소 부소장에서 출발, 1992년 베이징 시 최고 직위인 당 서기에 오르기까지 단 한번도 베이징 밖 근무를 하지 않았던 '베이징의 터줏대감'이었다.

천시퉁은 상하이에서 올라온 장쩌민의 권위를 인정하지 않았다. 장쩌민이 부총리로 임명한 장춘윈(姜春雲)과 우방궈가 베이징 시 근교로 시찰 나갔을 때 현(縣)급 간부조차 마중 나가지 않을 정도로 노골적으로 장쩌민을 무시했다. 심지어 장쩌민이 등용한 상하이방 인사들의 비위를 조사하기 위해 상하이로 사람을 파견하기까지 했다. 충돌은 불가피했다.

중앙 정부의 베이징 손보기는 '뭇 닭들에게 경고를 하기 위해서는 소를 잡지 않을 수 없다'라는 절박한 필요에 의해 이루어진 것이다. 천안문 사태의 중요 원인 중 하나인 1989년 초의 인플레―이는 천안문 사태의 근본적 이유로 지적된다―를 연상시킨 1993년의 과열경제는 부동산 등에 대한 지방정부의 무분별한 투자에 기인한 바가 컸다. 과열경제를 수습하기 위해 주룽지 부총리는 1993년 7월 인민은행장을 겸임하면서 '홍관티아쿵(宏觀調控)'이라는 강력한 긴축정책을 폈다. 자금을 조달하기 어려워진 지방 정부는 갖가지 편법을 동원했는데, 베이징 시의 도시진입세 신설 시도도 이 같은 편법의 하나였다. 따라서 베이징의 일련의 조치는 중앙정부의 정책 기조에 대한 도전이었고, 중앙정부가 이를 방치할 경우에는 긴축정책 실시라는 정책기조가 무너질 위험마저 있었던 것이다.

천시퉁에 앞서 중앙 정부는 다른 한 마리의 '소'를 잡았다. 그 '소'는 바로 수도강철공사(首鋼) 회장으로 있던 저우관우(周冠五)였다. 저우관우는 누구인가. 아래의 에피소드는 그를 아는 데 도움이 될 것이다.

1993년 3월, 8기 전인대 기간 중 수도강철공사는 전인대 취재를 위해 몰려온 외국 기자들에게 공장 내부를 공개했다. 그때 기자들의 눈길을 끌었던 것은 본관 입구 홀 벽면을 다 차지하고 있는 대형 사진으로 그 주인공은 덩샤오핑과 저우관우였다. 남순강화가 있은 지 3개월 뒤인 1992년 5월에 수강을 찾은 덩샤오핑을 저우관우가 수행하는 모습이었는데 이는 포항제철 본관에 걸린 고 박정희 대통령과 박태준 포항제철 사장이 착공식에서 발파 스위치를 누르는 사진을 연상시키는바 저우관우가 이 사진을 내건 이유는 명백했다. 자신은 최고 지도자와 가까운 사이이며 또 수강은 남순강화 이후 적극적인 개혁개방 정책 추진의 선봉에 선 기업이라는 것을 알리기 위한 속셈이었다.

수강은 덩의 시찰 이후 여권을 독자적으로 발급할 수 있는 권한 등 다른 기업에서는 상상할 수 없는 특혜를 부여받았다. 이런 특혜 조치는 덩샤오핑 집권 후 수강을 맡게 된 저우관우가 이룩한 업적에 대한 최고 지도자의 신뢰가 그 바탕에 있었지만 저우관우의 아들로 수강 이사로 있던 저우베이팡(周北方)이 덩의 둘째 아들인 덩즈팡과 친구이자 사업 파트너라는 사실도 크게 작용했다.

저우관우의 '사설왕국'이 되다시피 한 수강 역시 중앙정부의 긴축정책을 순순히 따르려 하지 않았다. 천시퉁이 그랬던 것처럼, 덩샤오핑의 남순강화에서 강조한 선부론(先富論)을 들먹이며 수강을 긴축정책의 무풍지대로 만들려 했던 것이다. 그래서 중앙정부는 천시퉁을 제거하기에 앞서 수강의 수술에 들어갔다. 저우베이팡이 받은 혐의는 덩즈팡도 이사로 참여한 수강의 홍콩 자회사를 통해 거액의 외화를 해외에 빼돌린 것이었다.

이 외화 도피 사건에는 천시퉁 숙청의 빌미가 된 둥팡 광장이 관련된 것으로 알려졌다. 저우베이팡은 1995년 2월 17일 구속되고 저우관우는 수강 회장직을 사임하기에 이른다. 수강 경영진에 대한 처벌은 가혹했다. 저우베이팡과 수강 최고 경영진 두 사람은 사형판결에 처해졌다.

천시퉁과 저우베이팡의 배경을 놓고 볼 때 이들에 대한 숙청은 장쩌민과 주룽지에겐 일대 모험이 아닐 수 없었다. 천시퉁 해임 후 당 지도부가 인민해방군 베이징 군구의 38집단군과 폭동 방지 경찰인 인민무장경찰대¹⁾에 베이징의 치안을 맡긴 사실과 천시퉁의 연금에서 최종 판결에 이르기까지 무려 3년 4개월이 걸린 것만 보아도 이를 짐작할 수 있다.

베이징방 숙청이 성공할 수 있었던 것은 리펑 등 보수파가 보혁간 세력 균형을 깨뜨릴 수 있는 이런 조치에 대해 방관 자세를 취하고, 장쩌민의 정치 라이벌로 보-혁 갈등 속에서 중립적인 태도를 취해온 차오스가 적극 협력하고 최고 지도자인 덩샤오핑이 이를 승인했기 때문이다. 여기에는 지방 세력 혹은 기업의 중앙정부에 대한 도전을 방치하다가는 국가 경제가 파탄이 나고 더 나아가 국가가 분열될지도 모른다는 위기의식을 이들 모두가 공유했기 때문으로 추측된다.

광둥방 길들이기 과정

베이징방이 '우리 안의 호랑이'였다면 광둥방은 '우리 밖의 호랑이'였다. 베이징방 숙청은 앞서 살핀 것처럼 그 저변에 중앙과 지방 세력 간의 갈등이 도사리고 있었으나 겉으로 내세운 슬로건은 '반부패 투쟁'이었다. 1993년 말부터 장쩌민의 직접적인 주도로 시작된 반부패 투쟁은 '베이징방' 외에도 크고 작은 희생자를 양산했다.

베이징방 숙청 이전 구이저우 당 서기의 부인이 부패에 연루되어 공개총살 당하는 등 '반부패 투쟁'의 창 끝은 지위고하를 가리지 않았다. 그러나 이 가운데도 예외가 있었다. 바로 광둥 성이었다. 경제 규모로 볼 때 부패 문제와 관련해 베이징이나 구이저우와 비교할 수 없을 정도로 심각하다고 지적받아온 광둥 성은 '반부패 투쟁'의 예외 지역으로 남아 있었다. 이를 두고 중국인들은 전국이 사정 한파(寒波)를 피하

---

1) 군 병력 감축 계획에 따라 인민해방군에서 20개 사단을 떼어내어 만들었다. 폭동 방지 등 국내 치안을 담당하며 장쩌민의 주요 물리적 기반으로 간주되고 있다.

지 못했으나 광둥 성만큼은 사시사철 '꾀고리 울고 제비가 나는(鶯歌燕舞) 봄날을 만끽한다'고 비아냥댔다. 해외에서는 광둥 성이 1개 성이 아니라 베이징의 중국과는 별개인 소위 '남중국(南中國)'화하고 있다는 지적까지 나왔다.

베이징이 이처럼 광둥 성에 손대는 것을 자제한 데는 다음 세 가지 이유가 있었다. 우선 중앙 무대 내 막강한 광둥방 인맥 때문이다. 광둥 성 부서기를 지낸 바 있는 양상쿤(楊尙昆) 전 국가 주석은 쓰촨 성 출신이나 군 계통에서 오랫동안 일한 관계로 광둥방의 '태조'격인 예젠잉(葉劍英)과 가까웠다. 이런 이유로 양상쿤은 광둥방의 든든한 후원자 역할을 했다. 또 다른 후원자로는 예젠잉 사위인 쩌우자화 전인대 부위원장이 있다. 쩌우자화는 덩샤오핑이 1991년 상하이 서기로 있던 주룽지를 중앙에 불러올려 부총리에 임명할 때 보수파의 후원 아래 함께 부총리가 되었던 인물이다. 전 총서기 자오쯔양도 광둥 성과 인연이 깊다. 문화대혁명 초기(1965. 2.~1966)와 문화대혁명 종결 직전(1974. 4.~1975. 10.) 등 두 차례에 걸쳐 서기를 역임하고 두번째 서기로 재임할 때는 성장도 겸임했다.

하지만 무엇보다도 광둥방의 든든한 후원자는 차오스였다. 차오스는 광둥방과는 원래 연관이 없었으나 장쩌민을 견제하기 위해 광둥방의 후견인 역할을 자임했던 것이다. 이 같은 인맥을 살펴볼 때, 광둥방은 당정군 및 개혁과 보수 세력 내부에 모두 든든한 후원자를 갖고 있음을 알 수 있다. 덩샤오핑이 아닌 덩의 가족과 보수 세력에 기댄 베이징방과는 비교할 수 없는 든든한 배경이었다.

두번째로는 중국 경제에서 차지하는 광둥 성의 비중이 너무 컸다는 점을 지적할 수 있다. 광둥 성은 베이징, 상하이, 톈진 등 31개 성, 시, 자치구 중에서 GNP가 1위이며 전체 수출물량의 40%, 외자 이용액의 30%를 차지하고 외국 투자기업의 3분의 1이 모여 있어 잘못 손댔다가는 중국 경제 전체가 휘청거릴 판이었다.

세번째는 광둥 성이 베이징에서 멀리 떨어진 곳이라는 점을 들 수 있다. 베이징방과 투쟁에서 처벌의 강도가 극히 가혹했던 것은 밀리면 정권을 빼앗길지도 모른다는 집권 세력의 절박한 위기의식이 있었지만 광둥방에 대해서는 그 정도로 심각한 위협은 느끼지 않았다. 그러나 중앙정부는 광둥 성 역시 손을 보지 않을 수 없었다. 광둥 성이 조세 저항을 통해 중앙의 정책기조를 노골적으로 위협했기 때문이다.

분세제를 둘러싼 중앙과 지방의 대립

베이징 중앙정부는 1994년부터 분세제(分稅制)를 도입하는 등 대폭적인 세제개편을 단행했다. 분세제는 중앙세와 지방세의 비율을 조정해 중앙의 재정수입을 크게 늘이는 내용이 핵심이었다. 개혁개방 이래 시행된 승포제(承包制: 계약을 통한 관리위탁 제도)를 고친 것이다.2) 이에 따라 지방정부의 재정 규모에 따라 일정액만 중앙에 상납하던 것을 중앙세와 지방세로 나눠 일정 비율에 따라 중앙과 지방이 나눠갖게 됐다.

분세제의 적용 대상은 세수 규모가 큰 부가가치세와 자원세, 증권거래세 등으로 부가가치세의 경우 중앙과 지방의 세수 비율은 7.5대

---

2) 1978년 이후 일련의 재정개혁 조치에 따라 재정 방면에서 지방의 재량권이 현저하게 확대되었다. 1988년에는 대부분의 성이 재정포간제(財政包幹製)를 채택하였다. 즉 관세와 중앙 소유 기업들이 내는 세금을 제외하고는 지방에서 거둔 모든 세입이 지방 재원으로 배정되었고 중앙정부와 지방정부가 협상, 결정한 고정액은 국고로 상납되거나 지방정부의 적자를 보전하도록 했다. 이에 따라 지방정부는 더욱 많은 세입을 거두어 자신이 보유하고 재투자할 수 있는 유인구조를 갖게 되었다. 이러한 일련의 조치에 따라 국민총생산에서 국가 세입이 차지하는 비중이 1978년 30%이던 것이 1992년 14%로, 총국가 세입에서 중앙정부가 차지하는 비중이 1981년 57%에서 1992년 39%로 낮아졌다. 또한 1981~90년 사이 지방 정부는 165억 위안의 재정흑자를 기록한 반면, 같은 기간 중앙정부는 687억 위안의 재정적자를 기록했다. 분세제는 국가재정수입에서 중앙정부가 차지하는 비율이 단기적으로는 50%, 궁극적으로는 65%까지 높이는 것을 목표로 했다.

2.5로 정했다. 이로 인해 광둥 성과 상하이 등 경제 활동이 활발한 지방 정부의 세수는 그 성장이 정체된 반면 중앙 재정은 크게 늘어나게 되었다. 중앙정부가 분세제를 도입한 목적은 단기적으로는 과열된 부동산 경기를 진정시키자는 데 있었다. 장기적으로는 확충된 중앙정부 재정을 통해 상대적으로 발전이 늦은 내륙지역의 경제개발을 지원, 지역간 발전 격차를 줄이자는 데 있었다. 하지만 가장 중요한 것은 이를 통해 지방정부에 대한 중앙의 통제력을 강화하자는 것이었다.

광둥 성을 포함한 지방 성 정부 입장에선 분세제 도입이 달가울 리 없었다. 중앙정부가 1994년 3월 제8기 전인대 2차 회의에서 분세제 시행의 구체적 방법을 담은 예산법을 입법 통과시킨 뒤 강력하게 그 시행에 들어가자 연해 지역의 지방 성 정부는 '강권정책(鐵腕政策)', '설득으로 안 되면 힘으로 굴복시키는(說不服就壓服) 정책', '큰 돌로 게를 깔아 죽이는(大石壓死蟹) 정책'이라며 공공연히 불만을 터뜨렸다. 광둥 성은 특히 분세제 내용 중 부동산 투자에서 파생되는 모든 수익에 대해 30~60%까지 세금을 부과하고 지방 공채 발행을 금지한 규정에 대해 특히 반발했다. 그러나 중앙정부 입장에서는 목적한 바의 세수 증대를 위해서는 다른 어떤 지역보다도 광둥 성에서 분세제를 철저히 시행할 필요가 있었다. 중앙 정부와 광둥 성의 대결 역시 불가피했다.

상하이방과 광둥방 간 대결 전개 과정

베이징방에 대한 숙청에는 중앙정부의 모든 세력이 힘을 합쳤다. 하지만 광둥방 길들이기는 상하이방이 다른 세력의 견제를 받는 가운데 진행됐다. 광둥방 지도부에 대한 처리가 베이징방과는 달리 혹독하지 않은 것은 이런 측면이 작용했을 것이다.

상하이방의 광둥방에 대한 공격은 1996년 초 어우양더(歐陽德) 광둥 성 전인대 부위원장이 체포되면서 시작되는 듯했다. 하지만 베이징방 숙청에 적극 협력한 차오스가 이번에는 제동을 걸고 나왔다. 차오스는 어우양더 체포 후 상하이를 방문, 왕다오한(汪道涵) 해협양안관계회 회장 등 상하이방의 다수 인사가 관련된 것으로 알려진 국채 선물 부정 거래 사건을 엄격하게 처리하라고 지시했던 것이다. 차오스는 장쩌민을 필두로 한 상하이방을 견제하기 위해서는 광둥방의 건재가 필요하다고 보았다.

광둥방에 대한 본격적인 수술은 결국 1997년 10월 차오스가 퇴진한 후 시작된다. 1997년 말 광둥방 방주 예쉬안핑(葉選平)의 정치 참모인 셰페이(謝非) 광둥 성 서기를 예쉬안핑과 격리시키는 조치부터 취했다. 셰페이에 전인대 부위원장 직책을 주어 중앙으로 끌어올리고 그 후임에 광둥방과는 아무런 연관이 없는 리창춘(李長春) 허난 성 서기를 보냈다.

현지에 부임한 리창춘은 '통개전비(痛改前非: 아픔을 무릅쓰고 과거의 잘못을 고친다)'라는 슬로건 아래 광둥 성 당위원회에 대한 대대적인 숙청 작업을 전개했다. 장쩌민도 중앙에서 리창춘에 대한 엄호 사격을 했다. 장쩌민은 1998년 3월 9기 전인대 1차 회의에서 광둥 대표단의 회의실을 찾아가 '정신문명'과 '물질문명'을 강조하는 강화를 하였다. 두 용어는 덩샤오핑이 후야오방과 자오쯔양을 비판할 때 사용한 것이다. 광둥 성이 더 이상 반부패 투쟁의 무풍지대가 될 수 없음을 암시한 것이었다. 전인대 부위원장으로 선출된 셰페이는 이 전인대 회의에 모습을 나타내지 않았다. 공식적으로는 신병 때문이라고 발표되었다. 셰페이가 1999년 10월 사망한 것으로 미루어볼 때 이는 사실일지 모른다. 하지만 사실상 '볼모' 신세가 된 데 대한 불편한 심기가 출석하지 않은 진정한 이유였을 것이다.[3]

---

3) 중앙정부 정책에 반대하는 지방 지도자를 좌천성 승진을 통해 중앙의 볼모로 삼는 일은 중국 정치에서 흔한 일이다. 한 예로 개혁개방 초기 호별영농제 실시를 통해 인민공사를 해체하려는 중앙정부의 조치에 헤이룽장 성 서기 양이전(楊

1998년 5월 광둥 성 지도부에 대한 개편에 이어 새로 구성된 감찰기관을 동원, 1,252건의 비위 사실을 적발했고 당원 904명이 처분됐다. 리창춘이 이처럼 사정 작업을 벌이는 동안 장쩌민, 주룽지, 그리고 쩡칭훙 등이 광둥 성을 시찰, 리창춘에게 힘을 실어주었다.

지도부의 처벌 수위를 놓고 볼 때 베이징방이 고강도였다면 광둥방은 저강도였다. 이는 앞서 손대기를 주저한 이유를 설명하면서 제시했던 세 가지 이유와 함께 광둥방이 일찌감치 대세를 수용한 점을 곁들일 수 있을 것이다. 광둥 성 토착세력의 한 사람인 루뤼화(盧瑞花) 광둥 성장이 1998년 3월 광둥 성을 방문한 주룽지 총리에 중앙의 지시를 철저히 따르겠다고 말한 게 그 한 예이다. 결국 상하이방이 주도하고 있는 중앙정부는 베이징방과 광둥방을 차례로 숙청하거나 길들임으로써 카리스마를 지닌 지도자가 사라진 이후 국가 분열의 위기를 극복해낸 것이다.

상하이방의 중앙정부가 이처럼 지방에 대한 통제력을 차근차근 강화시켜온 과정은 청조 초기의 중앙권력 강화 과정을 연상시킨다. 동북지방에 세력기반을 둔 만주족은 투항한 명나라 군대의 힘을 빌려 경쟁하는 다른 지방 세력, 즉 리쯔청을 제압했다. 이후 청에 투항한 명나라 장수들이 남쪽 변방에서 사실상의 군주로 있는 것을 용인하다가 끝내 토벌함으로써 강력한 통일왕조를 수립하는 데 성공하였다.

여러 지방세력의 하나였던 상하이방도 제 세력의 힘을 규합, 일차적으로 베이징방을 축출했으며 종국에는 광둥방마저 무력화했다. 이로

易振)이 강력하게 반발하자, 그를 직급이 반 등급 위인 인민검찰원 원장으로 승진시킨 것을 들 수 있다. 이후 헤이룽장 성에서도 호별영농제가 본격적으로 도입됐다. 양이전이 자신의 주장을 견지할 수 있었던 데는 광둥방의 경우와 마찬가지로 중앙에 다수의 후원자를 갖고 있기 때문이었다. 국영농장의 개척자인 왕전(王震), 농업기계화 계통의 고위 간부인 샹난(項南), 개혁파의 탈집체화 정책에 부정적이었던 국가농업위 주임 왕런중(王任重) 등과 재무계통에서 함께 일했던 실력자 리셴녠(李先念)이 양이전의 후원자였다.

써 중국은 마오나 덩 같은 창업자들이 사망한 이후에도 명실상부한 통일국가로서 위상을 유지하게 된 것이다. 역사의 전개과정은 예나 지금이나 마찬가지다. 그러나 문제는 중앙의 지방에 대한 이러한 통제력이 권력 교체기에도 유지될 것이냐 하는 것이다. 강력한 카리스마를 갖춘 황제형의 지도자가 당분간 나오기 어려운 데다 지방 역시 소나기를 피하자는 식으로 면종복배(面從腹背)하고 있는 형국이기 때문이다. 숨가쁘게 중국이 변화하기 때문에 합(合)과 분(分)의 사이클이 의외로 짧아질 수 있다는 점을 유념해야 할 것 같다.

푸젠의 군권 투쟁

권력은 총구에서 나온다. 그러나 총구는 당의 지배 아래 있어야 한다.

마오쩌둥의 이 말은 중국의 권력 투쟁사를 압축하여 설명하는 '키워드'이다. 문화대혁명, 천안문 사태와 같은 대규모 권력 투쟁 와중에서 권력의 향방을 결정짓는 것은 군, 즉 총구였다. 마오쩌둥이 자신의 말은 '바늘 한 구멍'만큼도 먹히지 않는다던 류사오치를 중심으로 한 당권파를 제압하고 권력을 다시 회수할 수 있었던 것은 린뱌오 등 군 일부 세력의 적극적인 지원 덕이었다. 천안문 사태가 덩샤오핑 뜻대로 처리된 것역시 양상쿤-양바이빙(楊白冰) 형제의 군 주류가 덩의 유혈진압 지시를 '무자비'하게 수행했기에 가능했다.

하지만 권력을 창출한 '총구'는 결코 권력의 주인이 되지 못한다는 것 역시 중국 권력 투쟁사의 어김없는 법칙이었다. 마오의 후계자로 부상한 린뱌오는 마오와 4인방의 견제를 견디다 못해 쿠데타를 일으키려다 실패, 소련으로 탈출 도중 몽골에서 의문의 추락사를 당했다.

양상쿤-양바이빙 형제는 천안문 사태 3년 뒤인 1992년 중국 공산당 14대에서 군권을 박탈당하고 말았다. 총구를 배경으로 덩샤오핑의후계자 자리를 노렸던 양바이빙의 야심이 린뱌오와 마찬가지로 충격적인 몰락을 자초한 것이다. 총구는 당의 통제 아래 있어야 한다는 원칙이 지켜진 것이다.

샤먼 시 밀수 사건은 류화칭 제거 위해 불거져

공산 중국 건국 이래 최대 규모로 기록된 푸젠 성 샤먼 시 밀수 사건이 단순한 부패와 전쟁의 결과물이 아니라 군권을 둘러싼 투쟁이라는 시각이 설득력 있게 제기됐다. 당시 군부의 주류 세력인 류화칭 세력을 장쩌민 주석이 견제 내지는 약화시키기 위하여 이 사건이 불거지게 됐다는 설명이다.

이러한 시각을 살펴보기에 앞서 샤먼 시 밀수 사건이 진행된 경과를 정리할 필요가 있다. 샤먼 시 밀수 사건의 주인공은 푸젠 성 진장(晉江) 현 청양(靑陽) 출신으로 1990년 홍콩으로 이주하여 사업가로 성공한 1958년생인 라이창싱(賴昌星)이란 인물이다. 라이창싱은 자신이 소유한 위안화(遠華) 그룹을 통하여 1990년대 초부터 푸젠 성을 중심으로 자동차, 석유, 담배 등 64억 달러를 밀수하고 300억 위안(약 4조 8,000억 원)을 탈세했다는 것이 이 밀수 사건의 요지이다.

라이는 홍콩으로 이주하기 전인 1980년대 진장과 샤먼을 드나들며 장사를 했으며, 이 인연으로 인해 샤먼의 명예시민까지 된 인물이다. 명예시민증 부여를 심사하는 과정에서 이미 밀수 의혹 등으로 인해 시인대 대표들과 정협 위원들의 반대를 받았으나 샤먼 시 세관의 조사 결과 증거가 없는 것으로 나타나 명예시민증을 받을 수 있었다. 그는 자신의 밀수 혐의에 대한 당국의 조사가 시작되자 1999년 7월 해외로 도피하였으나 2000년 11월 23일 캐나다에서 체포되었다. 라이는 캐나다 연방법원에 보석을 신청했지만 2000년 12월 18일 보석 불허 조치로 사법 당국에 구금되었다. 중국 정부는 캐나다 측에 라이의 인도를 요구했으나 캐나다 정부는 양국간 범인인도 협정이 체결되어 있지 않은 점을 들어 이를 거부했다. 비록 범인 인도 협정이 체결되어 있지 않았으나 캐나다는 현상수배범을 중국에 인도한 전례가 있었다. 하지만 캐나다 법률은 인도되면 극형이 분명한 범죄인의 인도를 금지하고 있다.

84명 재판에 회부 14명에 사형판결

푸젠 성 밀수 사건에 연루되어 조사받은 사람의 수는 모두 800여 명이고 84명이 재판에 회부되었다. 이 중 핵심 관련자 14명은 2000년 11월 8일 1차 재판에서 사형선고를 받았다. 사형 판결을 받은 이들 중에는 라이의 해외도피를 도운 것으로 알려진 좡루순(莊如順) 전 샤먼 시 공안부장 겸 푸젠 성 공안부 부청장, 란푸(藍甫) 전 샤먼 시 부시장, 양첸셴(楊前線) 전 샤먼 해관장 등이 포함되어 있다. 그러나 비교적 직급이 높은 이들마저 '송사리'라고 여겨질 만큼 이 밀수 사건에는 중앙의 고위직 인사들이 다수 연루되어 있다.

당·정·군 고위인사 다수 관련설

지펑페이 전 외교부장의 아들로 인민해방군 총참모부 정보부장이라는 요직에 있던 지성더 소장, 류화칭 전 상무위원 겸 군사위 부주석의 딸인 류차오잉(劉朝英), 전 공안부 부부장 리지저우(李紀周), 전 공안부장 타오쓰취(陶駟駒), 쉬간러우(許甘露) 전 출입국 관리국장과 자칭린 베이징서기 겸 정치국원의 부인인 린요우팡(林幼芳) 등이 샤먼 시 밀수 사건과 관련하여 재판에 회부되거나 혹은 조사를 받은 것으로 전해진 인물들이다.

이들 중 군부인사인 지성더는 별도의 군사재판에서 사형을 구형받은 것으로 알려졌으나 2000년 11월 말의 2심 재판에서 극형을 면하고 15년형을 선고받았다. 리지저우 역시 재판에 회부됐다. 나머지 사람들은 관련 소문만이 무성할 뿐 구체적 조치는 나오지 않고 있다.

사건에 연루된 것으로 알려진 인사 중 최고위급 인사인 타오쓰취는 부인과 함께 당 기율검사위의 조사를 받은 것으로 알려졌다. 부인이 관련된 자칭린은 베이징 서기에서 해임될 것이라는 보도가 나왔으나 현직을 계속 유지한 것은 물론 2001년 말부터는 차기 상무위원으로 거론되고 있기까지 하다. 다만 부인과는 이혼한 것으로 전해지고 있다. 그리고 류차오잉에 대해서는 소문만 무성할 뿐 어떤 조치가 나왔다는 이야기가 없다.

연루된 고위 인사들을 각 파벌별로 살펴보면 지성더와 류차오잉은 류화칭계이며 타오쓰춰, 리지저우, 쉬간러우는 리펑계, 그리고 린요우팡은 장쩌민계이다. 당·정·군 최고 핵심들의 파벌 인사들이 모두 관련된 것이다. 특히 타오쓰춰는 장쩌민과 동향인 장쑤 성 출신이나 리지저우와 함께 리펑의 측근이다. 그는 1950년대 요인 경호원으로 시작해 군사위 비서장 비서를 거쳐 1980년대 초 당 원로 리셴녠의 눈에 들어 48세의 나이에 공안부 부부장에 발탁되면서 출세가도를 달린 인물이다. 그는 1989년 천안문 사건 후 왕팡(王芳) 당시 공안부장이 학생 시위를 제대로 진압하지 못한 책임을 지고 물러나자 리펑 당시 총리의 추천으로 공안부장에 올랐다. 리펑 총리 밑에서 10년 가까이 공안부장에 있었던 그는 리펑이 1998년 전인대 상무위원장이 되자 전인대 내무사법위 부주임으로 자리를 옮길 정도로 리펑과 정치적 운명을 같이하는 인물이다.

자칭린은 1985년 푸젠 성 부서기가 된 이래 장쩌민이 1996년 베이징 시장으로 불러 올리기까지 줄곧 푸젠 성에서 근무한 터줏대감이다. 그는 장쩌민이 제1기계공업부 열공기계공업부 소장(1962년~70년)으로 있을 당시 제1공업부 기술원(1962년~69년)으로 근무하며 장쩌민과 인연을 맺었다. 1940년생인 그는 1997년 15대에서 베이징 서기 겸 정치국원으로 승진했으며, 푸젠 성 밀수 스캔들에 연루되기 전까지 16대에서 상무위에 진입할 것으로 거론되던 장쩌민의 최측근 인사 중 한 사람이었다.

푸젠 성은 이 밀수 사건으로 쑥대밭이 되다시피 했다. 샤먼 시와 푸젠 성의 고위 간부들 다수가 줄줄이 조사받고 또 이들 중 상당수가 사형, 징역형을 받은 것은 물론 급기야는 성위 서기마저 교체되기에 이르렀다. 상황이 이렇게 되다 보니 당연히 지역 경제에도 여파가 미칠 수밖에 없다. 라이창싱이 샤먼 시에 지으려고 계획했던 88층짜리 위안화(遠華) 센터 건물 부지는 황무지로 탈바꿈했고 그 옆의 위안화 호텔도 완공을 못한 채 건설이 중단된 상태다.

라이창싱은 권력 투쟁의 졸(卒)일뿐

이런 상황 전개에 직접적으로 피해를 볼 수밖에 없는 샤먼 시 시민은 라이창싱에 대해 사뭇 동정적이다. 주민들은 라이가 갖가지 법률 위반 행위를 한 사실을 인정한다. 다만 그는 인민해방군과 합작을 하는 많은 사업가 중의 한 사람일 뿐으로 군과 사업을 함께 하는 사업가들이 그랬던 것처럼 법 밖에서 사업을 했다는 것이다.[1] 그런 라이가 중국

---

1) 1985년부터 군의 경제활동 참가를 허용했다. 물가 상승에 따라 떨어진 국방예산의 구매력을 보전하기 위한 것이 표면적 이유였다. 하지만 국방예산 항목에 들어 있지 않은 무기 생산 설비의 구매와 무기 개발에 소요되는 자금을 조달하기 위한 목적도 있는 것으로 분석되고 있다. 군이 운영하는 기업은 1990년 중반 1만 5,000개에 달하는 것으로 집계되었다. 업종에는 위성발사, 미사일, 탱크 등 무기제조 판매뿐만 아니라 부동산업, 금융업에 심지어 나이트클럽과 술집도 포함되어 있으며 군 기업의 매출액은 연 150억 달러로 군사예산과 비슷한 수준에까지 이른 것으로 알려지고 있다. 이처럼 비대해진 군 기업이 밀수의 통로 등 각종 비리의 온상이 되자 1995년 집단군 이하 군부대의 경제 활동을 금지시켰으며, 1998년에는 전 군에 이를 확대했다. 이 조치에 따라 대군구급 이상이 맡았던 기업은 국가경제무역위원회로, 성 군구 산하 기업은 성 정부에, 단위 군구와 집단군이 운영하던 기업은 소재지구의 시 정부에 귀속시키도록 했다. 하지만 이 기업들에 대한 군의 영향력이 완전히 배제되었다고는 볼 수 없다. 군이 운영한 대표적인 기업들은 다음과 같다(괄호 안은 운영 주체). • 바오리(保利)과학기술유한공사(총참모부) • 카이리(凱利)실업유한공사(총정치부) • 신싱(新興)집단총공사, 산구(三九)집단(총후근부) • 칭안(清安)공사대 • 쥔안(君安)증권공사(군과 국가안전부가 함께 운영) • 중국연합항공공사(공군) • 중국해양항운공사(해군) • 난팡(南方)공무공사(광저우 군구) • 진청(金城)실업공사(선양 군구) • 화톈(華天)집단

건국 후 '최대 부패 사업가'로 전락한 것은 장쩌민이 자신의 말을 고분 고분 듣지 않는 군부를 길들이기 위해 그를 쳤기 때문이라는 것이다. 장쩌민은 군부의 최고 실세인 류화칭과 깊은 관련을 맺어온 라이의 비리를 파헤쳐 류화칭과 군 수뇌부를 장악하고 있는 류화칭 지지세력에 타격을 가함으로써 군부에 대한 자신의 통제력을 강화시키려 했다는 설명이다.

고관과의 관계를 통해 부를 쌓으려는 것은 중국의 신흥 부호들이 흔히 하는 수법으로 라이가 유별나게 부패했다기보다는 권력 투쟁의 졸(卒)로 선택됨으로써 사업가의 운이 다했다는 주장이다. 이들의 주장이 설득력을 갖기 위해서는 장쩌민과 류화칭 간의 불화와 라이와 류화칭의 유착이 사실이어야 한다.

우선 후자부터 먼저 살펴보자. 라이와 류화칭 간 '특수 관계'는 라이가 샤먼에 고관 접대를 위해 세웠다는 이른바 '홍루(紅樓)'가 여실히 입증해주고 있다. 6층 건물인 홍루는 6층이 라이의 사무실과 휴게실이고 나머지 층은 가라오케, 사우나, 헬스장, 오락실 그리고 식당으로 되어 있다. 특히 2층의 식당에서는 값비싼 상어 지느러미, 제비집 등 최고급 요리 재료들을 갖추어놓고 고관들이 올 때마다 접대했다. 라이창싱은 고관들에게 여자까지 공급한 뒤, 남녀간 은밀한 행동을 '몰래 카메라'로 촬영해놓은 것으로 전해진다. 몰카 테이프는 자신이 체포될 때를 대비해 그 복사본을 다른 사람에게 맡겨두었다는 소문도 나왔다. 이 홍루에 류화칭과 라이창싱이 함께 찍은 사진과 국방부장이자 군사위 부주석인 츠하오톈의 친필 휘호가 걸려 있다는 것이다. 이는 라이와 류화칭 등 인민해방군 최고위급 실세와의 유착을 확인시켜주는 증거가 아닐 수 없다.

류화칭과 장쩌민은 그동안 좋은 관계로 알려져왔다. 그도 그럴 것

공사(후난성 군구).

이 장쩌민은 덩샤오핑이 '낙점'한 후계자이고 류화칭은 군 경력이 없는 장쩌민을 '보호'하기 위해 덩샤오핑이 자신의 군부 내 핵심 측근 중에서 선택한 인물이기 때문이다.

장쩌민-류화칭 조기 퇴진 문제 놓고 불화

'장 - 류 불화설'을 주장하는 이들은 두 사람 사이가 틀어진 계기를 군사위 주석인 장쩌민이 명실상부한 군권의 최고 책임자가 되기 위해 류화칭을 조기 은퇴시키려 했던 데서 찾고 있다. 류화칭은 1997년 15대에서 퇴진을 수용했지만 이에 불만을 품고 장쩌민에게 고분고분하지 않았다. 이에 그치지 않고 리펑과 연대를 모색하기까지 했다. 류화칭과 리펑은 각각 후베이 성과 상하이 시 출생이지만 원적이 쓰촨 성이라는 '지연의 끈'으로 연결돼 있다. 쓰촨 성 출신인 덩샤오핑이 군부 수하 중 류화칭을 자신의 후계자를 보호할 인물로 선택하고 보수 성향에도 불구하고 리펑을 끝내 내치지 않은 데는 이러한 지연이 작용한 것인지도 모른다.

어쨌든 이러한 시각에서 '샤먼 밀수 사건'을 '덩샤오핑 없는 쓰촨 방'과 '장쩌민을 중심으로 한 범(汎)상하이방' 간 한판 대결로 보기도 한다. 범상하이방에 속하는 주룽지 총리가 샤먼 밀수 사건에 가장 강경한 입장을 취했던 것도 유념해 볼 대목이다. 군 간부들이 군경력이 없는 장쩌민을 무시하는 경향이 팽배한 것도 그가 칼을 빼어들지 않을 수 없던 이유의 하나로 작용했다고 한다. 군 간부들은 장쩌민에게 절대적 충성을 바치기보다는 현직에서 물러난 실세 류화칭의 권위에 더 복종하고 있었다. 결국 이 같은 복합적 상황을 타개하고 또 16대 이후 진정한 태상황의 위치를 차지하려는 전초 작업으로 장쩌민은 '판도라의 상자'가 된 샤먼 밀수 사건을 터뜨렸다는 것이 이 주장들의 골자이다. 이는 상당한 설득력을 갖고 있다. 글 머리에서 밝힌 바 있듯이, 권력 투쟁에서 승리한 최고 권력자가 가장 먼저 취하는 조치는 권력 장악의 수단이 된 '총구'를 당의 지배하에 두는 것이다.

장쩌민이 군부 내 최대 파벌인 양상쿤 - 양바이빙 형제를 추종하는 양가장(楊家將) 세력을 거세하는 데 있어 최대 공로자는 다름 아닌 류화칭 세력이었다. 이를 발판으로 삼아 장쩌민은 15대에서 당내 최대 라이벌인 차오스를 실각시키고 리펑의 세력을 약화시킴으로써 명실상부한 최고 권력자의 위치를 공고히 했다. 따라서 다음에는 류화칭으로 상징되는 총구를 당의 지배 하에 들어앉히는 일이 남았던 것이다. 하지만 류화칭 입장에서는 장쩌민과 생각이 같을 수가 없었다.

류화칭이 양씨 형제 세력을 거세하고 장쩌민의 입지가 탄탄해지도록 뒷받침한 것은 덩샤오핑의 지시 때문이었지 장쩌민을 추종하기 때문이 아니었다. 1916년생인 류화칭은 비록 최고 권력에 도전할 뜻은 전혀 없었으나 장쩌민과 버금가는 독립적인 위상을 갖고 싶었을 것은 당연하다. 결국 이들 양 세력은 한판 대결이 불가피했고 표면화된 것이 바로 샤먼 밀수 사건이라는 분석은 그래서 설득력을 갖고 있다.

군사위 인사를 통해본 군권갈등

두 세력간 갈등은 덩샤오핑 사망을 전후한 군사위 구성원의 변천과 최근의 군인사를 살펴보아도 확인된다. 덩샤오핑은 천안문 사태가 수습된 지 채 5개월이 지나지 않은 1989년 11월 9일 군사위 주석직에서 물러난다. 그리고 자신의 후임에 당 총서기인 장쩌민을 선출한다. 군사위 주석직은 최고권력자가 죽거나 권력을 상실할 경우에나 내놓는 자리였다. 마오쩌둥은 1976년 9월 사망할 때까지 단 한 차례도 당 중앙 군사위 주석직을 남에게 넘겨준 적이 없다.[2]

---

2) 마오쩌둥이 당 중앙 군사위 주석직에 오른 것은 장정(長征) 초기인 1935년 1월 준의(遵義) 회의에서였다. 이 회의에서 당수 격인 총서기에 오른 이는 장원톈(張

1981년 6월 덩샤오핑이 마오쩌둥의 후계자인 화궈펑에게서 군사위 주석직을 인계받았을 때 이는 최고 권력이 화궈펑에서 덩샤오핑으로 옮겨갔음을 의미했다. 화궈펑으로부터 명목상 최고 직위인 당 주석 (1982년에 폐지됨)을 인계받은 이는 후야오방이지만 그는 덩의 후계자일 뿐이었다. 1987년 13대는 중국의 실질적인 최고 권력이 어느 곳에 있는가를 보다 확실하게 보여주었다. 덩샤오핑 군사위 주석 밑의 군사위 제1부주석으로 당 총서기가 선출된 것이다. 2년 뒤 천안문 사태는 그 인사의 의미를 분명하게 확인해주었다.

덩샤오핑이 군사위 주석직을 장쩌민에게 넘겨주면서 군사위 인사를 단행했다. 천안문 사태에 대한 논공행상이었다. 학생 시위대 진압에 공이 큰 양상쿤과 양바이빙 형제를 각각 제1부주석과 군사위 업무를 총괄하는 비서장에 앉히고 천안문 학생 유혈진압에 반대했던 훙쉐즈(洪學智)를 부비서장에서 해임했다. 그렇지만 군권이 양씨 형제에 쏠리는 것을 막기 위해 부비서장직에 있던 자신의 심복인 류화칭을 부주석에 승진시켰다.

류화칭 1937년 이래 덩의 심복

류화칭은 국공합작 후인 1937년 8로군 129사 선전주임이 되면서 당시 129사 정치위원으로 있던 덩샤오핑과 인연을 맺게 되었다. 그는 국공 내전 중인 1949년 중원야전군이 2야와 3야로 개편될 때 덩샤오핑이 정치위원으로 있는 2야에서 활동하면서 덩샤오핑과의 인연을 이어나갔다. 하지만 류화칭은 1958년 이후 해군 부문에서 활동하면서 군의 중심에서는 약간 비껴 있던 처지였다. 또한 그와 각별한 관계인 후야오방이 1987년 실각하자 더 이상의 승진은 없는 듯했다. 후야오방의 사

聞天)이었으나, 이 시점부터 마오가 중국 공산당의 최고 지도자가 된 것으로 간주한다.

위가 류화칭의 비서였다. 그런데 덩샤오핑이 1988년 11월 해군 사령원에서 물러난 그를 군사위 부비서장으로 기용했던 것이다.

다만 이러한 인사 배치로는 양씨 형제를 견제할 수 없는 것은 자명한 노릇이었다. 1992년 14대에서 덩샤오핑은 대담하고 대폭적인 군사위 지도부 개편을 단행한다. 양상쿤과 양바이빙 형제를 군사위에서 축출하고 대신 류화칭을 군사위 제1부주석에, 그리고 부주석에는 역시 덩 자신과 가까운 장전(張震)을 임명했다.

장전은 류화칭보다 두 살이 많은 군 원로로 부총참모장과 국방대학 교장을 역임한 사실에서 보듯, 인민해방군 사정에 류화칭보다 훨씬 밝았다. 장전의 등장은 군부를 속속들이 꿰뚫고 있는 양씨 형제의 축출에 따른 군 지도부의 통제력 약화를 막기 위한 고육지책으로 보인다. 당시 78세인 장전의 기용은 14대가 과시하고자 한 세대교체와는 배치되기 때문이다.

한편 비서장직을 폐지하는 대신 국방부장과 인민해방군 3총부의 책임자를 군사위원으로 밀어넣었다. 당시 군사위에 진입한 군부의 신진 인사는 전 총참모장 츠하오톈(1993년 국방부장이 됨), 츠하오톈의 뒤를 이어 총참모장이 된 장완녠(張萬年), 총정치부장 위융보(于永波), 그리고 총후근부장 푸취안유(傅全有)였다. 이로 인해 군사위의 위원 총수는 기존의 4명에서 7명으로 늘어났다.

14대에서는 또 류화칭이 중국의 최고의사 결정기구인 정치국 상무위에 진출했다. 군부 인사가 상무위에 진출한 것은 1982년 이래 처음이었다. 또한 중앙위 구성원의 5분의 1 이상(22%)을 군부 인사로 채워넣었다. 덩샤오핑이 총구를 제압하기 위해서 또 다른 총구를 사용한 것이라 볼 수 있다.

1995년 9월 14기 5중전회에서 재차 군사위 개편이 단행되었다. 이는 덩샤오핑이 죽음을 앞두고 마지막으로 관여한 군사위 인사라는 의미를 갖는다. 여기에서 총참모장인 장완녠과 국방부장인 츠하오톈이 군사위 부주석으로 승진하고 덩샤오핑 판공실 주임이자 인민해방군 총 정치부 부주임인 왕루이린(王瑞林), 그리고 선양(瀋陽)군구 사령원 왕커 가 새로 군사위원에 선출됐다. 이로써 군사위 부주석은 4명으로 늘었 고 주석과 부주석을 포함한 군사위 위원 수도 기존의 7명에서 9명으로 늘어났다. 군사위 인사 후속조치로 3총부의 인사가 단행되어 총후근부 장이던 푸췌안유가 총참모장으로, 왕커는 푸가 맡고 있던 총후근부장 에 임명되었다.

14기 5중전회에서 군부 내 산동방 두각

당시 인사에서 특기할 만한 사실은 군부 내 산동방(山東幇)의 약진 이다. 군사위 부주석으로 승진한 장완녠과 츠하오톈, 그리고 새로 진입 한 왕루이린은 모두 산동 성 출신으로 9명의 군사위원 중 30%를 차지 했다. 장쑤 성 출신이 2명으로(장쩌민, 왕커) 산동 성 출신의 뒤를 잇고 있다. 당시 군부 내에는 산동 성 출신들이 특히 많아 이때 인민해방군 의 최고계급인 상장 25명 중 9명(36%)이 산동 성 출신이었다. 14기 5중 전회의 의미는 산동방이 군의 기존 최대 세력인 양상쿤 - 양바이빙 형 제의 양가장 세력을 제치고 군내 최고 파벌로 등장했음을 의미한다. 하 지만 같은 산동 성 출신이라도 군사위 주석인 장쩌민에 대한 친소도 면에서는 차이가 있다. 츠하오톈 부주석과 왕루이린은 철두철미한 덩 샤오핑의 사람으로 류화칭으로 기우는 경향이 있는 반면 장완녠은 장 쩌민 사람으로 분류된다.

츠하오톈, 4인방 숙청 이후 덩에 의해 발탁

츠하오톈은 천이(陳毅)의 3야 출신으로 한국전에 참전했었다. 1989 년 천안문 사태 시 학생 시위대 진압에 선봉에 선 27군에서 군 경력을 쌓은 그는 문화대혁명 초기인 1967년 27군 79사 부정치위원으로 있던 중 4인방의 지시를 좇지 않았다는 이유로 직책을 박탈당했다가 1970년 27군 79사 정치위원으로 복직한 경험이 있다.

덩샤오핑과 직접적인 관계를 맺지 않았던 그가 덩의 눈에 띄게 된 계기는 1976년 마오쩌둥 사망 후 4인방 숙청 때이다. 베이징 군구 부정치위원(1973년 임명)이던 그는 군을 이끌고 당 기관지 《인민일보》를 접수, 부편집장으로 있으면서 4인방 규탄 평론을 게재, 덩의 주목을 받았다. 이후 그는 출세가도를 달렸다. 1977년 11월 덩샤오핑이 총참모장을 겸직하며 군을 다시 이끌었을 때 그는 10명의 부참모장 중 최연소(49세)로 발탁되었으며 1987년 총참모장에 승진하였다. 1989년 천안문 사태 때는 베이징 계엄부대를 총지휘하는 위치에 있었다.

덩의 40년 개인비서 왕루이린

왕루이린은 덩샤오핑의 직계 인물이다. 그는 국무원 기요처(機要處) 부처장, 국무원 부총리 판공실 비서, 당 중앙 판공청 부주임을 역임한 데서 보듯 군부 인사로서는 드물게 당, 정 분야에서 일한 경력을 지니고 있다. 하지만 무엇보다도 중요한 것은 덩샤오핑의 군사위 주석 시절 군사위 판공실 비서, 군사위 기율검사위 서기를 역임했고 덩이 퇴진한 이후에는 덩 판공실 주임을 겸직하는 등 개인비서 역할을 40년 동안 해왔다는 점이다.

류화칭, 츠하오톈, 그리고 왕루이린은 덩샤오핑의 총애와 중용을 받았다는 점에서 한 배에 타고 있다는 동류의식을 가질 것이란 점은 쉽게 짐작할 수 있는 일이다. 따라서 츠하오톈과 왕루이린은 군사위 주석인 장쩌민보다는 덩샤오핑의 군부내 가신그룹 좌장격인 류화칭에 기우는 태도를 보이고 있다.

장완녠은 장쩌민이 키운 인물

그러나 츠하오톈과 동향에다 그에게서 총참모장직을 인계받은 장완녠의 입장은 이들과 다르다. 츠하오톈보다 한 살이 많은(1928년생) 장완녠은 군 초년 시절 츠하오톈보다 앞서나갔다. 다만 그는 린뱌오의 4야 출신으로 문화대혁명 당시 린을 쫓아 마오를 적극 추종한 경력이 있다. 덩샤오핑의 집권으로 그는 제거 대상이 될 수밖에 없었으나 1979년 베트남 전쟁에서 사단장으로 참전하여 능력을 발휘하여 구제될 수 있었다.

이후 비교적 순조로운 승진을 거듭하던 장완녠에게 1989년 천안문 사태는 또 다른 시련이었다. 그는 무력진압을 적극적으로 주장한 양상쿤 계열의 노선에 동조하지 않았던 것이다. 민간인 살상 반대의사를 표시하기 위해 아예 병원에 입원하였다는 설도 있다. 그러나 이는 전화위복이 되었다.

1992년 14대에서 그는 군사위원으로 선출되었으며 츠하오톈의 후임으로 총참모장에 임명됐다. 이는 양가장 세력을 제압하기 위하여 타세력의 힘을 모아야 했던 상황과 또 그가 츠하오톈과 마찬가지로 산둥성 출신이라는 점, 그리고 계파 안배라는 측면이 고려됐던 것으로 추측된다. 장완녠이 총참모장에 오른 것은 덩샤오핑의 신임이라기보다는 어부지리와 능력 때문이라고 볼 수 있다. 당연히 츠하오톈과 입장이 같을 수가 없다. 장쩌민은 이러한 장완녠을 노골적으로 신임했다. 장쩌민이 덩샤오핑으로부터 군사위 주석직을 물려받은 뒤 첫번째로 행한 상장인사(1993년 6월)에서 장완녠을 서열 1위로 진급시킨 것이 대표적인 예이다. 14기 5중전회에서 군사위 위원 명단을 발표할 때 그를 츠하오톈에 앞서 호명, 둘 사이의 군 서열을 역전시켰다. 츠하오톈은 앞서 밝힌 바와 마찬가지로 장완녠에 5년 앞서 총참모장을 지내고 국방부장으로 있어 당연히 군 서열상 장완녠보다 앞섰다.

14기 5중전회는 결국 장쩌민과 류화칭의 공동의 적인 양가장의 몰락을 확인하는 무대인 동시에 류화칭 계열과 장쩌민 간에 군 주도권을 둘러싸고 새로운 갈등이 시작되었음을 알리는 자리였다. 장쩌민은 군사위와 인민해방군 3총부 그리고 7대군구 주요 지휘관에 대한 대폭적인 세대교체를 통해 군의 주도권을 장악하려 했으며 류화칭 계열이 이에 조직적으로 저항하는 대결 구도가 정립된 것이다.

이들은 모두 군부 내 최대 세력으로 성장한 산둥방을 자기 쪽으로 끌어들이려 했다. 산둥방과의 연결 고리로 류화칭은 츠하오톈과 왕루이린을 활용하려 했고 장쩌민은 장완녠에 접근했다. 장쩌민은 거기에다 자신과 동향인 장쑤 성 출신인 왕커를 보강, 세 불리를 만회하려 시도했다.

장쩌민의 군 지도부 인사안 번번히 좌절

장쩌민과 류화칭 간의 불화는 14기 5중전회에 앞서 나온 홍콩 등의 언론 보도를 통해서도 확인할 수 있다. 장쩌민의 복안은 군사위에서 고령의 류화칭과 장전을 퇴진시키고 장완녠과 츠하오톈을 승진시키는 한편 위융보를 국방부장, 총참모장에는 왕커를 기용하는 것이었다. 그러나 류화칭과 장전의 퇴진이 실현되지 않아 9명의 군사위원 중 주석과 부주석이 5명이 되는 가분수의 기형적 구조가 되어버렸다. 후속 3총부 인사에서도 국방부장의 퇴진이 합의되지 않음에 따라 총후근부장이던 푸취안유가 총참모장으로, 왕커가 총후근부장에 앉는 것으로 귀결되었다. 류화칭의 반발이 거셌던 때문으로 짐작된다. 당시의 언론 보도에 따르면, 류화칭은 군에 대한 기여가 전무한 장쩌민이 군권을 장악하는 것을 용납할 수 없다고 말한 것으로 알려지고 있다.

덩샤오핑 사망 후인 1997년 15대를 앞두고도 위융보 - 국방부장, 왕커 - 총참모장이라는 전망 기사가 홍콩 언론에 자주 비쳤다. 하지만 15

대의 군사위 인사는 류화칭과 장전이 퇴진하는 선에서 막을 내렸다. 츠하오톈은 국방부장에 유임되었고 다른 군사위원도 현직을 그대로 유지했다. 또다시 장쩌민은 류화칭의 반발을 제압하는 데 실패했던 것이다.

15대 이후 두 차례의 군사위 개편인사가 단행되었다. 1998년 초 인민해방군 3총부를 총장비부가 추가된 4총부로 개편하면서 총장비부장이 된 차오강촨(曹剛川)이 군사위에 새로 진입했다. 허난 성 출신으로 소련 유학 후 군사무기와 장비 분야에서 주로 일해온 차오는 특정 지역이나 인맥에 연관되지 않고 정치색이 없는 인물로 평가되고 있다.

하지만 그는 1993년 국방과학위 부주임으로 있을 당시, 걸프전에 충격을 받아 군 현대화 계획을 주도하던 류화칭 군사위 부주석의 지휘 아래 해방군의 장비 현대화와 첨단무기 개발에 깊숙이 관여한 이력을 갖고 있다. 류화칭은 물러났지만 군 인사에 여전히 발언권을 행사하고 있음을 보여주는 사례로 그의 기용을 지적하는 견해가 적지 않다.

1999년 15기 4중전회에서의 군사위 인사는 장쩌민의 입김이 강하게 배인 인사였다. 후진타오 국가 부주석이 군사위 제1부주석으로, 란저우(蘭州)군구 사령원 궈보슝(郭伯雄)과 지난(濟南)군구 정치위원 쉬차이허우(徐纔厚)가 군사위원에 보선되었다. 이로써 군사위원 총수는 11명으로 늘어났다.

장쩌민은 군 지도부 인사가 류화칭계의 반발로 뜻대로 이루어지지 않자 자신에 충성하는 신진 세력을 군사위에 집어넣어 군사위 내 기존 위원들의 발언권을 상대적으로 약화하려 한 것으로 볼 수 있다.

이 인사에서 장쩌민과 마찬가지로 군 경력이 전무한 후진타오가 상무석 부주석으로 선출되어 그의 외로움을 덜어주었다. 처음으로 1940년대 생인 군간부(쉬차이허우)가 군사위에 진입한 것이 특기할 만하다. 쉬차이허우는 1943년생으로 후진타오보다 한 살이 적다.

아무튼 이 같은 사태전개는 덩샤오핑이 자신이 설계한 후계구도가 순조롭게 정착할 수 있도록 만들어놓은 장쩌민 - 류화칭 연대가 덩샤오핑의 사망을 전후하여 갈등을 빚기 시작했으며 시간이 지날수록 그 골이 깊어지고 있다는 것으로 요약된다. 그리고 류화칭의 군부 내 발언권은 여전히 막강하여 장쩌민의 의도대로 인사가 이루어지지 않고 있다고 평가할 수 있다.

이러한 경과를 살펴볼 때, 샤먼 밀수 사건은 단순한 부패사건이 아니라 총구를 당의 통제하에 두려는 장쩌민의 계획에서 불거진 정치사건이라는 결론이 가능한 것이다.

그렇다면 장쩌민은 소기의 성과를 거두었는가. 결과를 놓고 볼 때는 득보다는 실이 많았다는 평가를 내릴 수 있다. 군부 인사인 지성더에게 사형판결을 내리지 못하고 또 이로 인해 리펑의 측근 인사인 리지저우에게도 극형을 내릴 수 없었다. 그리고 류화칭의 딸은 관련되었다는 변죽만 요란하게 울렸을 뿐 구체적 조치를 취하지도 못했다.

더욱 곤혹스러운 것은 자신의 오른팔인 자칭린 베이징 서기의 정치적 진로를 불투명하게 한 것이다.[3] 자칭린의 정치적 비중을 감안하면 장쩌민이 받는 타격은 류화칭에 못지않다. 푸젠 성 서기로 자신의 사람이 아닌 후진타오 계열로 정치장교를 지내다 공청단에 들어와 인민해방군의 지지를 받는 쑹더푸(宋德福)를 임명한 것도 장에게는 큰 손실이 아닐 수 없다. 인민해방군 주류, 즉 류화칭 세력의 건재를 확인시키고 후진타오에게 어부지리만 안긴 꼴이 됐기 때문이다.

샤먼 시 밀수 사건을 통해 총구를 당의 통제하에 확고히 두려고 했던 장쩌민의 복안은 그래서 일단 실패했다고 보아야 할 것이다. 그러나 이는 서전에 불과할 뿐이다. 군경력이 없는 장쩌민이 군을 확고히 장악하지 않는다면 16대 이후 태상황이 되고자 하는 꿈은 수포로 돌아갈 수밖에 없는 탓이다. 따라서 앞으로도 군권 투쟁은 어떤 형태로는 폭발할 가능성이 상존하고 있다.

---

3) 자칭린은 2002년 6월 베이징 서기에 재선출되었으나 샤먼 시 밀수 사전으로 상당한 정치적 타격을 받았음은 부정할 수 없다.

4

세대교체

개혁개방 이후 중국 정치가 예측 가능성이 높아지는 쪽으로 변한 것은 중국이 선거라는 절차가 아닌 그들만의 독특한 방식으로 세대교체를 이루는 메커니즘을 나름대로 정착시켰기 때문이다. 여타의 공산 국가가 몰락하는 와중에 오히려 중국은 적어도 현재까지는 경제적으로 성장하는 패러독스를 연출하고 있다. 이렇게 된 요인 중의 하나가 바로 이 세대교체를 중국식으로 제도화한 때문이다.

중국의 권력 승계

*16*대의 차기 지도부 구성과 관련한 기사를 접하면서 느끼는 것은 두 가지이다. 그 하나는 중국에서 권력 승계가 민주사회와는 그 성격이 다르지만 어느 정도 제도화 단계로 접어들고 있다는 점이다. 그러나 최고 권력이 직책의 이동과 함께 후계자에게로 확실하게 넘어갈 것인지 여부는 여전히 불분명하다. 2002년 초의 이 시점에서 판단해볼 때 16대에서 제4세대를 중심으로 한 최고 지도부가 구성되더라도 상당 기간 장쩌민은 리펑, 주룽지 등 제3세대 트로이카 체제의 영향력이 미칠 것이라는 점이다. 마치 덩샤오핑 생존 시의 8로(老) 역할을 이들이 행사할 가능성이 높다는 전망이다.

하지만 적어도 최고 직책의 이동이 정변 혹은 깜짝 쇼 형식이 아닌 예측 가능한 정치 행사를 통해, 또 예정된 인물에게 위양될 가능성이 높고 최고 권력 역시 과도기를 거쳐 최고 직책 보유자에게 돌아갈 공산이 크다.

또한 후계자가 누가 되든지 덩샤오핑의 개혁개방 노선이 배격되는 사태는 벌어지지 않을 것이라는 사실이다. 경제개혁은 급진적이되 정치개혁은 점진적이어야 하며 공산당 독재는 견지되어야 한다는 덩샤오핑의 노선도 중국의 변화에 따라 언젠가는 배척되겠지만 그 시기는 한참을 기다려야 할 것 같다. 덩샤오핑이 죽은 지 5년이 지난 2002년 현재까지 중국의 정치적 진로만큼은 그가 생전에 그려놓은 설계 구도에서 이탈하는 법이 없었다. 덩샤오핑 사후에도 그가 지명한 후계자 장쩌민의 정치적 입지는 조금도 흔들리지 않았고, 오히려 날이 갈수록 공고해졌다. 또 덩에 의해 선택된 차기 지도자 후진타오 역시 심각한 도전을 받지 않은 채 정상을 향해 순항한 끝에 이제 연착륙을 준비 중에 있다.

권위주의적 정치체제하에서 권력 승계 문제는 정치적 격변을 불러일으킬 수 있는 뇌관이다. 카리스마적 권위에 의해 인격화한 최고 권력이 이동하기 위해서는 새로운 권위를 구축하기 위한 과정이 필요하기 때문이다. 전임자가 구축한 권위가 공고하면 공고할수록 뇌관이 한번 터지면 그 과정은 한층 격렬하고 극적일 것이다.

따라서 최고 권력을 종신토록 향유한 지도자가 죽음을 앞두고 가장 고심하는 문제는 바로 권력 승계 문제일 수밖에 없다. 자신이 정한 후계자가 자신의 사후에도 최고 권력을 유지할 수 있을까. 또 자신이 정한 노선은 사후에도 계속 지켜질 것인가 하는 문제는 최고 권력자가 신의 부름을 받아들이기를 주저하는 이유가 된다. 공산 중국의 두 지도자, 마오쩌둥과 덩샤오핑은 모두 죽음을 앞두고 똑같은 고민에 빠졌었다.

마오의 실패

류사오치, 린뱌오, 그리고 왕훙원[1] 등의 후계자들을 연거푸 내몰

---

1) 왕훙원의 발탁은 마오쩌둥의 낭만적 이상주의의 산물이었으나 그가 왕에게 실망하기까지는 그리 오랜 시간이 걸리지 않았다. 1971년 린뱌오의 쿠데타 미수 이후 자신과 함께 공산혁명 활동을 한 인물을 후계자로 삼는 데 두려움을 느낀 마오는 왕에게서 대안을 발견했다. 문화대혁명 과정에서 부상한 왕은 농촌 출신에다 군 경력도 갖고 있었고, 또 문화대혁명 당시 노동자였다. 마오가 염두에 둔 기준을 완벽하게 갖추었던 것이다. 하지만 중학교 졸업의 학력을 지닌 왕은

았던 마오가 죽음에 앞서 선택한 후계자는 화궈펑이었다. 화궈펑의 낙점은 마오의 절묘한 선택이었다. 마오가 1966년 문화대혁명을 발동하여 동향의 후계자 류사오치로부터 최고 권력을 빼앗는 과정에서 절대적 공헌을 세운 이들은 장칭(江靑), 왕훙원, 장춘차오(張春橋), 그리고 야오원위안 등 4인방과 린뱌오를 대표로 하는 일부 군세력이었다. 하지만 마오에게 이들은 모두 날랜 토끼를 잡기 위한 주구였을 뿐이었다. 마오의 판단에 이들은 자신의 노선을 이어받기에는 그릇이 미치지 못했을 뿐만 아니라 문화대혁명 과정에서 너무나 많은 적을 만들어놓았다. 자신이라는 울타리가 사라진 다음에 권력을 유지할 수 있겠느냐를 의심하지 않을 수 없는 존재였던 것이다.

화궈펑은 문화대혁명 과정에서 두각을 나타냈다. 때문에 마오는 사후에도 화궈펑이 자신의 노선을 충실히 이어나갈 것이라는 신뢰를 가질 수 있었다. 마오의 이런 신뢰가 정확한 것이었음은 역사가 증명하고 있다. 마오가 확실하게 화궈펑을 후계자라고 언명한 바는 없다. 하지만 1976년 1월 저우언라이 총리가 사망한 이래 관련 당사자는 물론 관측통들의 의표를 찌른 일련의 깜짝 인사는 화궈펑을 후계자로 삼고자 하는 마오의 의지를 드러냈다. 저우언라이가 병사했을 때, 수석 부총리는 덩샤오핑이었다. 따라서 덩샤오핑이 대리 총리, 즉 총리서리를 맡는 것이 순리였다. 하지만 마오의 선택은 화궈펑이었다. 이는 덩샤오핑의 등용이 문화대혁명 과정에서 파탄이 난 경제를 되살리고 린뱌오의 쿠데타 시도 이후 경계를 늦추지 않을 수 없는 군부를 제대로 통제하기 위해서였지 그를 자신의 후계자로는 전혀 염두에 두고 있지 않다는 것을 보여준다.

무능했으며 문화대혁명 과정에서도 주도적 역할을 하지 못했고 그 흐름에 편승했을 뿐이었다. 하류층의 정치깡패 수준에 지나지 않았던 것이다. 마오는 1973년 그를 당 부주석에 임명한 뒤 중난하이의 자신의 거처인 국향서옥(菊香書屋)에 머무르게 하면서 직접 후계자 교육을 시키기까지 했으나 결국 1년 만에 쫓아냈다.

또한 같은 해 4월 초 저우언라이 추모 화환 철거에서 비롯된 천안문 시위 사태 이후 화궈펑에게 당 부주석을 맡김으로써 마오의 뜻은 한층 뚜렷해졌다. 이는 4인방 세력 역시 그의 후계가 될 수 없다는 의사의 표현이기도 했다. 덩샤오핑을 축출하는 데 성공할 정도로 막강한 파워를 과시한 4인방 세력으로선 길을 닦아놓으니 엉뚱한 사람이 지나가는 격이었다.

마오가 화궈펑에게 써주었다는 "자네가 일을 맡으면 나는 안심하겠네"라는 메모는 그에 대한 마오의 신뢰를 압축하고 있다. 화궈펑에 대한 신뢰는 갖고 있었지만 그가 자신의 사후에도 권력을 유지할 수 있을 것인가에 대한 두려움은 여전히 남았다. 물론 마오는 화궈펑을 위한 안전장치를 마련했다.

마오의 사후 4인방 축출이 성공할 수 있었던 데는 베이징 일대의 무력을 통제하고 있던 왕둥싱(汪東興)이 화궈펑에게 가담한 것이 결정적 역할을 했다. 왕둥싱은 마오의 경호를 오랫동안 담당해온 측근으로, 그의 심중을 가장 잘 알 수 있는 위치에 있던 인물이었다. 그런 왕이 마오의 처가 포함되어 있고 또 문화대혁명을 사실상 주도하며 당 안팎에 막강한 세력을 구축한 4인방 세력에 등을 돌리고 중앙 무대에서 세력 기반이 없던 화궈펑 쪽으로 돌아선 것은 왕의 독자적 판단이라기보다는 마오의 생전 지시를 수행한 것이라는 추측을 가능하게 한다.

이처럼 마오의 정교한 사전 설계가 있었기에 능력과 경력 또 중앙 무대에 세력 기반을 갖추고 있지 못하던 화궈펑이 그의 사후 빠른 시간 내에 권력을 공고히 할 수가 있었다. 하지만 화궈펑은 1978년 12월 11기 3중전회에서 덩샤오핑에게 권력을 잃고 만다(비록 1981년까지 화궈펑은 당 주석에 머물렀으나 허울뿐이었다). 화궈펑의 실각과 관련해서는 여러 요인을 들 수 있으나 어쨌든 마오가 설계한 후계 구도는 2년 남짓한 수명을 누렸을 뿐이었다.

덩샤오핑의 성공과 그 이유

덩샤오핑이 사망한 지 5년이 넘었지만 그가 선택한 후계자 장쩌민은 덩이 누렸던 태상황의 지위를 꿈꿀 정도로 그 정치적 위상이 공고해졌다. 장쩌민 체제는 2002년 후반기 16대 이후에도 '장쩌민 없는 장쩌민 체제'로 상당 기간 존속할 공산이 크다. 사후 후계 구도 설계라는 측면에서 볼 때 덩은 마오보다 한 수 위였다는 평가가 나올 수 있다.

덩샤오핑이 생전에 직면한 상황도 마오와 유사했다. 마오가 저우언라이를 추종하는 실용주의 세력과 문화대혁명 세력 사이에서 고심했다면 덩은 보수파와 개혁 세력 사이에 놓여 있었다. 마오가 선택한 화궈펑이 첨예하게 대립한 양 세력과 일정한 거리를 둔 것처럼 장쩌민 역시 그랬다. 마오가 화를 왕둥싱에 연결시킨 것과 같은 조치를 덩샤오핑도 취했다. 군부 내에 전혀 기반을 갖추지 않은 장쩌민에게 총서기 취임 후 5개월 뒤 군사위 주석직을 넘겨주고, 게다가 군부에 강력한 기반을 갖고 있는 양상쿤을 군사위 제1부주석에 앉혀 장쩌민을 보좌하도록 했다. 양상쿤 형제가 최고 권력에 대한 야심을 드러내자 지체 없이 그들을 숙청했다. '장쩌민이 왕둥싱'으로 선택한 인물은 류화칭이었다. 마오의 주변에서만 맴돌아 왕둥싱이 군부 장악력에 한계가 있었던 것처럼 해군 분야에서 오랫동안 일해온 류화칭은 제2의 양상쿤 형제가 될 수 없었다.

덩샤오핑이 장쩌민을 위해 취한 일련의 조치는 철저하다 싶을 정도로 마오를 본뜬 것이었다. 그 결과도 비슷했다. 화궈펑이 실각할 때까지 마오의 노선을 추종했던 것처럼 장쩌민 역시 덩의 노선에서 이탈하지 않고 있다. 무엇보다도 개혁개방의 심각한 역류가 없었다. 한 가지 중요한 차이점은 화궈펑이 마오쩌둥과 반대 입장을 취했던 세력에 의해 권력을 빼앗긴 반면 장쩌민은 그렇지 않았다는 점이다. 이런 차이는 어디에서 연유하는 것일까.

덩샤오핑이 성공한 이유 중 하나는 자신의 노선에 반대하는 세력을 처리하는 방법에 있었다. 마오쩌둥이 1976년 4월 천안문 광장에서 표출된 민심에 등을 돌렸던 것처럼 덩샤오핑 역시 1989년 천안문 광장 시위대의 목소리에 전혀 귀를 기울이지 않았다. 하지만 덩은 마오와는 달리 학생 시위대에 동조했던 개혁 세력들을 사태가 어느 정도 수습된 이후에는 후계체제 내로 끌어들이는 시도를 부단히 계속함으로써 자신의 사후 이들이 단결할 수 있는 길을 사전에 차단했다.

우선 그는 천안문 사태 후 개혁파를 대거 숙청한 가운데서도 톈지원과 원자바오 등을 남겨놓았다. 또한 베이징에서 멀리 나가 있는 바람에 천안문의 불똥을 피한 후진타오를 중앙으로 불러들여 중용했다. 더 나아가 후치리, 옌밍푸(閻明復) 등 천안문 사태 직후 숙청당한 인물들마저 복권시켜 과거보다는 훨씬 격이 낮은 자리이지만 직책을 주기까지 했다. 덩의 사후 개혁 세력이 자오쯔양을 중심으로 집결할 수 없었던 데는 이 같은 사전 분열 조치가 크게 작용했다.

물론 덩은 마오보다 유리한 점을 갖고 있었다. 마오가 화궈펑을 선택한 이후 8개월밖에 못 산 반면 덩은 장쩌민을 후계자로 선택한 이후 8년을 더 살았다. 후계체제를 다질 시간적 여유가 더 많았다는 이야기이다. 더욱이 덩에게는 마오라는 선배의 실패가 반면교사 역할을 하였다는 점도 무시할 수 없다.

이러한 점을 감안한다 하더라도 덩샤오핑이 후계체제를 위해 취한 여러 조치가 마오의 것을 본떴다는 점은 부인할 수 없다. 그러나 상반된 결과는 '푸른색은 쪽에서 나왔지만 쪽빛보다 더 푸르다(靑齣於藍靑於藍)'라는 옛말을 떠올리지 않을 수 없게 한다.

장쩌민의 후계구도 구상에서 문득문득 엿보이는 것은 덩샤오핑의 수법이다. 2000년 그가 제기한 3개 대표론은 말하자면 장쩌민의 남순강화이다. 또한 제5세대 후계자를 지명하려 한다는 이야기도 들리고 있다. 만일 장쩌민이 청출어람의 평가를 들으려면 그 결과가 덩샤오핑

때보다 진일보한 것이라야 할 것이다. 그것은 노선의 발전적 지속이라는 전제하에 권력 승계의 제도화를 보다 공고히 하고 최고 권력을 생전에 확실하게 후계자에게 물려주는 것이 되어야 하지 않을까. 과연 장쩌민은 그런 일을 할 수 있을 것인가.

환혈

5 년 간격으로 열리는 중국 공산당 대
회의 키워드 중의 하나는 환혈(換血),
즉 인적쇄신이다. 관심의 초점은 당연히 최고 지도부에 맞춰지나 환혈
의 범위는 이곳에 국한되지 않는다. 당 대회에 앞서 매번 당·정·군 중
견 간부들이 대거 교체되었으며 이번 당 대회도 예외는 아니다. 중견
간부들에 대한 교체 작업은 쩡칭훙 당 조직부장과 후진타오 인사 담당
정치국 상무위원의 주도로 진행되고 있는데, 이는 16대에서 이루어질
최고지도부 교체의 사전 정비 작업의 성격을 띠고 있다. 권력 피라미드
의 맨 꼭대기를 바꾸기에 앞서 그 밑 부분을 교체하고 있는 셈이다.

15기 5중전회 전후로 본격화

16대를 앞두고 이루어지고 있는 이 인적쇄신의 특징을 알기 위해
환혈이 집중적으로 이루어진 특정 기간의 인사이동 내용을 구체적으로
살펴보자. 다음은 2000년 8월 베이다이허 회의 직후부터 2001년 1월까
지 사이의 당·정·군의 중견·고위 지도부의 주요 인사이동 내용이다(나
이는 인사 당시). 이 기간 중에 열린 15기 중앙위 5차 전체회의(5중전회:
2000년 10월 9일~11일)에서 지도부의 연경화(年輕化: 세대교체) 원칙이

재천명되었다.

당 중앙

2000년 9월　　우쌍잔(吳雙戰) 무경부대(武警部隊: 약칭 武警) 사령원이 당 중앙 종합치리(治理)위원회 위원에 임명 되었다. 장쩌민 주석의 물리적 세력기반으로 알려져 있는 무경의 최고 책임자가 최고 치안기구에 진입한 것은 무경의 위상 격상과 장쩌민의 물리적 기반 강화를 의미하는 것으로 받아들여졌다.

2000년 9월 22일　왕자루이(王家瑞) 칭다오 시장이 당 대외연락부 부부장으로 전보.

2000년 10월 11일　웨하이옌(岳海岩·62), 황즈취안(黃智權·58), 왕정푸(王正福·53) 등 3명의 중앙위 후보위원이 중앙위원으로 승진.

성(省)급 단위

2000년 10월 16일　천쿠이위안(陳奎元·59) 시짱(西藏: 티베트) 자치구 당 서기를 허난 성 당 서기로 전보. 천의 후임으로는 동 자치구 부서기인 궈진룽(郭金龍·53)이 임명됨.

2000년 12월 1일　푸젠 성위 서기 천밍이(陳明義·60)를 해임하고 후임에 쑹더푸(宋德福·54) 국무원 인사부장을 임명.

2000년 12월 24일　장쑤 성 부서기 량바오화(梁保華·56)와 쉬저우(徐州) 부서기 위광저우(于廣洲·47)가 장쑤 성 부성장으로 선출됨.

2001년 1월 3일　쑨잉(孫英·64) 간쑤 성 서기가 해임되고 후임에 쑹자오쑤(宋照肅·59) 전 허난 성 부서기가 임명됨.

2001년 1월 4일　구이저우 성 서기 류팡런(劉方仁·64)이 면직되고 후임에 첸윈루(錢運錄·56) 성장이, 부서기에는 스슈시(石秀詩)가 임명됨.

2001년 1월 10일　랴오닝 성장에 보시라이(薄熙來·51) 다롄(大連) 시 서기를 임명.

* 베이다이허 회의 이전에 이미 허베이(河北), 쓰촨, 네이멍구(內蒙古) 자치구 등 7~8개의 성 수뇌부가 경질 또는 조정됨.

시급 단위

2000년 8월 21일 랴오닝 성 다롄 시 시장 교체. 8년간 시장으로 재임한 보시라이가 사임하고 후임에 리융진(李永金) 부시장이 선출됨. 이 인사는 1999년 랴오닝 성 상무위원 겸 다롄 시 서기에 선출된 보시라이를 랴오닝 성장으로 승진시키기 위한 사전 조치임.

2000년 10월 19일 산둥 성 칭다오 시 왕자루이(王家瑞) 시장 사임. 두쓰청(杜世成·50) 산둥 성 부성장이 부시장으로 선출되고 칭다오 시 대리시장을 겸임하게 됨. 이 인사는 왕자루이가 당 중앙 대외연락부 부부장으로 전임된 데 따른 후속 조치.

2000년 10월 광둥 성 주하이(珠海) 시 황룽윈(黃龍雲) 시장 사퇴. 팡쉬안(方旋·53)을 대리시장에 임명. 앞서 광둥 성 당위는 팡쉬안을 주하이 시당 부서기로 임명. 황룽윈은 당서기직은 유지.

2000년 10월 광둥 성 차우저우(潮州) 시 서기 황푸융(黃福永)을 면직, 후임으로 천빙(陳冰·53)을 임명.

2000년 12월 랴오닝성 선양(瀋陽) 시 무쑤이신(慕綏新) 시장이 사임하고 천정가오(陳政高·48) 랴오닝 성 부성장이 후임에 임명됨. 이 인사는 7월 초 선양시 마샹둥(馬向東) 부시장 등 선양 시 고위간부들이 마카오에서 도박을 하며 공금 4,000만 위안을 유용한 데 대한 관리책임을 물은 것임.

국무원

2000년 10월 11일 지바오청(紀寶成·56) 베이징 대학 겸임교수 중국 인민대학 교장(총장)으로 임명됨. 지 교장은 장쑤 성 양저우 출신으로 장쩌민 주석과 동향.

2000년 11월 초 부부장(차관)급 인사 단행, 24개 부서의 27명이 새로 임명됨.

2000년 12월 27일 부부장급 인사 단행, 7개 부서 8명이 새로 임명됨. 이 인사에서 주목되는 것은 리자오싱(李肇星·61세) 주미대사가 부부장으로 임명된 것임. 후임 주미 대사로는 양제치(楊潔篪·50)가 내정됨. 주미대사 부임 전에 이미 부부장을 지낸 리자오싱은 부장(장관)급인 외교부 중 공당조(中共黨組) 서기도 겸직.

2000년 12월 28일 전인대 상무위 신임 사법부장, 인사 부장으로 장푸썬(張福森·60) 베이징 당위 부서기, 장쉐중(張學忠·53) 인사부 상무부부장을 임명.

군

2000년 8월 31일 왕위청(王玉成) 전 해군 부참모장이 해군참모장으로 임명되었음이 확인됨. 푸취안위(傅全有) 인민해방군 총참모장을 수행, 해군 참모장의 신분으로 한국의 조영길(趙永吉) 합참의장을 만난 사실이 언론에 공개되면서 이 사실이 확인됨.

2000년 12월 란저우(蘭州)군구 정치위원에 류둥둥(劉冬冬) 전 정치부 주임, 부사령원에 쩌우경런(鄒庚壬) 전 47집단군 군장이 임명됨. 이에 앞서 마샤오톈(馬曉天)이 군구 사령원에 탄둥성(譚冬生)은 군구 부사령원 겸 군구 공군사령원에 임명됨. 란저우 군구는 총참모장 승진이 유력시되는 궈보슝(郭伯雄·62) 인민해방군 상무 부참모장이 1999년 5월 15기 4중전회에서 당 중앙군사위 위원에 선출되기 전에 사령원을 지낸 군구임. 부사령원으로 승진한 쩌우경런이 군장으로 있던 47집단군은 군 내 장쩌민 인맥으로 분류되는 총후근부장 왕커(王克·69)와 궈보슝이 각각 1980년대와 1990년대에 군장을 지낸 부대임.

환혈의 제1원칙은 연경화

이 일련의 인사를 볼 때 하나의 중요한 특징을 발견할 수 있다. 퇴임한 간부들의 연령이 60대라는 점이고 후임은 50대와 40대로 구성되어 있다는 점이다. 60대 대신 50대로 그 자리를 메운 중견·고위 간부의 인사원칙을 발견할 수 있다.

덩샤오핑 집권 이후 천명된 지도자 육성의 4개 원칙은 연경화, 지식화, 전문화, 혁명화인데 이 중 가장 중요시되어온 것은 바로 지도자의 나이를 낮춘다는 의미의 연경화이다. 1982년 9월 12대에서 연경화라는 말이 처음 등장한 이래 지도부를 젊게 하기 위한 노력이 간단없이 계속되었다. 하지만 연경화가 제도적으로 정착되기 시작한 때는 연경화를 끊임없이 주장·실천하면서도 그 자신의 존재로 인해 연경화의 제도적 정착을 부지불식간에 저해해온 덩샤오핑이 사망한 뒤 열린 1997년 15대부터이다.

1997년 15대에서 연경화를 제도적으로 보장하기 위해 정년제가 공식화됐다. 그때 정해진 정년 원칙은 부부장(차관)·부성장은 60세, 부장(장관)·성장은 65세, 부총리급은 70세, 부총리급 이상 고관은 75세였다. 물론 15대 이전에도 정년제가 없었던 것은 아니나 15대를 계기로 엄격하게 적용되기 시작한 것이다. 그리고 최고위직에 진출하는 자격요건이 되는 당 중앙위 정위원의 연령 제한을 70세로 정하였다. 장쩌민의 최대 정적인 차오스가 실각한 것도 바로 이 중앙위원 상한 연령 원칙이 적용된 때문이다. 화궈펑과 장쩌민도 당시 각각 77세와 71세로 중앙위원에 선출될 수 있는 연령을 넘겼으나 이들은 예외가 되었다. 마오쩌둥과 덩샤오핑이 지명한 후계자라는 이유에서였다.

50대 부장 대거 기용

1998년 9대(9기 전인대) 1차 회의에서는 강화된 인사원칙에 따라 국무원의 대대적인 세대교체가 단행되었다. 그 결과 50대가 대거 부장(장관)으로 발탁되었다. 29명의 각료 중 50대가 23명을 차지했고 60대는 불과 6명뿐이었다. 최연소는 현 푸젠 성 서기인 쑹더푸 인사부장(연임)으로 52세였고, 최고령은 츠하오톈 국방부장(연임)으로 68세였다. 1998년 시점에서 15대에 확립된 고위 간부 정년제 원칙에 위배된 사람은 29명의 부장 중 단 한 명도 없을 정도로(츠하오톈은 국무위원 겸임) 이 원칙은 엄격하게 지켜졌다. 과거에도 40대 부장과 같은 파격적인 발탁이 없지 않았다. 1998년 최연소 부장인 쑹더푸는 1993년 47세의 나이로 처음 국무원에 들어왔다. 하지만 제도적으로 각료의 대대적인 물갈이가 이루어진 것은 1998년 9기 전인대가 처음이었다. 이전 같으면 50대들은 부부장, 부장조리(차관보)에 만족해야 했다. 50대 부장은 언감생심이었다.

1999년 당 중앙은 이 같은 물갈이를 제도화하기 위한 추가적인 조치로 국무원 고급 간부 기용 상한 연령 기준을 정한 것이다. 이에 따르면 부장은 60세, 부부장은 55세, 사장(司長: 국장)은 50세 이하, 처장(과장)은 45세 이하의 인물에서 기용되어야 한다는 것이다. 이는 1995년 초 당 중앙이 중앙정부와 지방정부에 보내는 내부 지시를 통해 성장, 부장, 시장, 또는 각급 당위의 서기로 진출할 수 있는 간부 후보자의 약 3분의 1은 40대 이하에서 과감히 키우라는 방침을 뒷받침한 것이다. 앞서 구체적으로 살핀 인사를 포함, 15대 이후 행해진 일련의 인사는 이처럼 단계적으로 마련된 물갈이 원칙을 구체적으로 적용한 것이다.

인사 내용이 언론에 보도되지 않는 중·하위 간부들에 대한 교체 작업도 대대적으로 전개되었다. 당 중앙 조직부는 앞서 장차 성과 부의 고위간부로 성장할 가능성이 있는 인재를 중·하위 간부직에 발탁하는 원칙과 기용 방법, 교육 방법 등을 담은 문건을 당 지도부에 제출했다.

외국 연수 실시 등 교육 방안도 마련

이 문건은 발탁하는 인사의 연령은 35세 전후이어야 하며 이들에게 중요 부서의 부책임자 직책을 맡길 것과 기층(基層)부분에서 일할 사람들을 중점적으로 선발할 것 등을 건의했다. 또한 장래에는 성과 부의 주요 간부와 국유기업의 고위 간부들 중에서 젊은 간부들을 계획적으로 선발, 국외 연수를 실시하도록 제안했다. 이는 지도자 육성의 4개 원칙 중 연경화에 비해 소홀하게 취급되었던 전문화의 원칙이 앞으로 보다 중시될 것임을 시사한다. 당 조직부는 인사와 함께 기구·체제 개혁을 함께 주문했으며 일부 부서의 간부들을 공개모집할 것을 지시했다. 이에 따라 쓰촨, 허난, 장쑤, 헤이룽 성 등 10개 성·시에서는 부청장, 부국장급 간부들을 공개모집하기도 했다.

현재 16대를 앞두고 진행된 인사는 중국 지도부의 인명록을 크게 바꿔야 할 정도로 광범위하다. 대규모 물갈이 작업은 2002년 16대와 2003년의 10기 전인대에서 중용될 것으로 예상되는 예비 스타들을 양산해내고 있다.

환혈 과정에서 주목받은 스타들

그중 주목받는 이들 몇몇을 살펴보자. 우선 리커창 허난 성장이다. 1955년생인 리커창은 불과 42살 때인 1997년 허난 성장으로 발탁되었다. 안후이 성 출신으로 후진타오와 동향인 그는 여러모로 후진타오와 비교된다. 후진타오가 구이저우 성 서기로 임명됐을 때의 나이보다 한 살 적은 42세에 성장에 발탁된 것도 그렇고 공청단 제1서기를 역임한 경력도 같다. 리커창은 2000년 12월 뤄양(洛陽) 시에서 발생한 대규모

인명 피해를 낸 화재 사건—무려 309명이 죽었다—으로 성장에서 면직될 것이라는 보도가 나올 정도로 한때 궁지에 몰렸으나 무사했다. 원칙대로라면 사고 책임을 물어 자동 해임되어야 했지만 예외가 적용된 것이다. 16대에서 서기처 서기 혹은 정치국 진입까지 점쳐지는 차세대 유망주자를 대형사고의 희생양으로 만들 수 없다는 판단이 내려졌던 듯싶다.

리커창 식의 파격 발탁이 최고 지도부에 국한된 것이 아니라 중·하위 급에서도 빈번하게 벌어지고 있는 것이 과거와 다른 점이다. 후진타오와 쩡칭훙은 원칙에 구애받지 말라는 의미의 '불구니론(不拘泥論)'을 앞세우며 각 부문에서의 파격적 발탁이 예정되어 있는 것으로 알려지고 있다. 정년제와 연령 제한제 등 원칙을 뛰어 넘는 파격적 발탁이 모든 직급에서 광범위하게 운영함으로써 젊은 조직으로 변화시켜나가고 있는 것이다.

45세~50세 사이의 인사로 16대 이후 주목해야 할 인사로 거론되는 인물들은 다음과 같다. 이들은 현재 맡고 있는 직책에 전임자들보다 훨씬 젊은 나이에 기용됨으로써 앞으로의 활약이 기대되고 있다.

- 국무원 경제체제개혁 판공실 부주임: 판위에(潘岳)
- 칭하이(靑海) 성 성장: 자오르어지(趙樂際)
- 시장 자치구 라사 시장: 루어상장춘(洛桑江邨, 티베트족)
- 광시(廣西) 자치구 난닝(南寧) 시 서기: 리커(李克, 장족)
- 구이저우 성 부성장: 궈수칭(郭樹淸)
- 중앙 판공청 부주임: 링후지화(令計劃)
- 국무원 국가발전계획위원회 부주임: 왕양(汪洋)

16대 최고 지도부 교체 폭은 13대와 비견

앞서 살핀 정년제와 연령상한제의 원칙이 지켜지게 되면 16대에서는 최고 지도부의 대대적 교체가 불가피하다. 2002년에 76세가 되는 장쩌민(중앙위원에 잔류하는 것은 별도) 국가 주석, 74세가 되는 리펑 전인대 상무위원장과 주룽지 국무원총리 등 현 지도부의 트로이카를 포함하여 7인 정치국 상무위원 중 5명이 퇴진해야 한다. 15명의 정치국 정위원 중 절반에 가까운 7명 역시 현역에서 물러나야 한다. 현 지도부의 대거 퇴진은 정치국 상무위원회와 정치국뿐만 아니라 서기처, 국무원, 군사위 등 중국 권력구조 내의 핵심 부처에 '새로운 피(新鮮血液)'가 대량 유입될 수 있는 계기가 마련된다는 의미다.

그렇다면 16대는 1987년 13대 이후 최대의 지도부 세대교체가 이루어질 것으로 예상된다. 13대 당시 정치국원(후보위원 포함)의 평균 연령은 63.8세로 1982년 12대의 71.3세, 1985년 9월 당대표회의서 일부 개편됐을 당시 68.7세에서 각각 7.5세, 4.9세나 낮추었다. 그러나 13대가 권력 피라미드의 저변에 이르기까지 연경화의 원칙이 적용되지 못했던 데 비해, 16대는 권력 피라미드의 꼭대기부터 말단까지 세대교체를 성취할 것이라는 점에서 보다 큰 의의를 갖게 될 것이다. 또한 이전의 세대교체가 주로 덩샤오핑의 권위에 의존하여 이루어진 것임에 비해 16대의 세대교체는 좀더 체계화된 원칙에 따라 이루어질 것이라는 특징을 가진다. 이는 중국이 인치에서 법치로 이행하고 있는 또 하나의 증거일 것이다.

환혈의 역사

1949년 중국 공산당이 대륙을 석권하였을 당시 마오쩌둥은 55세, 주더(朱德)는 62세, 류사오치, 저우언라이, 펑더화이(彭德懷)는 52세, 덩샤오핑은 45세, 그리고 천윈은 44세, 리셴녠(李先念)은 40세, 보이보는 41세였다. 이들은 바로 당, 정, 군의 최고 직위를 차지하고 있었다. 마오쩌둥은 당 주석과 국가 주석·정협 주석·군사위 주석, 주더는 인민해방군 총사령관·군사위 부주석, 류사오치는 정치국원·군사위 부주석, 저우언라이는 총리 겸 외교부장·군사위 부주석, 펑더화이는 군사위 부주석, 덩샤오핑은 당 중앙 서남국(西南局) 제1서기, 천윈은 정무원(국무원 전신) 부총리, 리셴녠은 후베이(湖北) 성위 서기, 보이보는 정무원 재정부장이었다. 이들이 구성한 중국 지도부는 확실히 젊은 지도부였다.

하지만 1965년 문화대혁명이 발동할 때까지 중국의 지도부는 물갈이가 전혀 이루어지지 않는 동맥경화 상태에 빠졌다. 마오쩌둥이 국가 주석직을 류사오치에게 넘겨주는 등 약간의 자리바꿈이 있기는 했지만 전체적으로 보아 중국의 지도부는 1949년 당시의 인적 구성에서 크게 변하지 않았다. 문화대혁명은 이러한 지도부의 동맥경화 현상을 타파하기 위한 대중운동의 측면을 갖고 있다.

문화대혁명을 통해 지도부 핵심에 진출한 면면을 보면 이는 한층 뚜렷해진다. 4인방의 좌장 격인 장춘차오(張春橋)는 1917년생으로 문화대혁명 발동 당시인 1965년 48세였다. 그는 1969년 9대에서 52세의 나이로 정치국원이 됐다. 4인방의 돌격대장 야오원위안(姚文元)은 1931년생으로 장춘차오와 함께 정치국에 진입했을 때, 불과 38세였다. 4인방의 황태자격인 왕훙원은 더 파격적이었다. 1972년 10차 당대회에서 그는 서른여덟 살의 나이에 마오쩌둥, 저우언라이에 이은 서열 3위인 당 부주석에 발탁됐던 것이다.

말년의 마오쩌둥은 4인방에 실망했지만 물갈이 시도를 그만두지 않았다. 1976년 1월 저우언라이 총리가 사망하자 후임으로 화궈펑을 임명한 것에서 물갈이에 대한 그의 의지를 읽을 수 있다. 당시 화의 나이는 56세로 비교적 젊은 나이였다. 그러나 마오의 이러한 물갈이는 그의 죽음으로 철저하게 뒤집어졌다.

마오가 죽은 지 불과 1개월 뒤인 1976년 10월 베이징정변(北京政變)으로 4인방은 축출되고 마오의 노선을 견지하려던 화궈펑마저도 1981년 6월 당 주석직을 사임함으로써 권력의 중심부에서 완전히 배제되었다. 중국 지도부는 다시 1949년 당시의 인맥에 의해 지배되기에 이르렀다.

그러나 최고집권자가 된 덩샤오핑 역시 지도부의 세대교체 문제에 직면하게 되었다. 덩샤오핑 물갈이 방식은 젊은 세대의 파격적 발탁이라는 점에서는 마오와 같았으나 선발한 젊은 인물들에 힘들고 어려운 일을 맡겨 장기간에 걸쳐 철저하게 검증한다는 점에서는 달랐다.[1] 또한 지식화와 전문화를 중시했다. 혁명화를 모든 것에 앞세운 마오와는 이 점에서도 역시 달랐다. 마오가 발탁한 인물들이 이론가이거나 조직활동 및 대중운동에서 두각을 나타낸 사람들인 데 비해 덩이 선발한 이들은 대학에서 이공계통을 전공한 테크노크라트들이 대부분이었다. 연경화라는 용어가 처음 등장한 1982년 12대를 전후하여 덩이 발탁한 대표적 인물들은 다음과 같다.

> 리펑(당시 54세) 중앙위원에 선출됨. 총리를 거쳐 현재 전인대 상무위원장
> 톈지윈(당시 53세) 중앙위원에 선출됨. 자오쯔양이 쓰촨 성 서기 겸 성장으로
> 있던 시기(1975년 10월~1980년 4월)에 성 중견간부로 있으면서 두각을
> 나타냄. 특히 덩샤오핑의 포건제(包乾製: 包産到戶라고도 하며 일종의 도
> 급생산 방식을 말함)를 시행하며 괄목한 성과를 거두어 덩의 눈에 들게
> 됨. 자오쯔양이 1980년 4월 베이징으로 불러올려가 부총리, 9월에 총리가

---

[1] 1992년 초 남순강화 때 덩샤오핑은 인재 선발에 대한 자신의 견해를 다음과 같이 밝혔다. "……지속적으로 사람을 선발해야 한다. 더욱 젊은 동지들을 양성하는 데 적극 나서야 한다. 나는 스무 살 남짓에 간부가 되었다. 그때는 아무것도 몰랐다. 어떻게 일을 처리하는지 가르쳐주는 사람도 없었다. 어느 날 뛰어난 인재가 우리 앞에 나타날 것이라는 믿음은 버려라. 좋은 인재를 뽑아 그들을 양성하고, 더욱 성장할 수 있도록 지원해야 한다."

되면서 그의 출세 길이 열리게 됨. 1981년 8월 국무원 부비서장이 되어 자오쯔양의 비서역할을 하게 됨. 쓰촨 성의 중견 간부(성 재정청장)에서 불과 몇 년 사이에 부총리(1988년 4월), 정치국 위원, 중앙 서기처 서기 (1985년 9월) 등 영도 핵심으로 초고속 성장.

후치리(당시 53세) 중앙 서기처 서기에 선출됨. 톈진 시 시위 서기 겸 시장으로 있던 중인 1982년 5월 중앙 판공청 주임으로 발탁되고 1987년 13대에서 정치국 상무위원으로 선출됨.

하오젠수(郝建秀, 당시 47세) 중앙 서기처 후보서기로 선출됨. 노동자 출신으로 11대에서 이미 중앙위원이 되었으며 1981년 방직공업부 부장에 임명됨. 12대에서 발탁된 인물 중에서 후에 크게 중용되지 못한 것은 지식화라는 측면에서 미흡했기 때문인 것으로 추정됨.

후진타오(당시 40세) 중앙위 후보위원에 선출됨. 1992년 13대에서 정치국 상무위원에 선출되고 1997년 국가부주석, 1999년 군사위 부주석에 선출됨.

쑹더푸(당시 36세) 중앙위 후보위원에 선출됨. 인민해방군 총정치부 조직부 부처장으로 있던 중 공청단에 들어왔음. 1985년 후진타오의 뒤를 이어 공청단 제1서기를 역임. 1993년 8기 전인대에서 47세의 나이로 인사부장이 되어 국무원에 들어감. 1998년 인사부장에 연임되었고 2000년 말 푸젠 성 서기로 전임.

1989년 천안문 사태는 보수적인 원로세력들이 1982년 이후 새롭게 등장한 지도부 내의 신진세력을 제압한 사건이었다. 그러나 이후의 인사에서도 환혈의 기본원칙은 지켜졌다. 총서기 장쩌민은 63세였고 새로 정치국 상무위원이 된 리루이환은 55세였다. 이들과 함께 상무위원이 된 쑹핑(宋平)은 72세로 고령이었는데, 이는 보수 원로세력의 입김을 무시할 수 없기 때문이었던 것으로 분석된다.

당의 정책을 집행하는 중앙 서기처 역시 환혈의 반전은 저지되었다. 물러난 후치리(당시 60세), 루이싱원(芮杏文, 당시 62세), 옌밍푸(당시

58세)를 대체할 인물로 비슷한 연배의 리루이환(당시 55세), 딩관건(丁關根, 당시 60세)을 기용했던 것이다. 당시 보수파의 지분으로 서기처에 진입한 인물은 양바이빙(楊白冰)으로 그는 당시 나이가 69세였다.

그리고 덩샤오핑은 1989년 11월 군사위 주석직에서 물러남으로써 1992년 14대에서 보수 원로세력의 집결지인 중앙 고문위를 해체할 수 있는 길을 터놓았다. 1992년 초에 덩샤오핑의 남순강화가 성공할 수 있었던 배경에는 이처럼 천안문 사태 와중에서도 연경화의 원칙을 지켜냈기 때문이다.

16대를 앞두고 전개된 환혈 작업은 덩샤오핑의 정치력과 권위로 가능했던 세대교체를 제도화하고 확산시키는 것이라 볼 수 있다. 그리고 마오를 반면교사로 삼은 덩의 환혈 작업은 그가 키운 후계들에 의해 체계화되고 확산됨으로써 덩은 후임자의 반면교사가 아닌 충실한 길잡이 역할을 했다는 평가를 내릴 수가 있다.

5
외교

잠재 초강대국 중국이 현재 유일 초강대국으로 군림하고 있는 미국과의 관계를 어떻게 설정, 발전시키려 하고 있는가. 또한 남북한과의 관계에서 어떠한 입장을 취하고 있는가. 세불양립(勢不兩立)의 입장에서 보자면 미래의 두 슈퍼 초강대국의 대결은 불가피하다. 양국의 전선지대에 위치한 우리는 서세동점(西勢東漸) 시대와 냉전 시대의 비극의 재현을 막기 위해서 특히, 중국의 외교에 대한 탐색을 서둘러야 한다. 이 장은 바로 이러한 모색의 일환이다.

포스트 9·11 시대와 중국의 선택

하나의 전투가 시대를 구분하는 기점으로 활용되는 경우가 종종 있다. 나폴레옹의 완전 몰락을 가져온 1815년 6월의 워털루 회전은 프랑스 대혁명 이후 변혁과 전쟁으로 점철된 혼란기와 평화와 정체의 보수반동체제 시대를 가르는 이정표가 되었다. 『돈키호테』의 저자 세르반테스(Miguel de Cervantes)가 참전한 1517년의 레판토 해전은 이슬람권의 서구 기독교권에 대한 공세가 서구의 이슬람에 대한 공세로 역전되는 전환점으로 역사에 자리매김되어 있다.

냉전 종식 이후 유일 초강대국인 미국의 경제력과 군사력의 상징인 뉴욕 쌍둥이 빌딩과 펜타곤에 대한 2001년 9월 11일의 이슬람 원리주의 세력의 가미가제식 테러는 워털루 회전과 레판토 해전처럼, 그 이전 시대와 그 이후를 확연히 가르는 역사의 전환점으로 기록될 가능성이 높다. 이미 '포스트 9·11 시대'라는 조어가 일반화되고 있다.

새뮤얼 헌팅턴(Samuel Huntington) 교수는 이 테러가 자신이 예고한 문명의 충돌의 단초가 아니라 문명세계에 대한 야만의 공격일 뿐이라고 그 역사적 의의를 평가절하하고 있다. 한편 프랑스의 기 소르망(Guy Sorman)은 이번 테러와의 전쟁은 반세기 동안 지속될 것이라고 말한다. 그는 이번 테러가 새로운 시대의 도래를 충격적이며 음울하게 선포한 것이라 말했다.

기 소르망은 사회주의는 소멸했지만 자본주의 축만으로 세계가 굴러갈 수 없다고 말한다. 그 새로운 대립축이 원리주의라는 것이다. 이번 테러를 자행한 이슬람 원리주의뿐만 아니라 불교 원리주의, 힌두교 원리주의, 범슬라브 원리주의, 환경 원리주의도 자본주의의 대립축으로서의 원리주의의 범주에 포함된다고 설명한다. 기 소르망의 이러한 전망은 논쟁의 여지가 있다. 하지만 냉전 종식 이후 유일 초강대국이 된 미국의 세계전략의 패러다임은 이번 테러로 근본적인 전환을 맞고 있다는 점은 분명하다.

클린턴과 부시의 세계 전략의 차이와 공통점

냉전 종식 이후 미국의 세계 전략의 초점 중의 하나는 자신의 유일 초강대국 지위를 유일하게 위협할 잠재력을 갖추고 있는 중국에 맞춰져 있다. 빌 클린턴의 민주당 행정부와 조지 W. 부시의 공화당 정권은 이 점에서는 똑같다. 단지 이를 구현하는 방식만이 다를 뿐이었다.

클린턴이 중국에 대해 연형(連衡)과 합종(合縱) 전략을 동시에 구사했다면 부시는 합종 위주의 전략으로 변화를 주었다고 할까. 클린턴은 중국을 전략적 동반자라고 규정하고 대만에 대한 3개의 노(NO) 독트린을 천명, 이를 뒷받침했다. 1998년 중국 상하이를 방문하였을 때 밝힌 이 독트린은 '대만의 독립을 지지하지 않는다', '두 개의 중국, 하나의 중국과 하나의 대만(一中一臺)을 지지하지 않는다', '대만의 유엔 가입을 지지하지 않는다'는 것이다. 이는 중국과의 사이에 최대의 전략적 마찰 요인을 제거하는 연형전략이라고 할 수 있다. 그러나 클린턴은 다른 한편으로 대중국 합종전략을 구사했다. 중국과 국경을 접한, 중국과 전쟁을 벌인 적이 있는 등 적대관계의 전력이 있거나 잠재적으로 갈등관계를 일으킬 수 있는 국가들과의 관계 개선을 적극적으로 추진했다. 인도가 중시됐고 베트남과의 관계를 정상화하였으며, 또 북한과 화해를 진지하게 추진했다. 중국 포위망의 구축 시도였다.

부시의 등장은 클린턴의 대중국 전략의 대폭적인 손질을 가져왔다. 우선 연형전략이 폐기됐다. 중국을 동반자가 아니라 경쟁자로 새롭게 규정했다. 대만의 전략적 가치를 새롭게 설정하였으며 잠수함 등 무기 판매를 통해 이를 구체화하였다. 합종전략도 크게 바꿔었다. 효과적인 중국 견제를 위해 냉전 당시의 경계선으로 후퇴한 것이다. 한 - 미 - 일 삼각 동맹관계를 강화했으며 북한과는 적대적인 쪽으로, 베트남과는 미온적인 자세로 돌아섰다. 다만 인도를 중시한다는 점에서는 클린턴의 노선을 받아들였다.

이러한 두 행정부의 대중국 전략은 적지 않은 차이가 있는 것은 분명하지만 미래의 주적으로 중국을 상정하고 또 이를 견제하려고 한다는 점에서는 같은 것이라고 볼 수 있다. 이 두 전략의 가이드 역할을 한 것이 바로 헌팅턴의 문명 충돌론이다. 냉전 종식 후 21세기 미국의 세계 전략에 대한 훈수를 염두에 두고 쓰여진 책으로 두 권의 책을 들 수 있다. 하나는 헌팅턴의 『문명의 충돌』이고 다른 하나는 즈비그뉴 브레진스키(Zbigniew Brezezinski)의 『거대한 체스판』이다.

브레진스키는 과거 어떤 제국도 누리지 못한 세계 일등적 지위(Global Supremacy)를 향유하고 있는 미국을 위협할 주요 세력으로 중국과 함께 러시아, 독일, 프랑스, 인도 등을 꼽았다. 그는 이를 '지정 전략적 게임 참가국'이라고 표현했다. 그리고 지정 전략적 주축이라고 표현한 주요 전략 지역으로 한국과 함께 우크라이나, 아제르바이잔, 터키와 이란을 꼽았다. 체스판이라는 제목이 시사하듯, 브레진스키는 미래의 위협 세력을 병렬적으로 취급했다. 주적을 상정하지 않은 것이다. 헌팅턴은 종교를 기준으로 미래 갈등의 단위로 8개의 문명권을 상정했다. 우선 서구 기독교 문명, 동방 정교 문명, 이슬람 문명, 힌두 문명, 유교 문명권으로 나누고 다시, 일본 문명, 아프리카 문명, 라틴아메리카 문명을 독자 문명권으로 설정했다.

헌팅턴은 이러한 문명간의 대립이 서구 기독교 문명이 주도하는 현 세계질서에 위협이 된다는 것이다. 그는 특히 통계에 바탕을 두고 이슬 람 문명의 폭력성과 이슬람 - 유교 동맹의 가능성 등에 집중하여 논의 를 전개했다. 즉 중국의 도전과 이슬람 원리주의의 발호를 미국의 최대 위협으로 상정한 것이다.

클린턴과 부시의 세계 전략은 카터의 외교안보 특별보좌관으로 세 계 전략의 실무에 임했던 브레진스키보다는 헌팅턴 쪽에 기울었다. 클 린턴이 헌팅턴의 이론에 보다 충실했다면 부시는 이를 변용한 쪽이었 다. 클린턴은 중국 견제와 함께 이슬람 원리주의의 배경이 되는 팔레스 타인 문제 해결에도 주력했다. 퇴임 몇 개월을 앞두고 야세르 아라파트 (Yasser Arafat) 팔레스타인 자치정부 국가수반과 에후드 바락(Ehud Barak) 이스라엘 총리를 미국으로 불러들여 항구적 평화안 합의를 이끌어내려 고 애쓴 것이 이를 증명한다. 비록 실패로 끝나기는 했지만 말이다. 그 러나 부시는 중국 견제를 최우선 과제로 설정하고 이스라엘 문제는 사 실상 방치했다. 하루가 다르게 경제가 성장하는 중국을 봉쇄하는 것이 시급한 문제라고 보았던 것이다.

부시의 이런 전략 패러다임은 그러나 9·11 동시다발 테러로 근본적 인 수정을 겪지 않으면 안 되었다. 이슬람 원리주의가 미국 세계 전략 에서 제1순위의 위치를 차지한 것이다. 부시에게 이는 선택의 여지가 없는 것이었다. 미국의 본토가, 그것도 정치, 경제의 중심지가 공격을 당하고 또한 베트남전 전사자의 10분의 1에 해당하는 사망자가 단 하 루 만에 발생한 상황에서 다른 선택이란 있을 수 없었다.

테러 이후 지금까지 구사된 부시의 세계 전략은 테러리즘을 비호하 고 있는 이슬람 강경 세력에 대한 범세계적인 합종전략의 구현으로 요 약할 수 있다. 그는 동시다발 테러로 새롭게 전개된 상황을 문명과 야 만의 대립으로 규정하고(헌팅턴과의 이심전심이 느껴지지 않는가!) 반테러리즘의 국제연대를 추구한바, 일단 성공했다.

이를 위해 부시는 많은 것을 양보했다. 이슬람 온건 세력을 무마하기 위해 집권 이후 이스라엘이 멋대로 하도록 방치하다시피 했던 팔레스타인 문제에 대해 적극적으로 개입하는 자세를 취했다. 이스라엘의 반발을 무릅쓰고 팔레스타인 국가 창설에 대한 지지의사를 표명했다. 핵실험 단행을 이유로 가했던 파키스탄과 인도에 대한 경제제재도 풀었다. 그러나 무엇보다도 중요한 것은 중국에 대한 자세 전환에서 찾을 수 있다.

중국에 대한 미국의 추파

홍콩의 시사잡지인 《아주주간(亞洲週刊)》은 2001년 10월 14일자에서 9·11 테러는 쌍둥이 빌딩과 함께 최근 몇 년간의 미국 전략가들의 중심 화두였던 중국 위협론도 함께 붕괴시켰다고 풍자적으로 묘사했다. 이 잡지는 미국의 대중국 인식 전환이 중국마저 놀랄 정도로 빠르게 이루어졌음을 다음과 같은 사례를 통해 전하고 있다.

테러가 발생한 9월 11일 중국의 세계무역기구(WTO) 가입 협상 대표인 대외무역경제합작부 부부장 룽융투(龍永圖)는 유럽에서 미국 대표를 상대로 가입을 위한 마지막 세부 절차를 놓고 씨름 중이었다.

회담 중 테러 소식이 전해졌고 미국 대표는 휴회를 선포했다. 중국 대표단은 협상이 지연되는 것이 아닌가 우려했으나 다음 날 미국 대표는 협상의 속개를 요청했고 전날까지만 해도 깐깐하던 미국측은 자신의 입장만을 더 이상 고집하지 않아 협상은 일사천리로 진척되었다. 결국 9월 17일 미국과 중국 대표단은 중국의 WTO 가입을 위한 절차를 모두 완료, 사실상 가입을 확정지었다. 9·11 테러 후 채 한 주가 지나지 않은 시점이었다.

룽 대표는 미국 대표가 "이런 긴급 상황에서는 문명국가의 단결이 중요하다"고 의미심장하게 말했다고 전했다. 중국이 문명국가라……. 부시 정권은 대통령 취임식을 마치자마자 티베트와 파룬궁 신도에 대한 탄압을 거론하며 중국을 '야만적인' 인권탄압 국가로 규정하지 않았던가. 룽융투가 미국 대표의 중국을 두고 '문명국가' 운운한 것을 의미심장하게 받아들인 것은 바로 그 때문이었을 것이다.

이는 미국이 동시다발 테러 이후 중국을 전략적 동반자의 위치로 다시 환원시키려는 전방위적 미소전략의 한 사례이다. 미국의 중국을 향한 미소는 중요한 정책 변화를 암시하고 있다. 10월 17일자 ≪워싱턴포스트≫는 중국의 반테러 협력을 촉진하기 위해 부시 행정부는 1989년 천안문 사태 이후 계속되고 있는 무기부품 수출에 대한 제재의 해제를 검토하고 있다고 보도했다. 이 신문은 미국이 그 첫 조치로서 1984년 판매한 시코르스키 사의 S-70-C 블랙 호크 헬리콥터 24대의 부품을 제공할 것을 고려 중이며, 중국이 헬기들을 아프가니스탄 접경지역에 대한 순찰 및 정보활동에 사용하기를 희망하고 있다고 전했다.

애리 플라이셔(Ari Fleisher) 백악관 대변인은 이 같은 보도를 즉각 부인했다. 그러나 부시 행정부가 세계 전략의 패러다임을 바꾸려 한다는 시사임이 틀림없다. 9·11 테러 이후 부시 행정부는 중국을 클린턴 행정부가 상정했던 전략적 동반자의 차원을 넘어 소련 붕괴 이전에 형성되었던 군사적 협력 관계로까지 격상시키는 문제를 고려했음을 보여준다.

9·11 동시다발 테러 후 중국 국가 주석 장쩌민의 발언은 미묘한 변화를 보였다.

중국은 일관되게 테러에 반대해왔다.
　　　－9월 11일 테러 발생 직후, 부시 대통령과의 전화통화에서
중국 인민은 미국 국민과 함께 테러를 강력히 비난할 것이다.
　　　　　　－9월 12일 부시와의 전화회담에서

반테러리즘을 위한 국제협력이 긴급한 과제이다. (그러나 군사보복 행동의 전제로서) 명확한 증거와 구체적 목표를 구하면서 무고한 희생은 되도록 피해야 한다. 안보리 상임이사국과의 회담을 통해 유엔 주도로 사태를 풀어야 한다.

—토니 블레어 영국총리, 자크 시라크 프랑스 대통령, 블라디미르 푸틴 러시아 대통령과의 연쇄 전화회담에서

테러가 발생한 직후 조지 W. 부시 대통령에게 건 전화에서 장쩌민이 밝힌 입장은 미증유의 참사에 대한 위로를 넘어서지 않는 원칙적인 것이었다. 그 다음 날의 발언은 미국의 보복의 정당성을 지지하는 보다 적극적인 자세로 한걸음 진전되었다. 엄청난 참사에 대해 반미적인 아랍권 국가마저 애도를 표명하는 상황에서 중국 역시 냉정한 중립적 자세를 견지하기가 어려웠을 것이다. 그러나 이런 대세의 흐름에 떠밀리듯 합류하는 것이 중국의 진정한 속마음은 아니었을 것이다.

9·11 테러 당시 미국을 여행 중이던 중국의 언론인들 일부는 TV를 통해 뉴욕의 쌍둥이 빌딩이 테러 공격을 당하는 화면을 접하고 자신들도 모르게 환호성을 질렀다고 한다. 테러로 인한 끔찍한 피해를 접하지 못하던 상황에서의 이 신중치 못한 감정 표현의 이면에는 1999년 5월 7일 나토 소속 미군 전투기에 의한 주유고 중국대사관의 폭격 사건과 2001년 4월 1일의 미군 정찰기와 중국 전투기의 충돌 사건이 자리잡고 있음을 쉽게 짐작할 수 있다. 주유고 중국대사관 폭격 사건 당시 신화사 통신의 여기자가 3명의 사망자 중에 포함되어 있었다.

이를 CNN-TV를 통해 방영된 팔레스타인 사람들의 환호(이는 과거의 장면을 편집한 조작된 것이라는 일부의 주장이 있다)와 오버랩시켜 본다면 헌팅턴이 두려워한 이슬람권과 유교권 간의 반서구 연대의 출발을 알리는 신호로 받아들여졌을지 모른다. 이 중국 언론인들은 미국 당국의 요구에 의해 일정을 중단하고 쫓기듯 귀국해야 했다. 물론 중국

당국자는 이런 속내를 드러낼 정도로 바보는 아니다. 그러나 초기의 적극적인 지지에서 계산된 지지로 돌아서기까지는 불과 며칠이 걸리지 않았다.

9·11 테러의 여진이 어느 정도 가라앉은 9월 17일 장쩌민이 3개국 수뇌의 연쇄 회담을 통해 밝힌 중국의 입장은 미국의 반테러 통일전선 구축 노력을 지지하되 미국의 독주를 견제한다는 것으로 요약할 수 있다.

반테러 국제연대에 동참한 이유

9·11 테러는 중국에게 여러 모로 유리한 전략적 환경을 조성했다. 우선 미국의 중국 압박의 약화이다. 앞서 지적한 바와 같이, 부시 행정부는 집권 이후 중국에 대한 전방위적 압박을 가했었다. 냉전 시대의 한 - 미 - 일 3각 연대를 복원하려는 의도를 내비쳤는가 하면 대만에 대해 잠수함과 같은 무기 판매를 허용, 베이징 당국의 심기를 건드렸다. 또한 정권 출범 초기에 파룬궁 신도에 대한 탄압을 거론, 내정간섭이라는 반발을 불러일으켰다. 무엇보다도 부시 행정부의 집요한 미사일방어(MD)체제 추진 노력은 중국으로 하여금 자신의 핵보복 능력을 약화시켜 군비경쟁으로 끌어들이려는 기도로 의심하게 만들었다. 그리고 이러한 일련의 행동에는 중국을 경쟁자로 간주하는 부시 행정부의 세계 전략적 인식이 자리잡고 있었다. 한마디로 말해 이는 중국을 과거 소련처럼 전략적 주적으로 삼겠다는 것이다.

9·11 테러는 이러한 부시 행정부의 전략 개념에 변경을 불가피하게 만들었다. 적어도 당분간은 미국의 대중국 압박 강도가 현저하게 약화될 것이라는 점은 불을 보듯 뻔한 일이 되었다. 또한 중국은 미국의 반테러 통일전선에 합류함으로써 골칫거리인 신장(新疆) 위구르 자치구의 이슬람 독립세력을 탄압할 수 있는 프리 핸드를 얻었다. 만일 9·11 테

러가 발생하지 않은 상황에서 이들에 대한 탄압은 미국의 인권 시비를 불렀을 것이다. 중국은 이슬람 과격 세력에 대한 국제사회의 사시(斜視)를 활용하는 기회를 놓치지 않았다.

쑨위시(孫玉璽) 중국 외교부 대변인은 2001년 10월 11일 신장 위구르 자치구에서 활동하는 분리·독립주의 세력을 테러분자로 규정하고 이들에 대해 철저히 단속할 방침을 천명했다. 그는 "신장 위구르 자치구의 독립 세력이 자행하는 테러활동에 대한 반대는 국제적 테러리즘에 대한 투쟁의 일부로 인식하고 있다"라고 말했다. 테러 사건 이후 조성된 반테러리즘 무드를 내부 골칫거리를 해결하는 데 적극적으로 활용할 의사를 분명하게 드러낸 것이다. 중국은 자신의 입장을 강화하기 위해 러시아도 끌어들였다. 장쩌민은 2001년 10월 20일 아시아·태평양 경제협력체(APEC) 정상회담에 참석한 푸틴 러시아 대통령과 회담을 갖고 신장 위구르 자치구와 체첸 공화국 내에서 활동하는 독립분자들을 모두 국제 테러주의 세력의 일부로 규정하는 데 인식의 일치를 본 것이다.

중국은 사전 정지작업을 거쳐 행동에 들어갔다. 2001년 4월 이후 신장 위구르 독립주의자들의 소탕 작전을 전개해온 신장 위구르 공안 당국은 미국의 아프간 군사행동이 개시된 10월부터 2001년 말까지 이들에 대한 색출작업을 보다 강화했다. 국내적으로도 반테러리즘에 동참할 충분한 이유가 있다. 중국은 잘 알다시피 권력 이양기를 맞고 있다. 이에 따라 보수 세력, 달리 표현하면 공산주의 원리주의 세력의 저항도 거세질 전망이다. 미국과의 관계 악화는 이들의 공세에 힘을 실어줄 것인데, 반테러주의에 동참함으로써 미국과의 관계를 개선하면 한결 손쉽게 이들을 처리할 수 있는 것이다.

요약하자면 9·11 테러는 미국의 대중국 압박 완화, 신장 위구르 자치구 독립분자의 탄압 명분 제공, 국내 반대세력의 공격 빌미 제거라는 중국에게는 어느 모로 보나 유리한 환경을 조성해주었기 때문에 미국이 추진한 반테러리즘 국제연대에 동참했던 것이다.

미국의 독주 견제

테러가 있은 지 이틀 뒤인 9월 13일 홍콩의 일간 ≪문회보(文滙報)≫는 테러 사건의 배후에는 "미국의 패권주의와 강권주의가 있다"며 미국의 반성을 촉구하는 글을 실었다. 친 중국계 신문인 ≪문회보≫는 중국의 대외적 입장을 간접 전달하는 역할을 해왔던 점을 상기할 때, 사태 직후에 나온 이 글은 중국의 본심이 어디에 있는가를 살피는 단서를 제공한다. 미국을 여행 중이던 중국 언론인 일부의 환호와도 연결되는 중국의 이 속내는 중국이 미국 주도의 반테러리즘 연대에 동참하는 데 일정한 한계를 긋는 배경이 되었다.

다른 한편으로 중국은 부시 행정부의 전략의 중심이 중국에서 이슬람권으로 바뀌기는 했지만 이러한 변화가 일시적인 것일 수도 있다는 의심을 갖게 되었을 것이다. 시간이 흐르면서 중국의 의심을 뒷받침하는 상황이 속속 발생했다. 사실 9·11 테러 이후 주목할 만한 현상 중의 하나로 일본의 군사적 역할의 외연 범위가 넓어졌다는 점이다.

부시 대통령은 9·11 테러에 대한 대처가 어느 정도 가닥이 잡히자 MD 추진의 후퇴는 있을 수 없다고 천명했다. 또한 북한을 겨냥, 한국에 대한 방위를 소홀히 하지 않을 것임을 공언했다. 이는 부시 행정부가 새로운 사태 전개에도 불구하고 한 - 미 - 일 삼각동맹 강화에 주의를 게을리 하지 않고 있음을 반증한다. 이런 상황은 중국으로 하여금 미국이 기존의 중국 포위전략을 여전히 고수하고 있다는 인식을 갖게 하기에 충분했다. 미국 주도의 반테러 국제주의 연대에 중국이 한계를 설정한 지지로 선회하는 모습을 보이고 있는 것은 바로 이 때문이다.

중국의 장기적 포석은

APEC 정상회담에서 미국은 반테러리즘 국제연대와 관련 부분적인 성과를 거두는 데 그쳤다. 정상들은 테러 근절을 위해 테러조직에 대한 자금 공급 차단, 해상·항공운송 안전 강화, 통관·출입국 전산화, 대테러 능력 배양 등의 조치를 취한다는 등의 반테러 공동성명을 채택했다. 그러나 아프간 탈레반 정권에 대한 미국의 군사 공격에 대한 입장 표명은 없었다. 다시 말해 미국에 대한 지지표명이 없었다는 것이다.

반면 의장국인 중국의 주도로 유엔 역할을 강조하는 문구가 삽입됐다. 이는 당시 상황에서 실질적 의미가 없었다. 미국과 영국의 주도로 모든 것이 이루어지는 상태에서 이는 그저 공염불일 뿐이었다. 하지만 미국의 일방 주도를 견제하려는 중국의 의사가 표명됐다는 점에서 소홀히 넘길 대목이 아니다.

장쩌민 주석은 푸틴 소련 대통령과의 회담을 통해 미국의 아프간 군사행동의 조속한 종식과 탈레반 정권을 대체할 아프간 새 연립정권의 수립을 촉구했다. 새로운 아프간 질서에 발언권을 행사하겠다는 예고다. 아울러 탄도탄 요격 미사일 협정(ABM)의 준수를 강조했다. 미국의 MD 추진 반대를 위해 러시아와의 연대를 환기한 것이다.

이러한 사태 전개를 통해 포스트 9·11 시대의 중국의 선택을 다음과 같이 전망해볼 수 있다. 중국은 우선 부시의 세계 전략이 적어도 클린턴과 유사한 정도로 연화(軟化)되도록 압박할 것이다. 더 나아가서는 중국을 주적으로 하는 세계 전략의 근본적인 변화를 유도할 것으로 예상된다. 이를 위해 미국에 대해 선별적인 협력을 하게 될 것이다.

미국이 각오하고 있듯이, 반테러 전쟁이 장기화하면 중국의 협력은 절실해진다. 헌팅턴의 전략 지침에서 최악의 시나리오는 이슬람 - 유교 문명권의 연대이다. 협력의 대가로 구체적으로 대만 문제에 대한 기존 입장의 변화를 압박하고 더 나아가 러시아와 손을 잡고 MD의 추진에 제동을 걸 것이다. 중국의 압박을 무작정 거부하기만 하다가 미국은 악몽이 현실로 발전, 두 개의 전선을 감당해야 하는 최악의 상황에 직면할지도 모른다.

　미국은 물론 중국, 러시아 등 기존 강대국의 공동 위협으로 등장한 이슬람 원리주의 세력의 제거를 미국이 맡고 실리는 철저하게 챙기겠다는 것이 중국의 계산된 속셈이라 하겠다.

김정일의 2차 중국 방문 전후

20 01년 1월 20일 오후 9시 30분 중국의 수도 베이징. 주방짜오(朱邦造) 외교부 대변인은 내외신 기자들을 상대로 기자회견을 가졌다. 이 날은 토요일로 정례 브리핑(화요일과 목요일)이 없는 날인 것은 물론 또 시각도 업무 시간이 훨씬 지난 때였다. 말하자면 긴급 기자회견인 셈이었다. 주방짜오 대변인은 이 긴급 브리핑을 통해 북한의 김정일 국방위원장이 중국을 방문한 사실을 공식 확인했다. 김정일 국방위원장은 2001년 1월 15일부터 20일까지 중국을 비공식 방문했으며 기차 편으로 먼저 상하이로 가서 주룽지 총리의 안내로 하이테크 단지와 외국과의 합작 기업 등을 둘러본 뒤 베이징으로 와 20일 오후 5시부터 한 시간 가량 장쩌민 중국 국가 주석과 회담을 갖고 밤늦게 기차 편으로 북한으로 돌아갔다는 것이었다.

김정일의 중국 방문은 16일 한국의 일부 언론 보도로 이미 알려진 사실이었다. 또 상하이에서의 그의 동정은 연일 한국과 서방 언론을 장식했다. 그러나 뒷북치는 중국 외교부의 발표가 아주 의미 없는 것은 아니었다. 수행 인원, 방문 장소, 일정 등 모든 것이 베일에 싸였던 김정일의 중국 내 행적이 구체적으로 확인됐기 때문이다. 주방짜오의 발표로 아들 동행, 김용순(金容淳) 질책 등 관심을 불러일으켰던 일부 언론 보도는 일단 오보로 판명됐다.

그로부터 3시간 30분 뒤, 미국의 수도 워싱턴은 낮 12시였다. 그곳에서는 부시의 미국 제43대 대통령 취임식이 거행됐다. 부시 신임 미대통령은 취임 연설에서 "우리는 도전을 받는 것 이상으로 우리의 방위력을 구축할 것이다. 새로운 세기가 새로운 공포에 시달리지 않도록 대량파괴 무기에 맞설 것이다"라고 선언했다. 이 선언이 겨냥하고 있는 대상 속에는 분명 그 시각 북한으로 향하는 열차 속에서 휴식을 취하고 있을 김정일이 포함되어 있었다. 부시는 이어 "우리나라의 적들이 실수를 저지르지 않아야 할 것이며, 미국은 역사의 선택에 따라 계속 세계에 관여, 자유를 위한 세력 균형이 이루어지도록 할 것이다"라고 말했다. 부시의 강경 발언은 계속됐다. 그는 "우리는 우리의 동맹국들과 우리의 이익을 지킬 것이다. 공격과 불신에는 결의와 힘으로 맞설 것이다. 그리고 모든 국가에 대해 우리는 우리나라의 탄생을 가져온 가치들을 대변할 것이다"라고 강조했다.

김정일의 갑작스런 중국 방문이 없었더라면 한국의 언론은 새로 출범할 부시 행정부에 온통 관심이 쏠렸을 것이다. 하지만 중국이 자신의 미래의 모습으로 대외에 과시하고 싶은 상하이에서 2000년 6월 15일 남북정상회담 이후 최고의 뉴스메이커로 등장한 김정일이 베일 속의 행보를 함으로써 언론의 관심은 분산됐다. 이는 미국 새 행정부의 도전에 중국과 북한은 신속하게 응전하고 있음을 보여주는 증거였다.

중국에서 김정일은 무엇을 했는가

김정일은 중국에서 무엇을 했는가. 이를 살피기에 앞서 김정일이 대동한 인물의 면면을 살펴보자. 김정일이 중국 방문에 수행한 인물은 김영춘(金英春) 인민군 총참모장, 연형묵(延亨默) 국방위원 겸 당 중앙위원, 김국태(金國泰) 당 비서, 정하철(鄭夏喆) 당 선전선동부 부장, 강석주

(姜碩柱) 외무성 제1부상, 김양건(金養建) 당 국제부장, 박송봉(朴松奉) 당 중앙위 제1부부장, 현철해(玄喆海)·박재경(朴在慶) 군 대장 등이었다.

김정일의 상하이 방문은 북한이 중국식의 개혁개방을 적극적으로 받아들이려 한다는 신호로 받아들여졌다. 연 이틀 증권거래소를 방문했다는 과장 보도(실제는 한 번), 도대체 그동안 뭐했느냐며 김용순 아·태 평화위원장을 질책했다는 명백한 오보(김용순은 수행자 명단에 들어 있지도 않았다) 등은 바로 이런 기대에서 나온 것이다. 그러나 수행 인사 면면을 보면 군 관계 인사와 외교부문 인사가 주류를 이룬다. 이는 개혁개방 시찰단이라는 대다수 언론의 성격 규정과는 어울리지 않는다.

수행 요인 9명 중 군관계 인사는 김영춘, 연형묵(그가 국방위원 신분임을 주목해야 한다), 현철해와 박재경 등 4명이나 된다. 반면 경제 부문 인사로 꼽자면 총리를 지낸 경제통 연형묵과 군수산업 분야에서 오랫동안 종사해온 박송봉 둘뿐이다. 김국태와 정하철 등 당 이론과 선전선동 분야 인사와 강석주와 김양건 등 외교부문 인사도 경제부문 인사와 마찬가지로 2명이었다. 박송봉 역시 군수산업 분야에서 활동해온 경력에서 살필 수 있듯이 군부와 무관하지 않다.

이 같은 수행 인사의 구성은 김정일의 중국 방문이 개혁개방 견학에 초점이 맞춰져 있다는 분석에 의문을 갖게 한다. 개혁개방에 반대하는 군부를 설득하기 위해 군부 인사들을 대거 대동했다는 분석도 있을 수 있다. 하지만 별로 설득력이 있어 보이지 않는다. 이러한 수행 인사의 인적 구성과 부시 미 대통령의 취임식을 불과 5일 앞두고 방문이 시작되고 또 취임식 9시간 전에 북·중간의 정상회담이 개최되었다는 점을 고려하면 김정일의 중국 방문은 강력한 미국을 추구하는 미국 새 행정부에 대한 양국의 대응 방안(특히 군사 분야에서의)을 조율하는 데 보다 더 무게를 둔 것이라고 보는 것이 타당할 듯싶다. 주방짜오도 양국 정상이 미국의 국가미사일 방어(NMD)체제와 전역 미사일방어(TMD)체제 문제를 논의했음을 우회적으로("양국 관심사와 중대 문제에 대해 논의했다"라고 답변) 확인했다.

미국에서 무슨 일이 있었기에

부시 행정부의 정식 출범 전야에 중국과 북한이 합작하여 벌인 외교적 이벤트가 갖는 의미를 제대로 이해하기 위해서는 그 직전에 미국에서 무슨 일이 벌어졌는가를 살펴보아야 한다. 부시 신임 미 대통령은 앨 고어(Al Gore)와 지루한 개표전이 일단락된 이후 차기 행정부의 구성에 들어갔다. 국무장관 콜린 파월, 백악관 안보 보좌관 콘돌리자 라이스(Condolizz Rice) 등은 이미 예상된 인선이었다. 하지만 국방장관에 4반세기 전에 이미 그 직책을 역임했던 매파 중의 매파 도널드 럼스펠드(Donald Rumsfeld)를 지명한 것은 의외였다. 럼스펠드의 국방장관 지명은 부시 외교안보팀의 성격을 규정짓는 화룡점정이었다. 부시의 외교안보팀이 당초 생각했던 것 이상으로 강성이 될 것임을 예고한 것이기 때문이다. 부시의 외교안보팀의 면면을 보자.

우선 부통령 딕 체니(Dick Cheny). 그는 조지 W. 부시 신임 대통령의 아버지 조지 부시 대통령 밑에서 국방장관을 지냈다. 외교문외한인 부시 대통령을 대신하여 외교 분야를 사실상 관장할 것으로 알려진 체니는 1989~93년 국방장관을 역임하면서 소련의 붕괴와 독일 통일 과정을 처리했고 걸프전을 승리로 이끌었다. 그는 국방장관 재임 중 군사비 증대에는 반대하는 쪽에 있었으나 소련의 핵확산 문제에 대해 강경한 자세를 취했다. 특히 북한의 핵 부품 수입 등에 대해서 감시를 강화해야 한다는 입장을 견지해왔다.

콜린 파월 국무장관은 걸프전 당시 합참의장으로 체니와 호흡을 맞추었던 인물이다. 그는 상원 인준 청문회에서 각국별로 자신의 외교적 견해를 설명했는데, 중국을 가장 먼저 언급했다. 파월은 중국을 전략적 동반자가 아닌 경쟁자이자 지역 문제의 라이벌로 규정했다. 대만에 대한 무력사용에 대해서도 좌시하지 않을 것임을 강조했다.

럼스펠드는 중국, 러시아는 물론 유럽에서도 반대하는 국가미사일 방위(NMD) 체제의 전도사로 불린 인물이다. 그는 1998년 북한, 이란 등의 미사일 위협을 평가하기 위해 공화, 민주 양당 인사 9명으로 구성된 위원회를 이끌며 만장일치로 NMD 구축이 필요하다는 결론을 내린 보고서를 작성했다. <럼스펠드 보고서>로 불리는 이 보고서는 북한, 이란, 이라크 등이 5~10년 내 미국 본토를 공격할 수 있는 능력을 갖출 수 있다고 전망한 뒤, 미국이 이 같은 위협을 사전에 인지할 수 있는 능력이 줄어들고 있다고 경고했다. 이 보고서가 발표된 지 불과 한 달 만인 1998년 8월 북한은 일본열도를 넘어 태평양상에 도달하는 대포동 미사일을 시험 발사하여 세계를 놀라게 했다. 그리고 이 사건은 미국의 NMD 계획 필요성의 결정적인 명분이 되어 미온적이던 클린턴 행정부도 이를 추진하지 않을 수 없었다.

안보보좌관이 된 콘돌리자 라이스. 파월과 함께 흑인인 라이스는 여자로서는 처음으로 백악관 안보보좌관이 되었다. 앞서의 3명과 달리 그녀는 국방부 출신은 아니다. 하지만 그녀 역시 힘의 외교를 추구하는 강경파이다. 부시의 외교 가정교사 역할을 맡아왔던 스탠포드 대학 교수 출신의 라이스는 공화당 정권의 외교정책은 국제사회의 허황한 이익에 기초를 두는 것이 아니라 국익에 바탕을 두고 추진될 것이라고 말한 바 있다. 그녀가 저술한 두 권의 책 중 한 권은 독일 통일에 관한 것이고 다른 하나는 소련과 체코슬로바카아의 군에 관한 것이었다. 그녀 역시 군사 분야에 상당한 지식을 같고 있음을 엿볼 수 있다.

국무부 부장관 리처드 아미티지(Richard Armitage)를 빼놓을 수 없다. 아미티지는 클린턴 행정부의 대북 정책의 지침서 구실을 한 <페리 보고서>에 대항하여 공화당의 독자적 대북정책 보고서인 <아미티지 보고서>의 작성을 주관했다. 국방장관 물망에도 올랐던 그 역시 국방장관 후보로 거론되었던 폴 월포위츠(Paul Wolfowitz) 국방부 부장관 등 11

명의 한반도 문제 전문가들과 함께 이 보고서 작성에 참여했다.

대표 집필을 맡은 아미티지는 1994년 제네바 핵 합의를 기초로 한 클린턴 행정부의 대북 정책은 미국의 기본 목표인 북한의 대량살상 무기 개발 방지와 북한의 단계적 개혁개방 등에서 실패했다고 규정했다. 그는 북한을 미국의 목표에 맞게 변화시키려면 식량원조, 국제금융기구의 자금지원 등 유인책을 구사해야 하며 만일 이 같은 외교적 노력이 실패로 돌아간다면 봉쇄와 주한미군 증강 등 힘에 의한 억지정책을 추진해야 하며 최악의 경우는 선제 공격도 고려해야 한다고 주장했다.

이는 북한과 미국과 동맹국들이 상호 위협을 줄이면서 호혜관계를 구축하기 위해서는 1단계로 북한의 미사일 발사 중지와 미국의 대북 경제제재 해제, 2단계로 북한의 핵과 미사일 개발 중단을 거쳐, 3단계로 북미, 북일 관계 정상화와 한반도 평화체제 구축 등 3단계의 프로세스를 진행시키되 북한이 거부할 경우 취할 강력한 조치 중 직접 공격을 언급하지 않은 <페리 보고서>와 큰 차이가 있다. 중국과 북한에 대해 강경한 입장을 취하고 있는 이 같은 면면을 볼 때, 부시 행정부의 외교정책 노선이 중국을 전략적 동반자로 삼고 북한에 대해서도 유화적인 정책을 추진해왔던 클린턴 정권의 노선과는 완전히 상반된 방향으로 흐를 것임을 뚜렷하게 예고하는 것이다.

클린턴의 방북 포기

클린턴 대통령은 부시 당선자가 럼스펠드를 국방장관으로 지명한 날인 2000년 12월 28일 북한 방문 포기를 공식 발표했다. 고어의 낙선이 결정된 이후에도 북한 방문의 미련을 버리지 못했던 클린턴은 성명에서 북한 미사일 문제 해결을 위한 우리의 노력을 계속할 충분한 전망이 있다며 차기 정권이 자신의 임기 말미에 진척시킨 미·북 협상 결과를 계승해줄 것을 권고했다. 그러나 부시는 럼스펠드 국방장관 지명자와 가진 기자회견에서 NMD의 신속한 구축을 천명했다. 사실상 클린턴의 요청을 정면에서 거부한 것이다.

김정일의 중국 방문은 갑작스럽게 결정

미국의 이러한 전략 선회에 중국과 북한은 기존의 대응전략을 재정비할 필요성이 제기됐다. 양국의 상황인식 공유가 김정일의 방중을 가져왔던 것이다. 김정일의 중국 방문이 개혁개방 학습이 아니라 미국의 강경노선 선회에 따른 전략적 대응책의 조율에 있다는 것은 김정일의 방중이 갑작스럽게 결정됐다는 사실에서도 뒷받침된다. 한국 정부의 한 관계자는 당시 김정일의 방중은 꽤 오래 전인 3~4개월 전에 합의됐지만 구체적 방중 일자는 아주 급박하게 결정했다고 말했다. 이 관계자는 방문 보름 전, 그러니까 1월 초에 김정일의 중국 방문이 결정된 것으로 추측했다.

1월 초는 부시 당선자가 NMD의 전도사 럼스펠드를 국방장관에 지명한 지 일주일이 채 지나지 않은 시점이다. 한국 정부 소식통이 김정일의 방중이 합의됐다고 한 2000년 10월에는 미국과 북한 간의 중요한 외교 교섭이 있었다. 북한의 권력 서열 3위이며 실질적인 2인자인 조명록 차수가 김정일 국방위원장의 특사 자격으로 미국을 방문한 것이다(방미 기간 2000년 10월 9일~12일). 조명록은 군복을 입은 채로 클린턴 대통령과도 만나 북한을 방문해달라는 김정일의 요청을 전달했다. 2000년 6월 15일 남북정상회담 이후 대북 교섭의 주도권을 한국 정부에 빼앗긴 듯한 기분으로 당황하고 있던 클린턴 행정부에게 조명록은 귀한 손님이었다. 조명록의 군복은 군사 문제와 같은 중요 문제의 협상 파트너는 미국이라는 메시지였다. 클린턴은 2000년 10월 매들린 올브라이트(Madeleine Albright) 국무장관을 북한으로 보내 북한의 외교적 추파에 적극적으로 호응했다.

북한과 미국의 접근은 이번에는 중국을 당황하게 했다. 2000년 6월 15일 남북정상회담 당시 미국이 느꼈던 것과 같은 소외감이었다. 김정일의 중국 재방문 합의는 이런 배경에서 이루어진 것이다. 이 당시에는 중국이 아쉬운 입장이고 북한은 여유 있는 처지였다. 그러나 럼스펠드의 국방장관 지명은 양국이 같은 배에 타고 있다는 인식을 갖게 했다. 양국의 이해 일치가 김정일의 돌연한 중국 방문으로 이어진 것이다.

부시와 중·북한의 전략적 입지

부시의 강경노선이 공식화되기 전까지 북한의 전략적 입지는 그 어느 때보다도 유리했다. 남북정상회담 이후 북한은 국제적 위상이 호전됨과 동시에 상당한 경제적 실리를 챙겼다. 만일 클린턴의 방북이 성사되었다면 — 이는 물론 부시 행정부가 클린턴의 정책을 계승한다는 것을 전제로 한 것이지만 — 북한의 외교적 입지는 한 단계 더 도약했을 것이다. 북한은 중국에 대해서는 '미국 카드', 미국에 대해서는 '중국 카드'를 구사할 수 있는 환경이 조성될 수 있었다는 것이다. 북한은 중소 대립 틈바구니에서 양쪽 모두에게서 실리를 챙긴 바 있음을 주목해야 한다. 하지만 부시의 강경외교 노선으로의 선회로 북한의 입지는 한순간에 궁색해졌다.

김정일의 상하이 방문 이후 북한이 개혁개방에 적극적으로 나설 것이라는 전망이 대세를 이루었다. 그렇지만 이러한 전망을 뒷받침할 북한 당국의 공식적 발언은 나오지 않았다. 김정일의 중국 방문이 끝날 시점인 2000년 1월 20일 북한의 중앙통신이 보도한 내용은 이러한 전망을 오히려 무색하게 만들었다.

중앙통신은 2001년 1월 19일 ≪노동신문≫에 보도된 김정일의 발언을 인용했는데, 그 내용은 "21세기 조선의 전략은 선군 정치로 정치군사적 기초를 다지고 그 힘에 의거해 최단 시간 내에 강력한 국가 경쟁력을 마련해 21세기 세계 경제강국의 대열에 당당히 들어서는 것"이었다. 이 발언에서 보듯, 북한은 경제 발전의 전제조건으로 정치 군사적 기초 다지기를 강조하고 있다. 이는 과거 중국의 선택한 길과 정반대의 길이다. 중국은 경제개발을 위한 병력 감축 등 군사비를 줄였던 것은 주지의 사실이다. 김정일은 예상되는 미국의 외교적 공세를 막기 위해 중국의 지원과 협조를 절실히 필요로 하면서도 중국의 경제개혁 노선의 도입에 난색을 표시해야 하는 곤혹스런 상황에 처하게 된 것이다.

이처럼 북한의 전략적 입지가 궁색해진 데 반해 중국의 전략적 입지는 상대적으로 호전되었다. 우선 북한에 대한 영향력을 강화할 수 있게 됐다. 김정일의 상하이 이벤트의 각본은 중국이 쓴 냄새가 짙다. 김정일이 대동한 인물들의 면면은 앞서 지적한 바처럼, 북한의 이번 중국 방문의 의도가 중국의 개혁개방 쇼윈도를 견학하는 데 주목적이 있는 것 같지 않기 때문이다. 이것만 보아도 중국의 대북한 영향력이 증대되었음을 엿볼 수 있으며 앞으로 중국의 영향력은 더욱 증대될 것으로 예상된다. 두번째로는 미국이 냉전시대의 전략 개념으로 돌아감으로써 클린턴이 상당히 공들여온 '대중국 포위망' 형성 시도에 따른 우려에서 한동안 벗어날 수 있게 됐다.

NMD 추진과 미·중의 외교적 대응

물론 부시의 신전략은 중국에게 상당한 부담을 주었다. 미국의 NMD추진에 따라 중국이 군비경쟁에 나선다면 이는 경제 건설에 상당한 지장을 초래할 것이다. 레이건 행정부 당시 미국의 군비경쟁으로 소련이 거덜난 것과 같은 상황까지 가지는 않겠지만 중국 자신이 설정한 경제 목표를 실천하는 데 상당한 지장을 줄 것임은 분명하다. 또 중국의 군비강화는 대만의 경계심을 높일 것이고 또한 주변국의 우려를 불러일으켜 중국과의 유대가 손상될 위험성도 있다. 미국 역시 이러한 점을 노리고 있다. 중국의 영향력 팽창을 견제하고 경제력 증대를 억제하는 두 마리의 토끼를 잡으려 한 것이다.

중국은 미국의 정권 교체에 대해 다각적으로 발 빠르게 대응했다. 앞서 상세히 살핀 것처럼, 부시의 대통령 취임 전에 NMD 추진의 중요한 빌미를 제공하고 있는 북한을 상하이로 불러들여 북한의 적극적인 개혁개방 의지를 과시케 한 것이 그 한 예이다. 주미대사도 교체했다. 새로 주미대사가 된 인물은 양졔치(楊潔篪)로 그는 부시 가문과 깊은 인연을 맺고 있는 인물이다. 부시 대통령의 부친인 조지 부시 전 대통령이 중국연락사무소장으로 있을 때 그의 쓰촨 성 여행에 안내와 통역을 맡았던 인연을 갖고 있다. 부시가 새 각료의 인선을 아직 채 끝내지도 않은 2000년 12월 27일에 주미대사의 교체를 발표할 정도로 아주 발 빠른 행보였다.

그러나 무엇보다도 눈여겨볼 대목은 중국이 NMD 교섭에 나섰다는 점이다. 중국은 그동안 미국의 NMD 추진 계획에 대해 강력히 반대 의사를 표명해왔다. 츠하오톈 국방부장은 2000년 7월 13일 "NMD는 세계 전략 균형과 안정에 부정적 영향을 미칠 것이다"라고 말했으며 장쩌민 주석도 그 5일 뒤 "NMD가 세계의 힘의 균형을 깨는 새로운 군비경쟁을 촉발, 지역 안보를 위태롭게 할 것이다"라고 말했다. 미국 부시 행정부가 NMD 추진 강행의사를 밝힌 뒤 이러한 입장은 재확인 되었다. 중국의 당 기관지 《인민일보》는 2001년 1월 9일자에서 "부시의 NMD추진 강행은 군비경쟁을 촉발, 지역 안보를 위태롭게 할 것이다"라고 주장했던 것이다. 중국이 이처럼 NMD에 대해 민감한 반응을 보이는 것은 NMD와 TMD 추진의 명분은 북한이지만 겨냥하는 진정한 목표는 중국이라는 사실을 잘 알기 때문이다.

이러한 가운데 미국의 《뉴욕타임스》는 2001년 1월 29일자에서 미국의 민간 군사 전문가들이 최근 중국을 방문, 중국의 정부관리 및 민간학자와 NMD 문제를 논의하였다는 기사를 보도하였다. 이 회동에서 양측의 입장은 평행선을 달렸다고 이 신문은 전했다.

미국측은 NMD추진 과정에서 중국이 NMD가 방어목표로 삼고 있는 국가(물론 북한을 지칭한다)에 중국이 미사일 및 NMD의 대응수단을 제공하는 것에 대해 우려를 나타냈다. 반면 중국은 NMD가 북한을 포함한 불량국가들의 공격에 대비하기 위한 방어체제라는 데 이의를 제기하면서 NMD가 실제로는 미국의 공격력을 강화하는 것이라는 점을 지적했다.

칭화 대학의 안쉐퉁 교수는 NMD는 미국이 보복당하는 것을 걱정하지 않고 아무 때나 공격을 가할 수 있게 할 것이라고 지적하고, 미국이 100% 안전하다고 느낀다면 3차 대전을 우려할 필요가 없으므로 미군은 더 무모해지고 또 모두에게 위협이 될 것이라고 주장했다. 하지만 이들 서로의 입장을 일방적으로 상대방에 주장하지만은 않았다. 양측 전문가들은 부시 대통령이 NMD 규모를 분명히 제한하고 또 중국이 미국에 대해 핵 보복을 가할 수 있는 능력을 갖추는 것을 보장하는 방안에 대해 논의한 것이다.

중국은 현재 20개 미만의 장거리 미사일을 보유하고 있으나 모두 노후한 상태라 이동이 가능하고 더 정확도가 높은 신형 미사일 개발에 착수한 것으로 추정되고 있다. 이러한 양측의 논의에 대해 미국 부루킹스 연구소의 베이츠 길(Bates Gill) 박사는 양국의 목표는 NMD 예상 규모와 중국이 개발하려는 공격용 무기 수에 관한 전략적 이해를 모색하는 것이라고 평가했다.

물론 이는 공식적인 논의는 아니다. 하지만 중국이 미국의 NMD 추진을 인정하고 이를 자국의 전략적 이해를 손상시키지 않는 통제된 상태로 추진되도록 유도하는 데 관심을 보이기 시작하고 있다는 점에서는 중요하다. 실사구시적 접근이 아닐 수 없다.

미국의 대외전략에서 큰 영향력을 행사하는 두 축은 '월스트리트'

와 '군산 복합체'이다. 클린턴 행정부가 월스트리트에 중점을 둔 세계전략을 폈다면 부시는 클린턴 집권기간 동안 소외된 군사복합체의 이익을 대변하는 정권이라고 볼 수 있다. 1997년 아시아에 밀어닥친 환란은 월스트리트에게는 복음이었는지는 몰라도 미국의 군사복합체에게는 그야말로 악몽이었다. 냉전 종식으로 군수 분야에 대한 수요가 줄어들고 있는 가운데 미국의 주요 무기 수입국이었던 한국 등은 환란의 와중에서 구매력을 상실, 미국의 군사복합체는 시장의 축소라는 위기에 빠지게 된 것이다. 중국은 이러한 미국이 처하고 있는 상황을 잘 알고 있기 때문에 부시의 미국이 NMD와 TMD를 결코 포기하지 못할 것임을 파악하고 이를 인정하는 전제하에서 대응책을 모색하고 있는 것이다.

중국의 외교적 딜레마

중국이 이처럼 신속하게 대응하고 있지만 부시 행정부의 출범은 중국의 외교전략에 대한 여러 가지 변화된 도전을 제공하고 있음은 분명하다. 파월 국무장관은 취임 첫 만나는 외교사절로 중국대사를 선택했다. 그러나 첫 대면은 우호적인 것이 아니었다. 파월은 2001년 1월 24일 이임하는 리자오싱(李肇星) 대사를 만난 자리에서 하루 전인 23일 베이징의 천안문 광장에서 벌어진 파룬궁 신도 5명의 분신기도 사건을 언급했다. 그는 체포된 파룬궁 신도들을 전원 석방할 것을 촉구하고 파룬궁에 대해 관용과 법에 따른 대응을 주문했다. 더욱이 그는 양국간에 이견이 발생할 때에 미국은 단호한 자세를 취할 것임을 경고했다.

중국은 이에 대해 외교부 대변인을 통해 즉각 반박하는 데 그치지 않았다. 분신기도자 중에 1명이 12살이라는 사실과 그들의 분신 장면을 공식 매스컴을 통해 공개함으로써 파룬궁이 중국이 규정한 것처럼 사교(邪敎)임을 강조했다. 한동안 잠잠하던 파룬궁 문제가 미국이 전통적으로 활용해온 인권 카드로 사용될 것임을 우려한 탓이다.

중국이 직면한 도전으로는 대만 문제도 있다. 천수이벤 대만 총통은 2000년 12월 부시 후보의 대통령 당선이 확정되기 전 윈스턴 로드(Winston Lord) 전 국무차관보를 단장으로 하는 미국 외교정책위원회 대표단을 접견한 자리에서 미국의 차기 정부는 중국과 교섭할 때 대만의 이익을 희생해서는 안 된다고 주문했다. 그는 이 자리에서 클린턴이 상하이를 방문했을 당시 천명한 3개의 노(No) 정책을 언급했다. 클린턴이 '대만의 독립을 지지하지 않는다', '두 개의 중국, 하나의 중국 하나의 대만을 지지하지 않는다'. '대만의 유엔 가입을 지지하지 않는다'라고 선언했던 것을 환기시켰다. 천 총통은 여기에 양안 문제의 무력 해결을 지지하지 않는다를 '네번째의 노'로 명확히 밝혀야 한다고 요구한 것이다. 파월은 상원 인준 청문회에서 이러한 대만의 주문에 화답하는 발언을 했다는 것은 앞서 언급한 바와 같다.

미국의 새 행정부 출범에 따라 파룬궁이 발호하고 또 대만의 입지가 강화되면 장쩌민은 상당히 곤혹스런 입장에 처하게 된다. 16대를 앞두고 덩샤오핑과 같은 태상황의 지위를 확보하려 물밑작업을 벌이고 있는 장쩌민에게 파룬궁 문제가 또 다시 불거지는 것은 보수파의 입지를 강화시켜준다는 점에서 유리할 것이 없는 사태 발전이다. 파룬궁 문제는 리펑의 측근이며 보수파의 교두보 격인 뤄간이 최고 책임을 맡고 있다. 대만 문제 역시 장쩌민에게 고민거리였다. 장쩌민은 퇴임 이전에 대만 문제를 마무리하겠다는 의지를 표명해왔다. 대만이 독립을 추진할 경우, 무력도 불사하겠다는 입장을 취해왔다. 단거리 탄도 미사일과 크루즈 미사일 개발은 이러한 위협의 구체적 표현이다. 양안 긴장은 군부의 발언권을 강화시킬 것이 분명한데 장쩌민의 군부에 대한 통제력이 아직 다져지지 않은 가운데 군부 발언권의 증대는 장쩌민의 정국 구상에 심각한 타격을 줄 것은 불문가지이다.

중국의 장기적 포석

2000년 연말 베트남의 대통령이 중국을 방문, 양국간의 오랜 난제인 국경 문제를 마무리지었다. 리펑 전인대 상무위원장은 1월 9일 인도를 방문했다. 그리고 3월 중에는 한국을 방문했다. 뒤이어 9월에 장 쩌민 주석이 북한을 방문했다. 2000년 말부터 2001년 상반기에 걸쳐 중국의 정상 외교의 초점이 2000년 클린턴이 중국 포위망 구축을 위해 적극적으로 펼쳤던 외교 경로를 되밟고 있음을 확인할 수 있다. 중국은 남북한을 동시에 방문할 수 있다는 사실에서 미국보다 유리한 고지에서 있다는 인상마저 준다.

중국은 이를 통해 중국 포위 전략 개념이 다시 지펴지는 것은 예방하는 한편 부시의 새로운 전략에도 좀 더 체계적인 응전방안을 모색하고 있다. 여기서 주목할 것은 부시의 미국이 완전히 종결되지 않은 냉전적 질서에 의존하려는 자세를 보이고 중국도 중화적 질서를 회복하려는 장기적 전략을 고수하려 하고 있다는 점이다.

2001년 장쩌민의 북한 방문

장쩌민 중국 국가 주석 겸 총서기가 2001년 9월 3일부터 5일까지 2박 3일간 북한을 방문했다. 장쩌민의 북한 방문은 2000년 4월 10일 남북정상회담 개최 합의 사실이 발표된 이후 1년 4개월여 동안 북한이 벌였던 일련의 외교 이니셔티브의 한 매듭을 짓는 외교행사였다고 의미를 부여할 수 있다.

1994년 7월 김일성의 갑작스런 사망으로 북한의 최고 지도자가 된 김정일은 '은둔의 지도자'라는 말을 들을 정도로 활동의 전면에 나서지 않았다. 외빈과의 회담 등 의전적인 업무의 상당 부분을 최고 인민회의 상임위원장 김영남에게 맡겨버렸다.

막후에서 최고 결정권자의 역할을 했던 덩샤오핑을 연상시키는 처신이었다. 김정일이 앞세우는 직책의 명칭이 중국의 총서기에 해당하는 총비서가 아닌 국방위원장이란 사실도 김정일이 덩샤오핑을 모방한 것이 아니냐는 추측을 불러일으켰다. 그런 김정일이 2000년 4월 이후 미뤄둔 숙제를 해치우듯 활발한 정상외교를 펼쳤다. 자신이 직접 나서기도 했고 대리인을 내세우기도 했다. 그리고 그 하나하나 의표를 찌르는 것이었고, 각각의 외교 이벤트마다 '최초의' 혹은 '역사적'이라는 수식어가 따라붙었다.

김대중 대통령과 2000년 6월 15일 평양에서 가진 회담은 분단 55년 만에 처음으로 이루어진 남북정상회담이었다. 김정일은 2000년 5월과 2001년 1월 두 차례 중국을 방문했다. 2000년 중국 방문은 그가 북한의 최고 지도자가 된 이후 첫 해외 방문이었다. 그리고 2001년 7월 말부터 8월 중순까지 24일간 러시아를 방문했다. 한 해 전 블라디미르 푸틴 러시아 대통령이 구소련을 포함, 러시아의 정상으로는 사상 처음으로 북한을 방문한 데 대한 답방 형식을 취했다.

미국과는 이른바 특사외교를 펼쳤다. 2000년 10월 9일 국방위원회 제1부위원장 조명록 차수를 미국 워싱턴에 보냈다. 조 차수는 군복 차림으로 백악관에서 미국의 군통수권자인 빌 클린턴 당시 대통령을 만나 김정일의 평양 방문 초청장을 전달했다. 북한 정권의 2인자인 조명록과 같은 북한의 고위급 인사가 미국의 심장부라 할 수 있는 백악관의 대통령 집무실에 들어선 것도 사상 처음이었고 미국과 북한의 정상 간에 외교문서가 건네진 것 역시 사상 초유의 일이었다. 같은 달 23일 매들린 올브라이트 국무장관이 북한을 방문했다. 올브라이트는 북한을 방문한 미국의 현직 최고위급 관리라는 기록을 세웠다.

2000년 4월 이후 북한은 한국과 주변 4강 중 일본을 제외한 모든 국가와 고위급 외교 교섭을 가진 것이다. 그 접촉이 성사되는 과정은 이처럼 하나같이 극적이었고 역사적이었다.

장쩌민의 북한 방문은 김정일이 두 차례 중국을 방문한 데 따른 답방 형식을 취하고 있다. 장쩌민의 북한 방문으로 2000년 4월 이후 김정일의 외교 이니셔티브가 일단 한 매듭을 지은 것으로 보는 데는 다음과 같은 이유 때문이다. 우선 김대중 대통령의 방북에 대한 김정일의 서울 답방이 김대통령 재임 중 실현될 가능성이 높지 않다는 사실을 들 수 있다. 또한 미국에서 공화당의 조지 W. 부시 대통령 정권이 출범함에 따라 미국과의 고위급 외교 접촉도 그 가능성이 아주 희박해졌다는 것도 지적하여야 한다. 2000년 말까지만 해도 미국 대통령의 북한 방문에 이은 김정일의 서울 답방이 2000년 4월부터 시작된 북한의 외교 이니셔티브의 피날레가 될 것으로 여겨졌다. 하지만 이제는 상황이 완전히 달라졌다. 언젠가 있을지 모를 그러한 외교 이벤트는 새로운 외교 라운드의 시작이 될 것이다. 이런 배경하에서 이루어진 장쩌민의 북한 방문은 새로운 외교 라운드에 들어가기에 앞서 상당 기간 지속될 동북아의 신질서를 최종 마무리하는 성격의 외교 행사였다고 볼 수 있다.

장쩌민 방북의 몇 가지 특징

장쩌민의 2001년 북한 방문은 국가 원수로서의 방문이 아니라 당 총서기로서의 방문이다. 장쩌민은 잘 알다시피 당 총서기와 국가 주석직을 겸하고 있었으며 외교 활동은 주로 국가 주석의 자격으로 수행해 왔다. 덩샤오핑 집권 이후 당·정 분리 원칙에 따라 당의 최고 지도자와 국가의 최고 지도자가 각각 다른 사람이 맡는 원칙이 지켜져왔다. 권력이 한 개인에게 집중된 마오쩌둥 시절의 폐해를 피하기 위한 목적에서였다. 그러던 것이 1992년 14대 이후에는 당·정의 최고 직위를 한 사람이 겸하는 것으로 바뀌었다. 이렇게 된 데는 국내외적 요인이 복합적으로 작용했다. 내부적 요인으로는 장쩌민의 입장 강화를 위해서였다. 리펑, 차오스 등 쟁쟁한 라이벌이 있는 상황에서 그의 후계자의 입지를 확고히 하기 위해 당·정·군의 최고 직책을 몰아줄 필요가 있었다. 외부적 요인으로는 소련 해체와 동구 공산권의 몰락으로 당 대 당의 외교 상대 국가가 크게 축소되었다는 점을 들 수 있다. 또 다른 요인으로는 중국이 개혁개방을 본격화함에 따라 비공산권 국가와의 정상외교의 빈도가 과거와는 비교할 수 없을 정도로 많아졌다는 사실이 지적될 수 있다.

당 우위의 원칙이 지켜지는 중국에서 최고 권력자로서의 위치는 국가 원수인 국가 주석이라는 직책이 아니라 당 총서기, 즉 공산당의 수장이라는 직책이다. 따라서 당 총서기와 국가 주석이 분리되어 있는 상황에서는 의전상으로 당 총서기의 정상외교 공간은 크게 제약될 수밖에 없었다. 이러한 상황을 타개하기 위하여 당 총서기가 국가 주석을 겸직하는 일이 불가피했던 것이다. 이후 장쩌민의 외교활동은 국가 주석의 자격으로 수행되었다. 심지어 같은 공산권 국가인 베트남과 쿠바와의 정상 외교에서도 국가 대 국가라는 의전 원칙이 지켜졌다. 장쩌민의 카운터파트너의 직책은 베트남의 경우 대통령이었고 쿠바의 경우에는 국가평의회 의장이었다.

외교부가 아닌 당 대외연락부가 공보업무 수행

당 대 당의 정상 회담이었기 때문에 공보업무는 외교부가 아닌 당 중앙 대외연락부가 맡았다. 장쩌민의 방북 결과에 대한 베이징에서의 내외신 기자회견을 주관한 것은 외교부가 아닌 대외연락부였다. 2001년 1월 중순 김정일이 두번째로 중국을 방문한 뒤 이루어진 중국 측의 내외신 기자회견을 주관한 것은 외교부였다. 따라서 이때는 총서기와 총비서의 회담이 아닌 국가 주석과 국방위원장 간의 회담이었던 셈이다. 중국이 장쩌민의 북한 방문에서 당 대 당의 의전 형식을 취하게 된데는 일단 두 가지 이유 때문이라고 보아야 한다.

첫째는 북한측 사정 때문이다. 북한은 김일성 사망 이후인 1998년 9월 국가 주석제를 폐지하였다. 김일성을 영원한 주석으로 추대하기 위해서였다. 그 결과 북한은 1994년 이전의 중국처럼 최고 의사결정권자인 최고 지도자와 국가를 대표하는 인물이 다르게 되었다. 명목상의 국가 수반은 김영남 최고 인민회의 상임위원장이고 최고 지도자는 당 총비서와 국방위원장을 겸임하고 있는 김정일인 것이다. 국가 대 국가의 의전 형식을 취하게 되면 장쩌민의 주 카운터파트는 김영남이 된다.

따라서 당 대 당의 의전형식을 취하는 것은 불가피했다.

다른 하나의 이유로 중국의 김정일에 대한 배려를 꼽을 수 있다. 김정일은 8월 4일 모스크바 방문 당시 소련 붕괴 이후 러시아를 방문한 외국 지도자로서는 처음으로 레닌 묘에 헌화했다. 세계 언론의 비아냥이 따랐음은 물론이다. 김정일의 이러한 행동은 1991년 7월 소련 쿠데타 실패 후 모스크바에 귀환한 고르바초프가 "나는 여전히 사회주의를 신봉한다"고 밝힌 것과 같은 실책이 아닐 수 없었다. 쿠데타가 진행되는 동안 여름 휴양지에 유폐되어 모스크바에서 전개된 상황을 알지 못했던 고르바초프는 이 발언으로 대중의 지지를 잃게 되었고 결국 이는 그 자신의 정치적 몰락의 한 원인이 되었다. 훗날 고르바초프의 정치고문이었던 야코블레프(Alexander Yakoblev)는 고르바초프의 그 연설을 두고 그의 일생 중 최악의 연설이라고 회고한 바 있다.

2000년 4월 이후 이 은둔의 지도자의 변모와 관련 그 진실성 여부를 주시해왔던 관찰자들에게 레닌 묘 헌화는 그의 변신의 몸짓이 덩샤오핑식의 변화와는 거리가 있는 것이라는 의심을 갖게 하기에 충분한, 역효과만 주는 외교 이벤트였다. 사회주의 이념에 대한 김정일의 변함없는 충성심을 확인한 이상 중국은 당연히 국가 대 국가 식의 의전이 아니라 당 대 당의 의전을 택해야 마땅했고 또 그렇게 했다.

당 총서기와 국가 주석을 겸하고 있기 때문에 이번 장쩌민의 방북은 많은 기록을 남겼다. 중국의 당 총서기로서는 1990년 3월 이후 11년 만의 방문이었다. 1990년 당시의 총서기는 바로 장쩌민이었으니 장쩌민 개인적으로도 11년 만에 북한을 다시 방문한 셈이다.

국가 주석의 방북으로 따지자면 1992년 4월 이후 9년만의 방문이었다. 당시 국가 주석은 양상쿤이었다. 당·정의 최고 직위를 겸직한 지도자가 북한을 방문하기는 사상 두번째이다. 첫번째는 당 주석과 총리를 겸임하고 있던 화궈펑으로, 그는 23년 전인 1978년에 방문했다. 장쩌민의 북한 방문을 수행한 주요 인사들의 면면을 권력서열 순으로 살펴보면 다음과 같다.

1. 정치국위원, 부총리 첸지천(錢其琛)
2. 정치국 후보위원, 서기처 서기, 조직부장 쩡칭홍
3. 중앙군사위 위원, 인민해방군 부총참모장 궈보슝(郭伯雄)
4. 당 중앙판공청 주임 왕강(王剛)
5. 당 중앙연락부 부장 다이빙궈(戴秉國)
6. 당 중앙외사판공실 주임 류화추(劉華秋)
7. 당 중앙 판공청 부주임, 중앙 경위국(警衛局) 국장 여우시구이(由喜貴)
8. 중앙 정책연구실 부주임 왕후닝(王滬寧)
9. 외교부 부부장 왕이(王毅)
10. 대외경제무역합작부 부부장 안민(安民)
11. 철도부 부부장 류즈쥔(劉志軍)
12. 총서기 판공실 주임 자팅안(賈廷安)

이들은 《인민일보》가 장쩌민이 북한 방문을 위해 출국한 사실을 보도하면서 거명한 인사들이다. 이들 중 장쩌민의 최측근 인사인 쩡칭홍과 경호와 비서 역할을 하는 중앙판공실 주임과 부주임, 그리고 총서기 판공실 주임을 제외한 인물들을 분류해보자.

외교 분야의 인물이 가장 많다. 첸지천, 다이빙궈, 류화추, 왕이 등 모두 4명이다. 외교 담당 부총리인 첸지천은 잘 알려져 있다시피 중국의 외교전략을 총괄하고 있는 인물이다. 다이빙궈는 당내의 외교부문 최고 책임자다. 당·정의 외교부문 최고 책임자가 장쩌민의 북한 방문을 수행한 것이다.

외교부장직을 놓고 탕자쉬안(唐家璇) 현 외교부장과 경합했던 류화추는 중국 최고의 미국통으로 꼽히는 인물이고, 외교부 최연소 부부장인 왕이는 외교부에서 아시아 문제를 담당하는 최고 책임자이다. 비록 외교부장이 수행을 하지 않았지만 중국 외교의 최고 지도층이 모두 북한 방문을 수행했다고 보아야 할 것이다.

외교부문 다음으로는 경제부문 인사다. 모두 2명으로, 대외경제무역합작부 부부장 안민과 철도부 부부장 류즈쥔이 그들이다. 이들의 직급은 모두 부부장, 즉 차관급이다. 외교부문과 비교해 볼 때 수도 적고 격도 떨어진다. 이는 북한 방문에서 경제분야가 주요 현안으로 다루어지지 않았다는 이야기다. 철도부 부부장이 수행자 명단에 포함된 것은 김정일이 러시아 방문 때 시베리아 횡단철도(STR)와 한반도 종단철도(TKR)를 연결하기로 합의한 사실 때문임은 두말할 필요가 없다. 따라서 철도부 부부장은 순전히 경제분야의 수행자로 보기는 어렵다. 외교부문 논의의 참고인 성격도 함께 갖고 있는 것이다.

이들을 빼면 궈보슝, 왕후닝이 남는다. 인민해방군 부총참모장인 궈보슝은 군사분야 담당 수행자이다. 상하이 푸단 대학 국제정치학 교수 출신인 왕후닝은 '쩡칭훙의 쩡칭훙'이라고 불러도 좋을 만한 쩡칭훙의 브레인이다. 1995년 중앙으로 불러 올려진 뒤 그는 장쩌민의 대외 이미지 연출을 담당하고 있다. 평양 순안 공항에서 김정일과 처음 만날 때 서로 포옹했는데, 이는 왕후닝의 연출일 가능성이 높다. 1997년 10월 보리스 옐친 당시 러시아 대통령이 중국을 방문했을 때 왕후닝은 장이 옐친과 포옹하는 장면을 연출시켜 AP통신을 통해 전 세계에 타전한 바 있다.

장쩌민의 북한 방문을 주시하는 세계 언론 앞에서 양국의 두 지도자가 서로 포옹함으로써 양국 사이가 '특별한 관계'임을 주지시킨 것이다. 그러나 왕후닝이 이런 이미지 연출만 담당했을 것 같지는 않다. 그의 전공이 국제정치학이고 또 쩡칭훙의 브레인이라는 사실을 감안할 때, 북한과의 외교 교섭에서도 조언자의 역할을 했을 것이다. 수행자의 면면을 통해 볼 때, 장쩌민의 이번 북한 방문은 경제협력보다는 외교 문제에 무게가 실린 방문이었다고 보는 것이 정확할 것이다.

한국 방문 시는 경제부문 인사가 다수 수행

북한 방문 6년 전인 1995년 장쩌민이 국가 주석의 자격으로 한국을 방문했을 때의 수행자 명단과 비교해보면 장의 이번 방북이 외교에 무게중심이 실린 것이라는 점이 보다 분명해진다. 당시의 수행자 명단을 보자.

1. 부총리, 외교부장 첸지천
2. 정치국위원, 서기처 서기 딩관건(丁關根)
3. 당중앙 판공청 주임 쩡칭훙
4. 국가경제무역위 주임 왕중위(王忠禹)
5. 화학공업부 주임 구수롄(顧秀蓮, 여)
6. 대외무역 경제합작부 부장 우의(吳儀, 여)
7. 주석 특별보좌관 왕웨이청(王維澄)
8. 외교부 부부장 탕자쉬안

명단을 일별하면 알 수 있듯이, 경제부문 인사들이 수행자의 다수를 점하고 있다. 수행자 명단을 통해 중국이 한국과는 경제에, 북한과는 외교와 군사에 중점을 두고 교섭하고 있는 사실이 드러나는 것이다. 몇 가지 사실을 더 비교해보자.

1995년 한국 방문 당시의 장쩌민의 한국 체류 기간은 4박 5일이었으며 경주와 제주도 등 서울 외에 지방 도시와 관광지를 방문했다. 북한 방문 시의 체류 기간은 2박 3일로 한국 방문 당시의 절반에 불과하며 평양 이외의 다른 도시를 방문하지도 않았다. 종합적으로 한국을 북한보다 더 중시하고 있다고 하면 지나친 비약일까.

장쩌민의 중국이 남북한을 똑같이 대한 것이 하나 있다. 남북의 최고 지도자가 두 차례 중국을 방문한 뒤에서야 답방을 했다는 것이다.

한국의 경우 1992년 9월, 그리고 1994년 3월 한국의 대통령이 중국을 방문한 뒤인 1995년 11월 한국을 답방했다. 장쩌민의 이번 답방에 앞서 김정일은 2000년 5월과 2001년 1월 두 차례 중국을 방문했다. 공교롭게도 한번은 베이징을 다른 한번은 상하이를 먼저 방문하게 한 것마저 같다. 1992년 노태우 대통은 베이징을 먼저 방문했지만 1994년 김영삼 대통령은 상하이를 거쳐 베이징으로 왔다. 김정일 역시 두번째 방문에서는 베이징을 지나쳐 상하이를 먼저 둘러본 뒤 베이징을 방문했다. 김정일의 북한을 한국과 동등하게 취급하겠다는 중국의 속셈이 엿보이는 대목이다.

장쩌민과 김정일의 정상회담이 있은 뒤 양 지도자간 공동성명(Joint Communiqué)은 발표되지 않았다. 중국과 북한 간 외교 교섭에서 공동성명이 발표되는 것은 이례적이고 발표되지 않는 것이 정상적이다. 지금까지 양국 교섭에서 공동성명이 발표된 적은 단 한 차례였다. 1970년 4월 저우언라이 총리가 방문하였을 때였다. 저우 총리는 김일성과 회담한 뒤 강경한 어조의 반일 - 반미 공동성명을 발표했다.

중국은 1969년 11월 리처드 닉슨 미 대통령과 사토 에이사쿠(佐藤榮作) 일본 총리가 공동성명을 발표하자 경악을 금치 못했다. 이 공동성명은 1969년 7월 닉슨이 아시아 전역에서의 미 군사 불개입을 선언한 '괌 독트린'의 후속 조치로서 일본의 군사력 증강을 사실상 촉구하는 내용이었기 때문이었다. 소련과 심각한 분쟁을 벌이고 있던 중국은 이 공동성명을 보고 소련과 일본에 의한 '중국 포위망'이 구축되는 것이 아니냐 하는 우려를 느꼈고 그 불안감은 바로 북한과의 '이례적인' 공동성명 발표로 이어졌던 것이다. 참고로 중국 영도자급 인사(부총리 이상)의 첫 북한 방문은 1958년에 이루어졌다. 저우언라이 총리는 이 방문에서 북한 주둔 중국군의 전원 철수를 합의했다. 북한 영도자급 이상의 첫 방문은 1953년 말에 이루어졌다. 김일성이 당시 수상 자격으로 방문했다.

공동성명 발표 안 해

비록 공동성명이 발표되지 않는 것이 전통이기는 하였으나 이번에는 공동성명의 발표 가능성에 기대를 가졌던 것이 사실이다. 우선 중국이 러시아를 의식하지 않을 수 없을 것이라는 이유 때문이었다. 2000년 7월 19일 블라디미르 푸틴(Vladimir Putin) 러시아 대통령이 북한을 방문했을 때 양국 정상은 조·러 공동선언에 서명하였다. 또 2001년 8월 4일 김정일이 모스크바를 방문, 정상회담을 가졌을 때도 8개 항의 공동성명, 즉 모스크바 선언이 발표되었다.

중국과 러시아 양국 모두는 한국과의 수교를 전후, 혹은 계기로 해서 북한과 냉랭한 관계를 유지해왔다. 정상의 상호 방문으로 불편한 관계가 해소됐지만 그것이 과거와 같은 관계로의 복원이 아님은 분명하다. 이 재정립된 관계를 상호간에 확인하고 또 대외에 알리기 위해서는 공동선언, 즉 공동성명이라는 문건이 필요하다. 러시아가 이런 형식을 밟은 이상 중국도 하지 않겠느냐가 공동성명을 기대했던 첫번째 이유다. 두번째는 중국 외교부장 탕자쉬안의 언급 때문이었다. 탕자쉬안은 장쩌민의 북한 방문을 앞둔 9월 1일 일본 ≪아사히(朝日)신문≫과의 회견에서 이번 장쩌민의 북한 방문에서 합의 문서가 발표될 것이라고 말했었다. 탕 부장의 이러한 언급은 적어도 중국 측에서는 공동성명을 발표하려 했다는 심증을 갖게 한다. 그렇다면 공동성명은 북한측이 희망하지 않았다는 얘기가 된다.

앞서 중국은 이번 장쩌민 주석의 북한 방문을 통해 북한을 혈맹과 같은 특수 국가가 아닌 일반 국가로 격하하려 했다는 점을 지적한 바 있다. 과거 반세기가 넘는 양국의 교섭사에서 단 한 차례 있었던 공동성명을 발표한다는 것은 바로 북한과 중국이 더 이상 특별한 사이가 아니라는 것을 내외에 천명하는 것이 된다. 북한 입장에서는 이러한 것이 하등 도움이 되지 않는다. 공동성명 발표가 이루어지지 않은 이유로 여전히 중국과는 특수 관계임을 외부에 보이고자 하는 북한의 희망이 고려된 것으로 볼 수 있다.

다른 하나의 이유로는 공동성명을 통해 양국 입장을 구체화하는 것보다 모호하게 두는 편이 서로에게 이익이 된다고 판단한 것으로 볼 수 있다. 이는 뒤집어 말하면 양국간에는 공통인식보다는 쉽게 합의할 수 없는 각자의 시각을 견지하고자 하는 욕망이 강하다는 것이다. 대외적으로는 우호적인 관계로 보이고 싶으나 현안에 대한 상호 인식의 괴리는 쉽게 메울 수 없었던 모양이다. 공동성명이 발표되지 않은 데 대한 주변의 의구심을 떨쳐버리려는 듯 양국은 정상회담을 긍정적으로 평가하는 언론 발표를 각각 내놓았다.

장쩌민은 귀국 중 기내에서 김정일 앞으로 감사전문을 보냈다. 북한 중앙방송에 따르면 장쩌민은 감사전문에서 자신의 북한 공식 친선 방문이 원만히 마무리됐다고 평하고 "방문 기간에 우리는 총비서 동지와 친근하고도 우호적인 회담을 진행하고 전통적인 중·조 우호협조관계를 더욱 공고하게 발전시키는 문제와 기타 공동 관심사에 대하여 깊이 있는 의견을 교환하였으며 광범위한 견해의 일치를 보았다"고 밝혔다. 이어 장쩌민은 "나는 방문이 성과를 거둔 것에 대해 매우 만족하게 생각한다"고 말했다. 장쩌민은 이어 미래를 내다보면서 "우리는 전통적인 중·조 우호협조 관계가 새 세기에 장기적으로 안정되게 발전할 것이라는 것에 대한 신심(믿음)으로 충만되어 있다"면서 "나는 쌍방 노력에 의하여 중·조 친선의 꽃이 더욱 아름답게 피어날 것이며 보다 풍만한 열매를 맺게 되리라고 믿는다"라고 덧붙였다.

북한 역시 회담에 대한 평가는 긍정적이었다. 9월 6일 북한이 장쩌민의 북한 방문과 관련하여 보도한 상보의 평가 대목은 다음과 같다.

……조·중 두 나라 인민들과 국제사회의 커다란 관심 속에 성공적으로 진행된 강택민 동지의 우리나라 방문은 조·중 두 나라 영도자들 사이의 친

분관계를 더욱 두터이 하고 21세기 조·중 친선관계를 끊임없이 강화발전시켜 나가는 데서 중요한 의의를 가지는 역사적인 사변으로 된다(사건이 되었다). 김정일 동지와 강택민 동지 사이의 두터운 친분관계에 기초한 조·중 친선은 두 나라 인민들의 공동의 노력에 의하여 새 세기의 요구에 맞게 더욱 강화·발전되어나갈 것이다.

영국의 ≪파이낸셜 타임스≫는 장쩌민의 북한 방문은 10월 부시 미 대통령과의 정상회담을 앞두고 북한에 대한 영향력을 확인하는 것이 일차적인 목표라고 보도한 바 있다. 북한의 입장에서는 미국에 대한 외교의 지렛대를 확보하는 것과 아울러 경제 지원을 얻어내는 것이었다.

이런 시각에서 장쩌민의 북한 방문을 평가한다면 절반의 성공을 거둔 것으로밖에 볼 수 없다. 장쩌민의 북한 방문으로 양국은 우호 관계를 복원하는 데는 성공했지만 한계가 있음을 보여주었다. 장쩌민의 북한 방문을 두고 주변국의 구체적 관심사는 두 가지였다.

하나는 중국이 김정일의 한국 방문을 권유할 것인가의 여부와 권유한다면 이에 대한 북한의 반응은 어떨 것인가 하는 것이었다. 다른 하나는 중국식 개혁 모델을 받아들일지 여부에 대한 북한측의 입장이 어떻게 표명될 것인가였다. 북한은 2000년 남북 공동성명 발표 이후 개혁개방의 제스처를 보여준 것이 사실이었다. 하지만 1년이 지나도록 구체적 실천 내용이 없었다. 개혁개방의 성공 사례인 중국의 최고 지도자가 방문한 것은 북한의 분명한 입장 표명을 위한 중요한 무대장치가 될 수 있기에 이에 대한 관심이 높았던 것이다.

장쩌민의 감사전문과 뒤이은 언론 발표 등은 장쩌민이 답방을 권유했는지의 여부에 대해 명확히 밝히지 않았다. 왕자루이(王家瑞) 중국 대외연락부 부부장은 9월 5일 귀국 기자회견에서 서울 방문 촉구 여부에 관한 질문을 받고, "그것은 (남북한) 두 나라가 알아서 할 문제"라고 답했다. 이 같은 언급은 장쩌민이 직접적으로 답방을 권유하지는 않았다는 뉘앙스로 들린다. 하지만 장쩌민은 답방을 권유했다. 왕자루이가 그렇게 말했던 것은 김정일의 답변이 신통치 않았던 때문이었다.

장쩌민 김정일에 한국 답방 권유

리빈(李濱) 주한 중국 대사는 서울 부임에 앞서 2001년 9월 12일 베이징 주재 한국 특파원들과 가진 간담회에서 이를 확인했다. 리빈 신임 주한 대사는 북한 주재 중국대사관의 공사로 있으면서 장쩌민의 북한 방문의 실무를 담당했던 인물이다.

리빈 대사는 장쩌민은 김정일과의 회담에서 서울 답방을 솔직하게 권유했으며 이에 대해 김정일은 "같이 노력해서 여건을 조성해야 한다"고 답변했다고 말했다. 이는 8월 4일 러시아의 푸틴 대통령의 답방 권유에 대해 말했던 것에서 한 치도 진전된 발언이 아니다. 푸틴이 남북대화 재개와 김의 서울 답방 필요성을 강조한 데 대해 김정일은 "이것들이 중요하지만, 여기에는 여건이 충족돼야 한다"고 말한 것으로 알려지고 있다. 김정일의 이 동어반복은 대러·대중 등거리 외교의 자세를 엿볼 수 있는 대목이다. 또한 한반도 문제와 관련 중국과 러시아 등 주변 강대국의 영향을 받지 않겠다는 의지의 표현이기도 하다. 어쨌든 러시아가 하지 못한 경제원조를 제공한 중국으로서는 적잖이 서운한 동등 대우였을 것이다. 김정일이 러시아 방문을 한 차례 연기한 것이 경제지원 문제였고, 그 대안으로 기대했던 군사원조도 받지 못한 것으로 알려지고 있다. 반면 중국은 상당량의 무상 경제원조를 제공했다.

중국, 북한에 식량 20만 톤 무상원조

북한의 상보는 중국이 식량 20만 톤과 디젤유 3만 톤을 무상으로 원조했다고 밝혔으며 북한이 공개적으로 사의를 표한 것으로 볼 때 가

묘의 단비와 같은 지원이었던 것으로 판단된다. 하지만 한국 답방 문제와 관련해서 영양가 있는 언급을 하지 않았던 것이다.

북한이 중국식 경제개혁 모델을 따르느냐의 여부에 대해서 양국간의 입장 정리가 있었다. 그것은 각자의 길을 걷자는 것으로 요약될 수 있다. 이 역시 중국의 대북한 영향력의 한계를 엿볼 수 있다. 2000년 5월 말 중국을 방문한 김정일은 중국의 개혁개방 성과에 대해 찬사를 보냈다. 중국은 김정일의 이 발언 장면을 김정일이 귀국한 뒤 중국 언론 매체를 통해 공개했다. 그것은 1992년 한·중 수교 당시 중국 지도부를 '수정주의자'라고 비난했던 김정일의 변신—그것이 외교적 수사던 아니던 간에—을 상징적으로 보여준 것이다. 중국 측의 이러한 행동에는 과거의 도발에 대해 복수라는 의미가 담겨져 있는 것이 사실이다. 하지만 그와 함께 중국식 개혁개방을 북한측에 권유하는 측면이 담겨 있는 것도 부인할 수 없을 것이다.

2000년 5월 말 첫 중국 방문 시 김정일은 중국 IT 산업의 메카격인 베이징의 중관촌(中關邨)을 방문했다. 2001년 1월 방중 시에는 중국 개방의 최첨단 지역인 상하이 푸둥 지구를 둘러봤다. 초청자인 중국의 의도가 배어 있는 이러한 방문 일정 역시 김정일에게 중국식 개혁개방의 성취를 눈으로 직접 보게 한다는 것이었을 것이다. 하지만 북한의 대답은 과거와 마찬가지로 우리식 대로였다. 단지 달라진 것이 있다면 중국의 개혁개방 노선에 대해 시비를 걸지 않겠다는 것을 분명히 했다는 점일 것이다. 말하자면 북한은 개혁개방에 대한 독자노선을 확인하고, 북한과 중국 양국이 각자의 노선에 대해 상호 존중하자는 식으로 입장을 정리하는 무대로 장쩌민의 북한 방문을 활용한 것이다.

북한이 발표한 상보에 "김정일 동지는 강택민 동지를 수반으로 하는 중국 공산당의 영도 밑에 중국 인민이 중국의 특색을 가진 사회주의 현대화 건설에서 많은 성과를 거두고 있는데 대해서와 세 가지 대표에 관한 사상(3개 대표론)을 비롯해 중국 당이 내놓은 노선과 정책이 중국의 실정에 맞고 인민들의 광범위한 지지를 받고 있는데 대하여 지적하시었다"라는 대목이 나온다. 중국 공산당 내 좌파로부터 수정주의 노선으로까지 비판받고 있는 이른바 3개 대표론에 대해 김정일이 이렇게 입장을 표명한 것은 중국식의 개혁개방에 대한 시비를 더 이상 하지 않겠다는 말로 들린다.

장쩌민은 3일 평양 순안 공항에 도착한 뒤 발표한 서면 연설에서 최근 조선 인민들은 김정일 총비서를 머리로 하는 조선노동당이 조선 인민들을 이끌고 조선식 사회주의의 길로 분투선전하는 데 대해 기쁨을 느낀다고 말했다. 그리고 회담 후 중국 측은 김정일이 중국식 사회주의 개혁 정책을 뒤따를 의사를 밝혔는가에 대해 각자의 사회주의에는 각자의 길이 있으며, 이에 대해 상호 존중하기로 합의했다고 발표했다.

답방 권유와 중국식 개혁 채택 여부 등 주변국의 주 관심 사항에 대한 이런 결과를 놓고 볼 때 중국 측은 장쩌민의 방북을 통해 기대 이하의 소득을 거둔 것으로 볼 수 있다. 그러나 그것은 북한측도 마찬가지다. 북한은 미군 철수 문제와 북한 미사일 개발의 정당성 등의 문제에 관한 중국 측의 지지를 이끌어내기를 희망했으나 목적을 달성하지 못했다. 화려하나 두리뭉실한 외화내빈의 외교적 수사 속에 중국의 입장을 모호한 상태로 두는 것으로 만족해야 했다.

북한은 장쩌민이 방북한 당일부터 한반도 주변 정세와 관련한 보도물을 잇달아 내놓았다. 장쩌민이 북한을 찾은 9월 3일 평양방송은 '궁지에 몰린 자들의 미사일 위협설'이라는 제목의 보도물을 통해 북한의 미사일 개발이 자위적 대응 조치라고 강조했다. 또 다른 보도물에서는 통일 실현의 최대 장애물로 주한미군을 지목하면서 조속한 철수를 촉구했다. 또한 9월 4일에는 통일 실현의 근본원칙으로 자주 확립 및 민족대단결 실현을 강조하면서 남북 공조를 통해 외세를 배격해야 한다고 주장했다.

이러한 언론보도는 미군 철수 등과 관련, 중국 측에게 최소한 푸틴이 표했던 것 정도의 지지를 기대하였음을 보여주고 있다. 또한 북한측 통일방안에 대한 지지도 은근하게 요구하고 있음을 드러낸다. 8월 4일 북·러 공동성명의 맨 마지막인 8번째 항목에 "공화국은 남조선으로부터 미군 철수가 조선반도와 동북아시아의 평화와 안전보장에서 미룰 수 없는 초미의 문제가 된다는 입장을 설명하였다. 러시아 측은 이 입장에 이해를 표명하였다"라는 문구가 들어 있다. 미군 철수를 언급하는 문제에 대해 러시아 측이 난색을 표했으나 북한측의 강력한 요구로 삽입되었다는 후문이다.

그러나 중국 측의 어느 문건에도 주한 미국철수에 관한 대목은 보이지 않는다. 통일 문제와 관련해서도 중국 측은 '자주적 평화통일을 이룩하기 위한 북남 쌍방의 노력과, 특히 북남관계 개선을 위하여 조선이 취한 최근의 조치를 평가하고 지지한다'는 중립적인 표현을 사용했을 뿐이었다.

중국은 장쩌민의 북한 방문을 통해 한중 수교 이후 냉랭해진 양국 관계를 정상화하였다. 하지만 과거로의 복원이 아니라 새로운 관계 설정임을 분명히 한 것이다. 이는 1992년 한중 수교 이후 중국이 추구해 왔던 남북 등거리 외교의 완성인 것이다.

중국의 대미 견제 외교 시동
―2001년 4월 미중 군용기 충돌사건 전후

*20*01년 4월 1일 남중국 해상에서 발생한 미국과 중국 군용기 충돌 사건은 새로 출범한 미국의 조지 W. 부시 행정부와 중국 지도부 간의 외교 전초전을 불러일으켰다. 돌발적으로 터진 이 사건은 그러나 외교 전면전으로 비화되지 않았다.

중국은 만족할 만한 사과를 받지 못했음에도 11일 만에 하이난(海南) 섬에 불시착한 EP-3E 정찰기의 승무원들을 돌려보내 사건을 일단락지었다. 사건 초기 서로 상대방이 전적으로 잘못했다며 으르렁대던 것에 비하면 다소 싱거운 결말이었다. 부시 행정부는 카터 행정부 당시의 이란 미대사관 인질 사태의 재판 우려와 대중국 전략이 채 정비되지 않은 상태에서의 외교 전면전 비화는 득이 될 것이 없다는 판단에서 초기의 강경 자세에서 후퇴한 것으로 판단된다. 중국 역시 미국의 대만에 대한 무기 판매, 항구적 정상무역관계(PNTR) 지위 연장 문제, 그리고 2008년 올림픽 유치 등 미국과 직간접으로 연관된 현안이 줄줄이 이어진 상태에서 사태의 장기화는 바람직하지 않다는 판단을 내렸을 것이다.

손익을 따져 중국 측에 유리하게 기울어진 사태 해결이라는 평가가 나오고 있지만 윈 - 윈 게임이었다는 평가가 보다 적절할 것이다. 그러나 비 온 뒤 땅이 굳는다는 우리의 속담은 이번 사태에 적용되지 않는다. 큰 전투를 앞두고 전초전에서 너무 힘을 빼지 말자는 전략적 고려를 양측이 모두 공유하였기 때문에 이번 사태는 당초 우려했던 것보다 빨리 해결되었을 뿐이다. 군용기 충돌 사건 전후로 이루어진 중국의 일련의 외교적 행보는 중국이 부시 행정부하에서 필연적으로 직면하게 될 미국과의 대결을 겨냥한 장기 포석에 착수했다는 인상을 주기에 충분하다.

중국 장기적 외교 포석 시동

군용기 충돌 사건이 있기 열흘 전인 3월 20일 쩡칭훙 중국 공산당 정치국 후보위원 겸 조직부장이 북한을 방문했다. 또 군용기 충돌 사건으로 미중간의 긴장이 한창 고조되던 때인 4월 5일 장쩌민 주석은 12일 일정으로 중남미 순방 길에 올랐다. 그리고 장쩌민 주석이 중남미로 떠난 지 4일 뒤 중국 공산당 대외연락부장인 다이빙궈가 한국을 찾았다.

이 순방외교에서 주목할 점은 현재 중국 외교를 주도하는 세 인사가 포함되었다는 점이다. 장쩌민의 중남미 순방에는 첸지천 국무원 부총리가 수행했다. 쩡칭훙의 방북에는 미국통인 류화추 당 중앙 외사판공실 주임이 따라갔다. 다이빙궈가 장(長)으로 있는 대외연락부는 외교 업무를 지도하는 당 기구이며 다이빙궈 자신도 외교부에서 부부장까지 지낸 인물이다. 한 달 사이에 중국 외교전략을 주무르는 중요 3인이 앞으로 예상되는 미·중간의 대결에서 초점 지역이 될 것이 분명한 한반도와 미국이 앞뜰로 여기는 중남미를 릴레이 하듯 찾은 것은 대미 견제를 위한 중국의 외교적 포석이 마침내 시작된 것으로 의미를 부여해도 좋을 것이다.

쩡칭훙의 북한 방문

쩡칭훙의 북한 방문은 2001년 3월 20일부터 24일까지 이루어졌다. 쩡칭훙의 북한 방문에는 앞서 언급한 류화추 외에도 리즈융(李志勇) 조직부 비서장과 왕자루이(王家瑞) 대외연락부 부부장이 수행했다. 류화추는 1986년부터 1988년까지 외교부 북미주대양주(北美洲大洋洲) 사장(司長: 국장)을 지내고 부장조리(차관보)를 거쳐 1989년부터 1994년까지 외교부 부부장을 역임한 인물이다. 그는 국무원 외사판공실 주임을 거쳐 1998년부터 당 중앙 외사판공실 주임을 맡고 있다. 류화추는 1998년 9기 전인대를 앞두고 현재 국무위원으로 있는 우이, 탕자위안 등과 함께 외교부장의 물망에 올랐고 가장 적임자라는 평가를 받았다. 현 중국 내 최고의 미국통인 류화추와 대외연락 부부장 왕자루이의 대동은 쩡칭훙의 북한 방문이 단지 장쩌민 주석의 북한 방문 사전협의 목적에 있는 것이 아니라는 사실을 확인시켜준다.

3월 22일 한 달여 만에 공식석상에 모습을 드러낸 김정일 국방위원장과 회담을 가진 쩡칭훙은 장쩌민 주석이 2001년 북한을 방문한다는 것에 합의했다. 중국의 국가 주석이 북한을 방문하기는 한중 수교 4개월 전인 1992년 4월 양상쿤이 방문한 이래 9년 만의 일이다. 또 김정일이 북한의 최고 지도자가 된 이후 처음 있는 일이다. 장 주석은 1990년 총서기 자격으로 북한을 방문한 바 있다. 쩡칭훙이 중국으로 돌아간 뒤인 3월 26일 북한 노동당 국제부 대변인이 쩡의 방북 회담 결과를 발표했다. 북한의 당 중앙 국제부는 중국의 당 중앙 대외연락부와 같은 기능을 하는 곳이다. 참고로 북한의 당 중앙 대외연락부는 대남공작을 담당하는 부서이다.

발표 내용은 "올해(2001년)에 장쩌민 중국 국가 주석이 북한을 방문한다"는 앞서의 중국 신화통신의 보도를 확인한 것과 함께 중국이 북한의 봄 파종을 돕기 위해 디젤유 1만 5,000톤을 무상 제공키로 했다는 것이었다. 쩡칭훙의 북한 방문 결과에 대한 공식적인 발표 내용은 이것이 전부이다. 그러나 앞서도 지적한 바와 같이, 이것만을 협의하기 위해 장쩌민의 최측근이 북한을 방문하지는 않았을 것이다. 부시 행정부 출범 이래 미국이 미사일 방위(MD) 계획을 고리로 대중, 대북한 강경자세를 취하고 있는 데 대한 공동대처 방안을 심도 있게 논의하였을 것으로 판단된다. 또한 북한이 남북한 장관급 회담을 일방적으로 연기하는 바람에 기능이 정지된 남북한 사이의 대화 루트를 이어주려는 노력도 시도됐을 것이다. 우선 전자의 방증으로는 앞서 지적한 바와 같이, 미국통인 류화추를 대동한 점을 들 수 있다. 또한 김정일이 쩡칭훙과 두 차례 만났는데, 그 배석자들의 면면이 군 관계 인사가 주류를 이루고 있다는 점을 꼽을 수 있다.

3월 22일 첫 회담 당시 북한측 배석자는 국방위원회 제1부위원장 겸 인민군 총 정치국장인 조명록 차수와 지재룡 국제부 부부장이었다. 이날 김정일의 환영만찬에 배석한 인물들도 대부분 군 관계 인사 일색이었다. 군 관계 주요 인사로 조명록 외에 김영춘 총참모장, 김일철 인민무력부장, 연형묵 국방위원, 이명수 대장, 현철해 대장, 그리고 박재경 대장 등이 참석했다. 군과 관계가 없는 중요 인사로는 장관급으로는 정하철 당 선전 선동부 부장이 유일했다.

남북한간의 중재 노력이 시도됐을 것이라는 추측은 당 대외연락부 부부장인 왕자루이(王家瑞)가 쩡칭훙을 수행한 점이다. 왕자루이가 중국에 돌아간 지 이틀 뒤인 3월 26일 북한의 박길연 외무성 부상을 단장으로 한 북한 외무성 대표단이 중국을 방문했다. 박길연은 김정일이 쩡칭훙을 위해 마련한 환영만찬에 참석했던 인물이다. 그리고 2주일 뒤인 4월 9일 왕자루이의 직속 상관인 다이빙궈 중국 공산당 대외연락부장이 한국을 찾았다.

다이빙궈의 한국 방문

중국 공산당의 당 중앙 대외연락부는 형식상으로는 국무원 외교부를 지도하는 당 기구이다. 그러나 중국 공산화 이후 실제적으로는 이러한 상하관계가 지켜진 경우는 드물다. 저우언라이가 총리와 함께 외교부장을 겸임할 때 대외연락부장을 역임한 인물들의 당 서열은 저우언라이보다 한참 낮은 인물들이었다. 개혁개방 이후에도 외교부장을 역임한 지펑페이(姬鵬飛)가 대외연락부장으로 있었던 때를 제외하고는 경력, 혹은 서열로 외교부장에 앞선 인물이 대외연락부장을 맡은 적이 없다. 지펑페이 후임으로 차오스가 대외연락부장을 잠시 맡은 적이 있었는데, 당시의 외교부장은 우쉐첸(吳學謙)으로 경력으로나 서열로나 차오스의 지도를 받을 처지가 아니었다.

여기서 쩡칭훙을 수행하여 북한을 방문한 류화추, 다이빙궈 그리고 현재 외교부장을 맡고 있는 탕자쉬안 등 삼자관계를 살펴볼 필요가 있다. 이 세 사람은 비슷한 연배로 모두 외교부 부부장을 역임한 정통 외교관 출신이다. 탕자쉬안이 1938년 1월 생으로 가장 나이가 많고 류화추가 1939년 11월 생으로 그 다음이며 다이빙궈는 1941년 3월 생으로 가장 나이가 적다.

가장 출세가 빨랐던 인물은 류화추였다. 류화추는 1989년 부부장이 되었다. 1991년 다이빙궈와 탕자쉬안은 부장조리(部長助理: 차관보)에 같이 올랐으나 서열은 다이빙궈가 높았다. 그러나 탕자쉬안이 다이빙궈를 제치고 부부장에 먼저 승진했다. 탕자쉬안은 1993년 3월에 부부장이 되었으며 이보다 조금 늦게 다이빙궈도 부부장으로 승진했다.

1998년 3월 외교부장에 임명된 인물은 탕자쉬안이었다. 소수민족인 투자(土家)족 출신인 다이빙궈는 아예 후보에도 오르지 못했고, 세 사람 중 외교부 내에서 가장 출세가 빨랐던 류화추는 장쩌민의 동향이라는 지연의 벽을 극복하지 못했다. 류화추는 1994년 국무원 외사판공실 주임을 거쳐 1998년 당 중앙 외사판공실에 임명되어 오늘에 이르고 있다. 한편 다이빙궈는 1995년 외교부부장에서 당 중앙 대외연락부 부부장으로 자리를 옮겼으며 1997년 대외연락부장으로 승진했다. 당 중앙의 부서 서열로 보면 대외연락부가 외사판공실을 앞선다.

현재 중국 외교전략은 첸지천과 이들 세 사람에 의해 짜여지고 있다고 보아도 과언이 아니다. 이들을 두고 중국 외교의 4인방이라고 불러도 지나친 말은 아닐 것이다. 투자족은 후난 성과 후베이 성 등지에서 주로 농사를 짓고 사는 소수민족인데 다이빙궈는 호남·호북 성에 인접한 구이저우 성에서 태어났다. 다이빙궈는 쓰촨 대학 로어과를 졸업한 뒤 외교학원에서 공부를 했으며 1965년에 외교부에 들어갔다. 외교부에서 주로 소련 문제를 다룬 것으로 보아 첸지천 계열의 인물로 추정된다.

다이빙궈는 3박4일 동안 한국에 머무르면서 참으로 바쁜 일정을 보냈다. 1998년 4월 후진타오 국가 부주석을 수행 방한한 적이 있는 그는 김대중 대통령과 한승수 외교통상부 장관을 만났고, 그 외에도 주요 정관계 인사들을 다수 만났다. 이만섭 국회의장, 김중권 민주당 대표, 이회창 한나라당 총재, 김종호 자민련 총재권한대행, 김용환 한국신당 대표, 이인제 민주당 최고위원, 한화갑 민주당 최고위원 등 내로라하는 정치 지도자들을 두루 만난 것이다. 이 밖에도 전경련 주최 오찬에 참석하고 테헤란 밸리의 벤처기업을 방문하는 등 경제계 인사들과도 활발게 접촉했다.

그러나 방한 기간 다이빙궈가 만난 가장 중요한 인물은 임동원 통일부 장관일 것이다. 다이빙궈는 이한 하루 전인 4월 11일 임동원 장관과 롯데호텔에서 회동했다. 임동원 장관과 다이빙궈 부장은 북한을 매개로 한 각별한 인연을 갖고 있다. 다이빙궈 부장은 <페리 보고서>가 작성되기 전인 1999년 2월 임 장관이 햇볕정책에 대한 국제적인 협조를 얻기 위해 중국을 방문하였을 때 대화 파트너였다. 임 장관처럼 다이빙궈는 중국의 대북한 외교의 총괄자 역할을 맡아왔다. 다이빙궈는 2000년 9월 방북, 김정일과 독대한 바 있으며 2000년 5월과 2001년 1월 김정일 국방위원장의 방중을 실무적으로 뒷받침하고 또 방문지마다 수행했다. 이런 경력에서 살펴볼 수 있듯이, 다이빙궈는 중국의 외교 담당자 중에서 현 북한 지도부와 가장 긴밀하게 관계를 맺고 있는 인물이다.

면담 결과에 대한 통일부의 공식적 발표는 다음과 같았다.

임 장관과 다이빙궈 부장은 한반도의 화해협력과 긴장완화의 흐름은 되돌이킬 수 없는 상황이며 현재 남북관계가 일시적인 소강 상태를 보이고 있으나 남북정상회담 이후 마련된 전반적인 남북관계 발전 추세는 계속될 것이라는 데 의견을 같이했다.

임 장관은 중국 정부와 다이 부장이 한반도 평화와 안정을 위해 많은 기여를 한 데 대해 높이 평가했고 다이 부장도 한반도 평화와 안정을 위해 계속 노력할 것임을 밝혔다.

그러나 이러한 외교적 언사를 나누기 위해 두 사람이 만났을 리는 없다. 다이빙궈 부장은 쩡칭훙 조직부장이 방북 때 김정일 국방위원장과 면담한 내용을 임 장관에게 전달하고 논의했을 가능성이 높다. 부시 행정부 출범 이후 정체상태에 빠진 남북관계가 만일 악화된다면 이는 중국에게는 결코 바람직하지 않은 상황이다. 쩡칭훙의 북한 방문에 이어 다이빙궈가 한국을 방문한 것은 남북한간의 대화 단절 상황의 장기화를 방지하기 위해 중국이 양측간 메신저 역할을 자임하고 나선 것이라고 보아도 좋을 것이다.

부시 행정부의 대(對)아시아 전략은 두 개의 틀로 짜여져 있다. 그 하나는 중국을 경쟁자로 간주하는 것이고 다른 하나는 한국 일본과 같은 기존 동맹국과의 관계를 강화하는 것이다. 이러한 부시의 대아시아 전략은 남북한간의 긴장과 한국과 중국 간의 소원한 관계를 유도할 것이라는 판단이 중국의 견해였다. 중국의 외교 실세들이 보름 간격으로 남북한을 방문한 것은 2000년 남북정상회담 성사로 조성된 남북한간 화해 분위기의 반전을 막자는 데 1차적 목적이 있다.

김대중 대통령이 3월 6일 서둘러 미국을 방문했던 것은 부시 행정부가 전임 클린턴 행정부와 마찬가지로 북한을 대화 파트너로 인정하도록 설득하기 위한 것이었다. 하지만 혹을 떼기 위해 간 것이 혹을 하나 더 붙이고 온 셈이 되어버렸다. 부시 설득에 실패한 것은 물론 북한의 미사일 개발을 추진 명분으로 삼은 미국의 국가 미사일 방위(NMD) 체제 계획에 대해 반대하지 않는다라고 말해야 했기 때문이다. 이는 2001년 2월 말 블라디미르 푸틴 러시아 대통령 방한 당시 발표한 한·러 공동성명에서 탄도탄 요격미사일(ABM) 제한협정 보존 강화라는 조항을 삽입한 데 따라 제기된 미국의 의구심을 해소하기 위해 불가피한, 그러나 어찌 보면 강요된 해명이었다. 이런 일련의 사태는 북한의 입장에서는 설득하러 갔다가 되려 설득당하고 돌아온 모습으로 비쳐졌을 것이다. 북한은 3월 13일부터 서울서 개최될 장관급 회담을 당일 무기연기 통보하는 것을 통해 한국에 대한 불편한 심기를 드러냈다. 또한 한동안 낮추었던 대남 비난 수위도 높였다. 특히 김대중 대통령이 미국 방문을 마치고 돌아오던 3월 11일 대남 방송은 '남한은 미국의 식민지'란 제목의 좌담회를 내보내기도 했다.

이처럼 한미 정상회담 이후 남북한 관계가 미묘해지는 상황에서 중국의 대한반도 외교가 본격화된 것이다. 그 단기적 목표는 남북한 관계가 정도 이상으로 악화되는 것을 막고, 또 한편으로는 1992년 한중 수교 이후 차근차근 쌓아왔던 한국에 대한 영향력을 공고히 하자는 것이었다. 그리고 이것이 궁극적으로 지향하는 바는 대미 견제이다.

장쩌민의 중남미 순방

　장쩌민의 중남미 순방은 겉으로 보기에는 일종의 외유처럼 보였다. 장쩌민의 동정을 전하는 사진 중 하나는 장쩌민이 파나마 모자를 쓰고 농장을 시찰하기 위해 마차에 앉아 있는 모습을 담고 있었다. 당시 미군 정찰기 문제가 처리되지 않은 상황에서 장쩌민의 그러한 모습은 중남미 순방의 한가로운 속성을 보여주기에 충분했다. 그러나 장쩌민의 중남미 순방은 다목적의 외교적 계산을 깔고 이루어진 것이며 택일 역시 별 뜻 없이 한 것이 아니었다. 장쩌민이 중남미 순방을 마친 다음 날인 4월 18일 중국은 스위스 제네바에서 열린 제 57차 유엔 인권위에서 미국에 대해 외교적 승리를 거두었다. 중국의 인권유린과 파룬궁 탄압을 비난하는 미국의 결의안의 본안 상정을 저지한 것이다. 중국은 미국의 결의안 제출에 맞서 불처리 동의안을 상정, 찬성 23, 반대 17, 기권 12, 그리고 불참 1로 통과시킴으로써 미국의 결의안이 상정되는 것을 막아냈다. 중국이 불처리 동의안 처리로 미국의 대중 인권탄압 결의안을 저지한 것은 이번이 10번째이다.

　그러나 이번 승리는 부시 행정부가 결의안 통과를 위해 적극적으로 나선 가운데 거둔 승리여서 예년과는 그 의미가 사뭇 다르다. 콜린 파월 국무장관은 4월 초 인권위 회원국인 콩고의 대통령과 모리셔스 총리에게 직접 전화를 걸어 중국 규탄 결의안을 지지해줄 것을 요청했다. 국무부 고위 당국자들도 한 달여 동안 53개 회원국 중 결의안 채택에 소극적인 국가를 상대로 집중적인 전화 설득작업을 벌여왔다.

　장쩌민의 이번 6개 중남미 순방국 가운데 5개국이 유엔 인권위 회원국이라는 사실은 이번 순방 일정이 유엔 인권위 총회에 맞추어져 이루어진 것임을 쉽게 짐작할 수 있다. 5개국 중 불처리 동의안에 반대한 국가는 한 곳도 없다. 아르헨티나, 브라질, 우루과이는 기권했고 쿠바와 베네수엘라는 찬성을 했다. 쿠바는 원래 찬성할 것으로 예상되었지만 베네수엘라로부터 찬성을 얻어낸 것은 장쩌민 순방의 직접적인 소득이었다. 베네수엘라는 원래 기권할 방침이었으나 장쩌민의 방문을 맞아 중국 지지 입장을 밝혔던 것이다. 이와 함께 베네수엘라는 2008년 베이징의 올림픽 유치에 대해서도 쿠바와 함께 지지한다는 입장을 분명하게 밝혔다. 먼 곳에서 찾아온 손님에게 일종의 외교적 선물을 안긴 것이다. 베네수엘라의 중국 지지 가세가 유엔 인권위의 표 대결에서 결정적인 변수는 아니었다. 그러나 베네수엘라가 표 대결에 앞서 공개적으로 중국 지지 입장을 밝힘으로써 중국이 여유 있는 승리를 거둘 수 있는 분위기를 조성하는 데 일정한 역할을 한 것은 부인하지 못할 것이다.

쿠바의 고립감 해소

장쩌민은 미주 유일의 공산 동맹국인 쿠바를 방문해서는 4억 달러의 지원협정에 서명했다. 중국의 이러한 지원 약속은 그 금액 이상의 의미가 있다. 장쩌민이 중남미 방문을 마친 뒤 1주일이 채 지나지 않은 4월 22일 캐나다의 퀘벡 시에 미주 34개국의 정상들이 모였다. 미주 국가 중 쿠바만이 유일하게 제외된 채 열린 제3차 미주정상회담에서 34개국 정상들은 2005년부터 북미자유무역지대(FTAA)를 출범시키기로 합의하면서 쿠바는 그 대상에서 제외하였다. 민주주의 국가가 아니라는 이유에서였다. FTAA는 미국, 캐나다, 멕시코의 북미자유무역지대(NAFTA)를 확대한 것으로 캐나다의 북극 지방에서 칠레의 케이프 혼에 이르는 미주 대륙 전체를 포괄, 8억 인구에 연간 11조 4,000억 달러의 재화와 용역을 생산하게 된다.

만일 장쩌민의 쿠바 방문이 없었더라면 인구 1,100만 명에 불과한 쿠바의 고립감은 더욱 심각했을 것이다. 장쩌민은 FTAA 출범 선언을 며칠 앞두고 쿠바에게 경제적 지원을 약속함으로써 쿠바의 고립을 극적으로 강조하려는 미국의 기도를 희석하는데 성공한 것이다. 8억의 시장으로부터는 소외되었지만 13억의 친구가 여전히 당신들을 버리지 않을 것이라는 심리적 위안을 쿠바인들에게 제공한 것이다.

냉전시기 소련이 쿠바를 통해 미국을 견제한 것처럼 중국도 쿠바와 중남미의 반미 성향의 국가들과 유대를 강화함으로써 앞으로의 미국과의 외교 대결을 대비하고 있는 것이다. 또한 쿠바에 대한 각별한 관심은 부시 행정부가 출범 이후 노골적으로 대만에 접근하는 데 대한 대응전략의 성격도 있다. 미국이 중국의 고민인 대만을 통해 중국을 뒤흔들려고 한다면 중국도 미국이 복부의 종기처럼 여기고 있는 쿠바를 지렛대로 하여 미국을 골치 아프게 할 수 있음을 은연중 시사한 것으로 볼 수 있다.

문화 외교

4월 13일 쿠바에서 피델 카스트로 쿠바 국가평의회 의장과 만난 장쩌민은 자신이 친필로 쓴 칠언절구의 시 한편을 건넸다. 한국을 방문한 다이빙궈는 이회창 한나라당 총재와 이인제 새천년민주당 최고위원에게 제갈공명의 출사표가 적힌 죽간(竹簡)을 선물하고 김중권 민주당 대표 등에게는 손자병법이 적힌 죽간을 선물했다. 쩡칭훙의 북한 방문에는 상하이 교향악단이 따라갔다. 중국의 외교 활동에 최근 들어 부쩍 눈에 띄는 문화 동반 현상이지만 각각에는 고도로 계산된 메시지가 담겨 있다.

장쩌민의 7언 절구는 당나라 때 시인인 이백(李白)의 <아침에 백제성을 떠나다(早發白帝城)>를 모방한 것으로 내용은 다음과 같다.

아침에 꽃구름 가득한 중국을 떠났나 하였는데　　朝辭華夏綵雲間
만 리 밖 남미에 온 지 열흘이 지났다　　　　　　萬里南美十日還
강 건너 비바람은 미친 듯 거센데　　　　　　　　隔岸風聲狂帶雨

푸른 솔처럼 강직함은 산처럼 굳건하다　　　　　青松傲骨定如山

　　이 시의 마지막 대목은 미국의 제재에 맞서온 쿠바를 상찬한 것으로 쿠바가 계속 그런 자세를 견지해줄 것을 당부하는 메시지가 담겨 있다고 보아야 할 것이다. 다이빙궈는 2002년 대선에서 대결할 것이 유력한 두 인물에게만 제갈공명의 출사표를 선물로 주었다. 이는 중국 당국이 두 사람 중의 하나가 차기 대통령이 될 것으로 여기고 있음을 은연중 암시한 것으로 보아도 좋을 것이다. 그리고 쩡칭훙이 북한 방문 시 상하이 교향악단을 동반한 것은 김정일에게 1월에 방문한 상하이를 상기시키려는 목적이 다분히 담겨 있는 것으로 해석할 수 있다. 중국은 부시 정권 출범 이후 대미 견제를 위한 외교 포석을 이처럼 정교하게 시작했던 것이다.

8년 만의 복수

"*20*08, 베이징이 이겼다(2008, 北京贏了)."
중국 최대 신문인 《인민일보》의 전자신문이 중국의 2008년 올림픽 개최권 획득과 관련하여 만든 특집난의 제목이다. 구호 같은 이 제목은 마오쩌둥이 1949년 10월 1일 천안문에서 중화인민공화국의 성립을 선포하면서 한 선언을 연상시킨다. 그것은 '중국인이 일어섰다'였다.[1]

또 《인민일보》의 이 표제는 2001년 7월 13일 밤 천안문 광장에 모인 40만 베이징 시민들이 국제올림픽위원회(IOC)가 열린 모스크바로부터 2008년 제29회 올림픽 개최지로 베이징이 선정되었다는 소식이 전해진 순간 터뜨렸던 갖가지 환호를 압축하여 표현하고 있다. 아마 TV를 통해 이 순간을 함께 지켜보았을 수억의 중국인들과 수천만의 대륙 밖 화인(華人)들도 천안문 광장에 모였던 베이징 시민들과 같은 마음이었을 것이다. 대륙의 인민이건, 홍콩 주민이건, 대만 국민이건, 아니면 뉴욕의 차이나타운에서 살고 있는 사람이건 간에 그 순간만큼은 하나가 되었다.

중국 당국은 이미 잔칫상을 차려놓고 있었다. 천안문 광장에 준비

---

1) 마오쩌둥이 한 말을 정확히 옮기자면 중국인민은 여기서 일어섰다(中國人民從此站起來了)이다.

된 환영행사에 장쩌민 국가 주석이 정치국 상무위원을 비롯한 요인들을 대동하고 직접 참석한 것만 보아도 중국 당국은 이번의 승리를 의심치 않았던 것으로 보인다. 결판은 두번째 표결에서 났다. 베이징은 56표를 얻어 22표를 얻은 토론토를 더블스코어 차 이상으로 누르며 대망의 2008년 올림픽 개최권을 획득한 것이다. 파리는 18표, 이스탄불은 9표였다. 오사카(大阪)는 1차 표결에서 탈락했다. 6표밖에 얻지 못했다. 이런 결과는 표결에 앞서 총회장에 나돌던 타 도시는 베이징의 들러리일 뿐이라는 입방아를 입증해주는 것이었다. 베이징은 이겨도 아주 확실하게 이겼다.

천안문 광장의 장 주석은 베이징 선정 소식이 전해진 직후 모스크바에 있는 리란칭 국무원 부총리와 베이징 올림픽 유치위원회 주석인 류치(劉淇) 베이징 치장에게 핸드폰으로 전화를 걸었다. 장쩌민 주석은 당 중앙과 국무원을 대표하여 세 가지 입장을 밝혔다. "베이징 시가 올림픽유치에 성공한 데 대해 축하한다. 베이징의 올림픽 유치가 성공하도록 공헌을 한 전국 인민, 그리고 올림픽 위원회와 베이징을 지지해준 전 세계 인민들에게 감사한다. 중국 인민은 베이징 시민들과 힘을 합쳐 올림픽을 성공적으로 개최할 것이다."

'중국인들이 일어섰다'라는 1949년 10월 1일의 마오쩌둥의 말처럼 장쩌민의 이 말도 한편으로는 중국 인민들을 다른 한편으로는 세계를 향하고 있다. 마오의 선언은 중국 인민들에게 자부심을 불어넣고 세계를 향해서는 자존심을 과시한 것이다. 장쩌민 주석의 세 마디 말 속에도 동일한 의도가 담겨 있지 않은가. 마오는 천안문 망루에서, 장쩌민은 천안문 광장에서 기쁨에 들뜬 베이징 시민들이 지켜보는 가운데 중국인들의 당당함을 표현했다.

개최 결정 직후 축하 불꽃이 베이징을 수놓은 가운데 베이징 시 당국은 거리의 조명을 밝히고 대규모 축하 행사를 열었다. 기쁨에 겨운 시민들은 밤을 잊고 삼삼오오 거리를 돌아다녔다. 베이징의 청춘거리

산리툰(三里屯) 주바제(酒巴街), 최고 번화가 와푸징(王府井)의 식당에서는 술과 안주를 무료로 제공하기도 했다. 지도자에서부터 라오바이싱에 이르기까지 중국인들이 이처럼 하나가 된 때는 1997년 7월 1일 홍콩 반환 때 말고는 없었다.

8년 전의 아까운 패배와 와신상담

중국인들이 이처럼 올림픽 유치를 열광적으로 환영한 데는 8년 전의 쓰라린 기억이 생생했기 때문이다. 1993년 9월 23일 저녁부터 24일 새벽까지 베이징 시민을 포함한 중국인들의 눈길은 온통 IOC 총회가 열리는 몬테카를로에 쏠렸다. 아직 중국에 반환되기 전인 홍콩의 시민들은 물론 대만과 해외의 화인들도 못지않은 관심을 갖고 지켜보았다. 관심의 초점은 사마란치 IOC 위원장의 입에서 2000년 올림픽 개최 도시로 '베이징'이란 말이 나오냐의 여부였다.

최고 지도자 덩샤오핑의 지시에 따라 1991년 12월에 2000년 올림픽 유치 신청을 한 이래 중국은 거국적이라는 말이 조금도 과장이 아니라고 할 만큼 유치권 획득을 위해 총력을 다했다. 로비를 위해 달러가 가득 든 007가방이―중국 공산화 이후 이런 일은 처음이라는 꼬리표와 함께―동원되었다는 소문도 들렸고, 대기오염이 문제가 되자 조사단이 베이징이 머무는 동안 추운 날씨였음에도 불구하고 난방용 석탄을 때지 말라는 무지막지한 지시를 시 전 가구에 내리기도 했다. 그리고 그 지시는 철저하게 지켜졌다. 일반 인민들도 올림픽 유치를 바랐던 것이다.

천안문 사태로 벌어질대로 벌어졌던 지도자와 인민들 간의 거리는 올림픽을 유치하는 과정에서 상당히 좁혀져가는 인상이었다. 권력의 핵심에서 밀려난 자오쯔양과 같은 전 지도자들은 물론 대부분의 반체제 지도자들까지도 올림픽 유치에는 한목소리를 냈다. 중국 당국의 적극적인 노력과 이러한 분위기 때문에 IOC총회 개최일이 다가오면 올수록 베이징이 선정될 가능성은 높아져갔다. 아직 천안문 사태의 여진이 가라앉지 않았음에도 불구하고 천안문 광장에 군중이 모이는 것을 허용하고, 또 CC-TV가 베이징 - 홍콩 - 몬테카를로를 연결하는 3원 생방송을 24일 저녁부터 한 것을 볼 때 중국 지도부도 획득 가능성을 상당히 높게 보았음을 짐작할 수 있다.

그러나 몬테카를로의 선택은 시드니였다. 4차 표결까지 가는 접전이었다. 45대 43, 불과 두 표 차의 애석한 패배였다. 그러나 중국인들을 더욱 안타깝게 한 것은 결정이 내려지기 전 3차례의 표결에서 베이징이 줄곧 선두였다는 점이었다. 1차 32표, 2차 37표, 3차 40표로 지지표가 계속 늘어났으나 막판에 시드니에게 역전을 허용했다.

유치 실패 소식이 전해진 후의 중국의 자세는 참으로 의연했다. 몬테카를로에서 중국의 허전량(何振梁) IOC위원은 호주대표단이 개최한 축하 파티에 참석, 시드니가 개최권을 획득한 데 대해 박수로 축하했다. 그리고 24일자 ≪인민일보≫ 1면에 실린, '흔들림 없이 세계를 향해 나아가자(堅定不移地走向世界)'란 제목의 사설의 첫 머리는 "우리는 국제 올림픽위원회의 결정을 존중하며 시드니가 개최권을 획득한 데 대해 축하한다"로 시작했다.

의연한 처신 속에 감추어진 분노

그러나 이러한 표면상의 대범함 속에 끓어오르는 분노를 감추고 있음은 어렵지 않게 느낄 수 있었다. 24일자 ≪인민일보≫의 1면 머리는 11년 전인 1982년 9월 24일 덩샤오핑이 마거릿 대처 당시 영국 총리에게 홍콩 문제와 관련하여 한 발언록이 차지하고 있었다. '홍콩 문제에 관한 우리들의 기본입장(我們對香港問題的基本立場)'이라는 표제는 통단으로 처리했고 기사가 차지하는 지면도 1면 전체의 절반 가까이 되었다. 발언록 전체가 공개된 것은 처음이지만 내용은 대체로 알려진 것이었다. 《인민일보》만 이런 편집을 한 것이 아니었다. 《광명일보(光明日報)》, 상하이의 《문회보(文滙報)》 등 중국의 주요 일간지들이 하나같이 같은 편집을 통해 11년 전의 구문을 전하고 있었다.

중국 당국은 이를 통해 영국과 서방, 특히 미국에 대한 분노를 표출했던 것이다. 베이징이 4차 표결에서 호주의 시드니에게 추월당한 것은 영국 맨체스터의 지지표가 시드니로 몰렸기 때문이었다. 최종 표결에 남는 쪽을 밀어주기로 한 영연방 국가간의 사전 단합이 2000년 올림픽 개최지를 결정했던 것이다. 홍콩에 대한 단호한 입장을 다시 한번 환기시킴으로써 국가적 목표를 좌절시킨 영국에 대한 분노를 표출했던 것이라고 봐야 할 것이다.

《인민일보》 1면 사설에서 "베이징이 이번에 실패한 이유는 여러 가지이고 또 복합적이지만 우리는 하늘을 원망하지도 또 누구를 원망하지도 않을 것이다"라는 대목이 나온다. 이는 거꾸로 말해 실패의 원인을 제공한 상대방이 누구인지를 잘 알고 있으나 원망을 억제하고 있다는 의미이다. 그 대상은 다름 아닌 미국이다.

미국은 유치 경쟁을 벌인 국가가 아니었지만 중국의 뒷덜미를 집요하게 잡았다. 미국 의회가 베이징 올림픽 유치를 반대하는 결의안을 통과시켰는가 하면 투표일을 불과 일 주일을 앞두고는 중국이 지하 핵실험을 할 것이라는 정보를 공개했다. 그것도 모자라 클린턴 대통령이 나서 핵실험을 하지 말라고 공개적으로 경고하기까지 했다. 이런 일련의 미국의 조치들은 중국의 이미지를 실추시키는 데 역할을 톡톡히 했고 그 영향은 표결에까지 미쳤다.

중국은 10월 5일 지하 핵실험을 실시함으로써 미국의 정보가 정확한 것임을 확인시켜주었다. 그러나 뒤집어 보면 미국의 경고성 권고를 받아들이지 않은 것이다. 핵실험 사실을 발표하면서 핵 선제 공격을 하지 않겠으며, 비핵지대에 핵 공격을 가하거나 핵 공격 위협을 하지도 않을 것이라는 중국 나름의 핵 독트린을 천명했다. 핵 문제와 관련 독자 노선을 걷겠다는 것이다. 역시 그 배경에는 미국에 대한 분노가 한 자락 깔려 있다고 보아야 할 것이다.

2000년 유치 실패 후 다음 번에는 베이징이라는 말들이 많았지만 중국은 2004년 올림픽 유치신청을 내지 않았다. 그리고 8년의 와신상담 끝에 마침내 승리했다. 공교롭게도 이번의 가장 강력한 경쟁자도 영연방 국가인 캐나다였다. 중국인들은 8년 만에 보란 듯이 복수를 했다. '2008, 베이징이 이겼다(北京贏了)'는 표제가 중국인들의 이런 마음을 은연중 표현하고 있다고 보는 것은 지나친 비약이 아니다.

2008년 올림픽 개최지가 베이징으로 결정된 지 사흘 뒤인 7월 16일 일본 《니혼게이자이(日本經濟)신문》은 흥미로운 기사를 실었다. 그 것은 이번 올림픽 유치와 관련, 중국과 미국이 밀약을 했다는 내용이다. 《니혼게이자이신문》은 '2012년 하계 올림픽은 미국에서'라는 제 하의 기사에서 미국 올림픽위원회(USOC)가 다음 대회 유치에 대한 지지를 대가로 중국을 밀었다고 보도했다.

2012년 올림픽 개최 경쟁에 나설 뜻을 밝힌 미국의 도시는 뉴욕, 워싱턴 - 볼티모어(인접한 두 도시의 공동 유치), 샌프란시스코, 덴버 등 8개 도시나 된다. 이처럼 많은 도시들이 올림픽 유치 경쟁에 나선 것은 1984년 LA, 1996년 애틀랜타 대회의 성공에 자극받았기 때문이다. USOC는 만일 같은 대륙에 속하는 캐나다의 토론토가 2008년에 올림픽을 개최한다면 2012년 올림픽 개최권 경쟁에서 미국의 도시들이 유럽의 도시들에 비해 불리할 것이라는 점을 염두에 두고 베이징을 지지했다는 것이다. 또한 베이징 올림픽 특수를 노리는 미국 기업들의 압력도 USOC가 중국과 담합을 한 배경이 되었다는 것이 《니혼게이자이》의 분석이다.

이 밀약설은 사실일까. 베이징에 밀려 오사카가 최저 득표라는 창피 속에 1차 투표에서 탈락한 데 대한 화풀이성 억측이 아닐까. 정황상이 보도에 개연성을 부여하지 않을 수 없다. 2012년 올림픽 유치 경쟁에 나선 뉴욕의 ≪뉴욕타임스≫가 14일 USOC 관계자의 말을 인용, 2012년 미국의 올림픽 유치에 기대감을 표시한 것이 그 한 예이다. 그러나 무엇보다도 이 보도에 고개를 끄덕이게 하는 것은 8년 전과 비교해볼 때, 중국의 인권 문제와 관련한 미국의 태도가 180도 달라졌다는 데 있다. 모스크바 IOC 총회를 앞두고 미국 의회는 베이징 올림픽 유치 반대 결의안을 통과시키지 않았다. 인권 문제에 관한 중국의 태도가 8년 전보다도 경화되었음에도 말이다.

중국은 우선 부시 행정부 출범 이후 파룬궁에 대한 탄압을 강화하였다. 또한 올림픽 개최지 선정을 얼마 앞두지 않은 시점에서 미국 거주 중국인 학자들을 잇달아 체포하는 '대미 인권 도발'을 감행했다. 이는 8년 전과는 전혀 정반대의 행동이었다. 1993년 중국은 저명한 반체제 인사 웨이징성(魏京生)을 IOC 총회 열흘 전에 형기를 6개월 앞당겨 석방했다. 또 표결 1주일 앞두고는 천안문 사태 사건에 관련된 전 ≪인민일보≫ 편집장 우쉐찬을 석방했다. 이는 두말할 것도 없이 미국의 인권공세를 다소나마 완화시키려는 노력의 일환이었다. 하지만 행정부, 의회, 언론 등이 망라된 미국의 중국 비토 공세는 표결 전까지 간단없이 계속됐다. 결국 미국의 인권 문제 제기에 대해 내정간섭이라고 강력히 맞받아쳐온 중국은 자존심은 자존심대로 손상되고 실리도 얻지 못한, 두 마리의 토끼를 다 놓친 셈이었다.

8년 전보다 인권 문제에 관한 한 중국이 강경 자세로 나왔음에도 불구하고 미국의 인권 공세가 없었던 사실은 일본 언론의 밀약설에 설득력을 실어주고 있다. 중국은 자국의 경제적 이익을 최우선시하는 미국의 속성을 이번에는 철저하게 이용했다. 밀약설의 논거 외에도 14년 동안이나 끌어오던 WTO 가입 협상을 타결시킨 시점을 유의할 필요가 있다.

중국은 중국의 WTO 가입을 사실상 결정짓는 미국과의 협상을 올림픽 개최지 선정 투표일 1개월 4일 전인 2001년 6월 9일에 타결지었다. 중국 당국의 이러한 택일은 베이징 올림픽 개최에 대한 미국의 비토 움직임을 사전에 차단하려는 목적이 담겨 있었다고 보아야 할 것이다. 1992년 미국 대통령 선거에서 빌 클린턴이 들고 나왔던 구호는 '바보야, 문제는 경제야'였다. 클린턴은 공화당 행정부의 경제 실정을 파고듦으로써 걸프전의 영웅 조지 부시를 패배시켰다.

중국은 이 점을 깨달았기 때문에 8년 전과는 달리 인권 문제에 관해서 양보를 하지 않았다. 오히려 고자세로 나왔다. 중국 당국은 2001년 2월 중국계 미국인 리샤오민(李少民) 홍콩 청시(城市) 대학 교수와 미국 거주 중국인 교수 가오잔(高瞻)을 체포했다. 대만을 위해 스파이 행위를 했다는 혐의였다. 미국의 거듭된 석방 요구에 중국은 아무런 대꾸도 하지 않았다. 미국 국적의 리샤오민 교수를 석방한 시점은 베이징으로 2008년 올림픽 개최지가 결정된 다음 날이었다. 그리고 석방 하루 뒤인 25일 미국으로 추방했다. 중국 국적인 가오잔에 대해서는 리샤오민을 미국으로 추방하기 하루 전인 24일 10년형을 선고했고 며칠 뒤 역시 미국으로 추방했다. 8년 전에는 미국의 협조를 얻으려 사전에 양보한 것이라면 이번에는 미국의 협조에 대해 사후에 아량을 베푸는 모양새를 연출한 셈이다. 여기서도 중국은 복수를 한 셈이다. 상처받은 자존심을 회복했을 뿐만 아니라 미국 인권외교의 위선적 측면을 선명히 드러낸 것이다. 8년 전에 두 마리의 토끼를 잃었다면 이번에는 도랑 치고 가재 잡는 일거양득을 성취한 것이다.

1988년 서울 올림픽과 2008년 베이징 올림픽

2008년 베이징 올림픽은 여러 모로 1988년 서울 올림픽과 비교된다. 한국에서 올림픽을 유치하도록 처음 지시한 사람은 고 박정희 대통령인 것으로 알려지고 있다. 그러나 그는 개최권을 획득하는 것을 보지 못했다. 베이징 올림픽 유치를 지시한 이는 덩샤오핑이었다. 그 역시 1993년에 유치 경쟁에서 실패하는 바람에 생전에 베이징이 유치권을 획득하는 것을 보지 못했다.

1988년 올림픽 유치권을 따낼 당시 한국의 최고 지도자는 전두환 전 대통령이었다. 그러나 1988년 올림픽 개막을 선언한 이는 그의 후임자인 노태우 전 대통령이다. 장쩌민 주석이 개최권을 따냈지만 2008년 올림픽을 주관할 이는 그의 후임자가 될 것이 분명하다. 멀다고 보면 멀다고 할 앞으로 7년 동안 정치적 격변이 한국의 전두환 전 대통령처럼 그를 초대받지 못하는 손님의 신세로 전락시킬지가 호사가적 관심사다.

사실 1993년 베이징 올림픽 유치단을 구성했던 인물 중 상당수가 8년의 세월이 흐르는 동안 심각한 정치적 좌절을 겪었다. 1993년 2000년 베이징 올림픽 유치위원회 주석이던 당시 베이징 서기 천시퉁은 1995년 부패 혐의로 실각하여 현재 감옥에 갇혀 있다. 덩샤오핑으로부터 처음 올림픽 유치에 나서라는 지시를 받았던 장바이파(張百發) 상무 부시장도 천시퉁의 실각과 함께 부시장에서 물러난 지 오래다. 2001년의 스포트라이트를 받았던 인물들이 2008년에도 그 영광을 계속 지켜나갈지가 궁금하다.

6

천안문

천안문 사태는 중국인 모두에게 지워지지 않는 상흔이다. 올해로 13주년을 맞는 천안문 사태는 정치적으로는 아직도 현재 진행형이며 차기 지도부가 직면할 정치적 숙제의 하나이다. 그러나 차기 지도부에서 주역으로 활약할 인사들은 반혁명 동란으로 규정한 중국 공산당의 공식적 입장에서 한 발자국도 벗어나지 못하고 있다. 재평가 시도가 정치적 자살행위라는 인식에 사로잡혀 있기 때문이다. 이처럼 천안문 사태는 중국 지도자들에게 여전히 뜨거운 감자다. 천안문 사태를 계기로 중국 권력의 정상에 오른 장쩌민, 리펑, 주룽지 등 세 지도자와 천안문 사태에서의 이들의 관계 및 입장을 통해 천안문 사태가 중국 정치에서 갖는 의미를 살펴보았다.

『천안문 페이퍼』속의 리펑

리펑은 1989년 사태에서 가장 능력 있고 결연한 자세를 보인 정치인이다.
그는 혼미한 사태 속에서 냉정하고 분명한 태도로 일관했다.

　　　　　　　　미국의 중국 전문가인 앤드류 네이선
(Andrew Nathan) 교수(컬럼비아 대학
정치학과)가 2001년 초 미국에서 출간해 큰 파장을 일으켰던 『천안문
페이퍼(Tiananmen Papers)』의 서문에서 밝힌 말이다. 이 저서의 내용과
주장은 1989년 천안문 사태를 전후한 시기의 중요 회의기록, 요인들의
전화통화와 서신, 각 정보기관의 민심 동향 보고서 등 방대한 기밀 자
료를 발췌하여 작성되었다.

　　문건의 주요 내용마다 주석을 붙여 사건순으로 정리한 이 책의 바
탕 자료가 된 기밀 문서는 1만 5,000쪽이나 된다. 여기에는 중앙 정치
국 상무위원과 당 원로들이 참여한 비밀회의 내용, 최고 지도자 덩샤오
핑의 사태 관련 발언, 자오쯔양, 리펑, 양상쿤 등 최고 지도자들 사이의
전화 통화와 서신 내용, 국가안전부, 공안부, 국가교육위 등 각급 정보
기관, 7대 군구의 정보 계통과 베이징 시 정부, 인민해방군 총참모부,
그리고 신화사 통신 등의 민심 동향 보고서 등이 망라되어 있었다.

　　이 문건들은 성격상 모두 극비 문서이다. 최고 지도자 및 극소수 지
도급 인사만이 볼 수 있는 문건을 포함, 대부분은 당시 5명의 정치국
상무위원과 8명의 원로들만이 열람 가능한 것이다. 또 이 문건들 중 비
중이 낮은 것조차도 중국 권력 피라미드의 상위 40명을 제외한 인사는

접근하거나 보지도 못했을 자료들이다. 물론 문서를 작성한 사람과 이를 관리하는 사람은 예외일 것이다.

『천안문 페이퍼』의 자료는 진짜일까

그렇기 때문에 이 책이 출간되자마자 자료의 진실성 여부가 논란거리가 되었다. 중국 문학을 전공하는 페리 링크(Perry Link) 프린스턴 대학 교수, 캘리포니아 대학 저널리즘 스쿨 학장으로 중국 문제에 대한 기고를 자주 해온 오빌 쉘(Orville Schell) 등과 함께 이 책의 공동 편찬자이기도 한 네이션 교수는 출간 경위를 다음과 같이 밝혔다.

중국 공산당 내 개혁파 인사라는 장량(張良: 가명)이 은밀하게 네이션 교수를 찾아왔다. 장량은 천안문 사태의 재평가와 개혁의 가속화를 위해 동료들로부터 방대한 자료의 공개를 위임받았다고 자신을 소개했다. 장량과 네이션 교수는 기초 자료 중에서 가장 핵심적인 내용들을 골라냈다. 다음에 중국어로 516쪽에 달하는 초고를 만들었다. 이 분량만 해도 미국에서 출간된 책의 3배가 되는 방대한 양이었다. 마지막 단계로 장량은 책 한 권 분량의 자료만 가려 뽑고 설명을 붙이는 작업은 네이션 등 미국인 학자들이 맡았다. 이렇게 해서 『천안문 페이퍼』가 빛을 보게 되었다. 중국어 초고는 천안문 사태 촉발의 계기가 된 후야오방(胡耀邦) 사망 12주기를 맞는 2001년 4월 15일 출간됐다. 네이션 교수는 수개월간의 검토 작업을 하면서 이 자료들이 진짜라는 결론을 내렸지만 확신이 없는 듯한 자세는 끝내 감추지는 못했다.

중국 당국의 반응

중국 당국은 당연히 '날조'라고 주장했다. 홍콩의 친 중국계 언론들도 방대한 양의 그런 특급 기밀이 누출될 수 있겠느냐며 조작 의혹을 제기했다. 『천안문 페이퍼』는 덩샤오핑의 생전 지시에 따라 정치국 상무위원 전원의 결의가 없으면 공개할 수 없는, 중난하이에 보관중인 것과 동일한 자료를 바탕으로 한 게 아니라 당시 무수히 떠돌던 미확인된, 그리고 정치적 목적에 따라 왜곡된 자료들을 짜깁기하여 만든 것이라는 것이다.

이런 견해에 설득력이 아주 없는 것은 아니다. 우선 『천안문 페이퍼』의 내용에는 이미 알려진 내용을 뒤엎을 만한 새로운 사실이 없다. 또 그 당시에 개혁파 인사들은 중난하이(中南海)에서 벌어지는 지도부 사이의 갈등 상황을 홍콩과 서방 언론 등 외부에 '전략적'으로 유출하여 사태를 자신에게 유리한 방향으로 이끌려 했던 것은 잘 알려진 사실이다. 따라서 극비 문서들이 산발적으로 유출되었을 개연성은 크다. 비록 자파의 입장에 맞게 각색됐을 가능성은 있을 망정 말이다. 당시 이 개혁파 인사들이 전해주는 정보와 자료에 전적으로 의존했던 홍콩과 서방 언론들은 사태의 흐름을 잘못 읽어 천안문 사태로 학살당한 이는 시위자들뿐만이 아니라 중국 전문가와 관측통들이라는 우스갯소리까지 들어야 했다.

릴리와 바오퉁의 견해

하지만 당시 천안문 사태의 전개 과정을 가까운 거리에서 지켜보았던 인물들은 이것이 조작되고 짜깁기된 것이라는 중국 당국의 주장에 동의하지 않는다. 당시 주중 미국 대사였던 제임스 릴리(James Lilley)는 "목적을 갖고 일부 용어를 변용했을 가능성은 배제할 수 없지만 기록 자체는 가짜가 아니라고 본다"고 말했다. 한편 자오쯔양의 정치비서로 천안문 사태 이후 수년간 수형 생활을 한 바오퉁(鮑彤) 역시 이 자료에 신뢰를 표시했다. 또한 당시 취재활동을 한 홍콩의 저명 언론인도 조작하기에는 너무 방대한 양이라 진실성에 의심을 갖기가 힘들다고 지적했다. 그는 자신이 직접 목격했던 사소한 상황과 자료가 전하는 내용이 정확하게 일치하고 있는 사실을 예로 들며 자료가 믿을 만하다고 말하고 있다. 이들의 주장을 받아들인다면 『천안문 페이퍼』는 공산 중국 역사상 가장 격동적인 순간의 진실을 전하는 '블랙박스'라고 비유해도 좋을 것이다.

『천안문 페이퍼』속의 리펑

블랙박스의 뚜껑을 열면서 확실하게 재평가된 인물은 리펑이다. '영웅은 아니었지만 양심적인 인물'이었다고 한 자오쯔양에 대한 평가는 기존의 견해와 큰 차이가 없다. 차오스의 기회주의적 처신과 최고 의사 결정권자로서 덩샤오핑의 막강한 권위 등도 이 책의 발간으로 재확인된 사실일 뿐이다.

하지만 리펑을 강경 보수 원로들의 하수인 정도로 형편없이 취급해 온 그간의 평가는 책의 발간으로 완전히 뒤집어졌다. 리펑은 사태 처리를 주도했고 자신의 의도대로 마무리짓기 위해 오히려 원로들을 유도하고 설득해나갔다. 리펑이 이를 위해 상황을 과장하고, 경우에 따라서는 왜곡한 혐의는 있다. 하지만 리펑이 자신에 대한 시위대의 비판과 실각에 대한 두려움 때문에 강경진압에 이끌려간 것이 아닌 점만은 분명해졌다. 무엇보다도 네이선 교수가 서문의 결론에서 그를 극찬에 가까울 정도로 평가한 것이 이를 뒷받침한다.

『천안문 페이퍼』의 구체적 내용[1]을 통해 리펑의 면모를 살펴보자. 우선 1989년 5월 16일 정치국 상무위원회의 회의 내용을 살펴보자.

---

1) 인용한 『천안문 페이퍼』의 발췌 내용은 신동아 2001년 2월 호에 수록된 <천안문 사태와 중국 지도부 회의록>(재미언론인 이홍환 번역, 정리)과 디지털 조선 이메일 클럽의 차이나 클럽에서 2001년 1월 7일, 2001년 1월 10일, 1월 11일 3회에 걸쳐 번역한 것을 참조하였다.

이 날 회의는 학생들의 단식투쟁이 4일째로 접어들어 지도부 내에 위기감이 고조되는 가운데 열렸다. 회의에서 자오쯔양 총서기는 4월 26일자 당 기관지 ≪인민일보≫의 사설을 수정하자고 제안했다. ≪인민일보≫는 후야오방 전 총서기를 추모하면서 비롯된 학생 시위가 점차 반정부 시위로 바뀌자 이를 동란(動亂)으로 규정했다. 사설 제목은 '반드시 선명한 기치를 들고 동란을 반대해야 한다'는 것이었다.

당시 자오쯔양은 북한 방문 중이어서 베이징에 없었다. 따라서 이 사설 게재를 지시한 이는 리펑이다. 자오쯔양은 "학생 운동을 동란으로 보느냐 아니냐 하는 문제는 피해가는 것이 상책이라고 생각한다"며 이같이 제의했다. 이는 권력 서열 1위와 2위인 자오쯔양과 리펑이 학생 시위 처리를 놓고 선명하게 대립하기 시작한 것을 의미한다.

다음은 회의석상에서 리펑이 자오쯔양에게 반박한 내용이다.

쯔양 동지, 4월 26일자 사설에 담긴 공식 견해가 학생들 대다수를 겨냥했다는 것은 결코 진실이 아니다. 그 사설은 학생 운동을 이용해 젊은 학생들의 감정을 격발시키고 우리의 일부 실수와 문제점을 악용하려는 극소수를 겨냥한 것이다. 그들은 공산당과 사회주의체제에 대한 정치 투쟁을 시작해 이 투쟁을 베이징에서 전국으로 확산시키고 온 나라에 혼란을 조성하려는 목적을 갖고 있다. 이것은 명백한 사실이다. 설사 많은 시위 학생들이 4월 26일자 사설을 오해했다 하더라고 이런 진실을 드러내는 중요한 목적을 실현했다.

자오쯔양이 4월 26일자 ≪인민일보≫ 사설이 학생 시위를 악화시킨 한 요인이 됐다며 재차 사설 수정의 필요성을 강조하자, 리펑은 덩샤오핑의 권위를 동원한다. 여기서 덩샤오핑의 이러한 상황 인식에는 군경으로 올라오는 모든 정보를 장악한 리펑의 보고가 중요한 역할을 하였음을 유의해야 한다.

쯔양 동지, 4월 26일자 사설의 핵심 문구는 샤오핑 동지의 25일 언급에서 인용한 것이다. '이것은 치밀하게 계획된 음모이다' '이는 동란이다' '이것의 진정한 목적은 중국 공산당과 사회주의 체제를 거부하는 것이다' '전 당과 온 국가가 가장 심각한 정치 투쟁에 직면했다' 등등. 이 모든 것은 샤오핑 동지가 직접 한 말이다. 이 문구들은 변경할 수 없다.

이 회의 다음 날인 5월 17일 아침 덩샤오핑의 집에서 회의가 열렸다. 이 회의에는 덩과 정치국 상무위원 5명 외에도 양상쿤, 보이보(薄一波)가 참석했다.

전날 4월 26일자 사설 수정 문제와 관련 리펑의 강력한 반대를 받은 자오쯔양은 덩샤오핑이 참석한 이 회의에서 학생들에게 양보해야 할 필요성에 대해 말하자, 리펑은 자오쯔양이 시위를 격화시킨 책임자라고 맹공한다. 리펑에 앞서 양상쿤이 자오쯔양과 다른 견해를 표명했으나 리펑처럼 격렬한 언사를 동원하지는 않았다. 회의 분위기는 리펑이 주도하였으며 보수파에 속하는 야오이린은 자오쯔양이 하루 전 중국을 방문 중인 고르바초프 소련 공산당 서기장에게 "최종 의사 결정권자는 덩샤오핑"이라고 밝힌 것을 문제삼으며 리펑을 거들었다.

자오쯔양의 이 폭로는 1992년 10월 중국 공산당 14대를 바로 앞두고 열린 13기 9중전회에서 '국가기밀 누설'이라는 죄목으로 규정됐다. 야오이린의 지적은 자오쯔양이 모든 책임을 덩샤오핑에 떠넘기려는 것이 아니냐는 의심을 불러일으켜 자오에게 큰 정치적 타격이 되었다. 이에 대해 자오쯔양은 "샤오핑 동지가 은퇴했음에도 불구하고 우리 당내에서 영향력을 계속 행사하는 것이 합법적이라는 것을 세계에 더 명확히 이해시키기 위해서였다"라고 궁색한 변명을 했다.

평소라면 모르나 회담장인 인민대회당이 학생 시위대에 의해 포위되다시피 한 상황에서 이런 발언은 그가 다른 생각을 먹고 있는지도 모른다는 의심을 불러일으키기에 충분했다. 이 자리에서 덩샤오핑은 계엄령을 선포해야겠다는 자신의 결심을 밝히며 정치국 상무위가 이를 처리할 것을 지시했다. 자오쯔양이 집행하기 어렵다며 반대하자 덩샤오핑은 "소수는 다수를 따라야 한다"고 일갈했고, 자오쯔양은 "소수는 다수를 따라야 한다는 당의 원칙에 승복하겠다"라고 말했다.

다음은 리펑이 자오쯔양 면전에서 그를 비판한 발언이다.

상황을 더욱 통제하기 어렵게 만들고 학생운동을 악화시킨 주된 책임을 쯔양 동지가 져야 한다고 생각한다. 북한에 있을 때 정치국은 쯔양 동지의 의견을 물었다. 쯔양 동지는 전보로 '이 소요를 다루는 샤오핑 동지의 계획에 완전히 동의한다'고 명백히 말했다. 4월 30일 귀국해서는 정치국 회의에서 4월 26일자 사설에 나타난 '동란'이라는 표현뿐 아니라 샤오핑 동지의 언급들을 승인한다고 다시 확인했다.

하지만 불과 며칠 뒤인 5월 4일 오후 아시아개발은행(ADB) 회의에 가서는 상무위원회 결정과 샤오핑 동지의 발언, 그리고 4월 26일 사설에 찬물을 끼얹는 연설을 했다. 상무위원회의 어느 누구와도 상의하지 않은 채 덩샤오핑 동지의 말과 4월 26일자 사설을 무시해버리는 연설을 했다. 연설 내용의 문제점은 다음과 같다.

첫째, 명백한 동란 와중에서 쯔양 동지는 "중국은 어떠한 심각한 동란도 용납하겠다"라고 말하였다. 둘째, 동란의 목적은 공산당 통치를 끝장내고 사회주의 체제를 파멸시키는 것이라는 무수한 증거들을 앞에 놓고도 쯔양 동지는 시위대를 향해 "우리의 근원적인 체제에는 반대하지 말고 우리의 업무상 잘못의 척결을 요구하라"고 계속 주장했다. 셋째, 극소수가 동란을 야기하고 학생운동을 악용하고 있음을 수많은 증거들이 명백히 보여주고 있음에도 쯔양 동지는 "상황을 악용하려는 사람들은 늘 있기 마련"이라는 얘기만 했다. 이는 극소수가 이미 동란을 야기하고 있다는 당 중앙의 정확한 판단에 명백히 위배되는 것이다……."

이후 계엄령 선포가 최종적으로 결정될 때까지의 경과를 살펴보자.

5월 17일 저녁에 정치국 상무위원회 회의가 속개되었다. 5인 상무위원과 국가 주석 양상쿤, 그리고 당 원로 보이보가 참관하였다. 계엄령 선포 안건에 대한 상무위원 5인의 표결에서 자오쯔양·후치리 반대, 차오스 기권, 리펑·야오이린 찬성으로 상무위는 결정을 내리는 데 실패했다. 양상쿤이 덩샤오핑과 원로들의 의견을 들어야 할 필요성을 제기하자 자오쯔양은 사임 의사를 밝힌다. 보이보는 계엄령을 실시할 수 없다는 자오에게 고집을 굽히라고 설득했다. 결국 계엄령 선포 여부는 덩샤오핑의 최종 결정에 맡겨지게 됐다.

5월 18일 새벽 자오쯔양, 리펑은 단식농성 중인 학생들을 만났다. 마지막으로 학생들을 설득해보자는 자오의 제의에 리펑이 동의하여 이뤄진 방문이다. 덩샤오핑은 이에 반대했다. 인민복 차림의 자오쯔양은 거의 눈물을 흘릴 듯한 모습으로 학생들의 단식 중단과 학교 복귀를 간청했다. 반면 리펑은 농성자들과 잠시 대화를 나눴지만 간곡한 당부나 개혁 약속은 없었다. 냉랭한 어조로 "학교로 돌아가라"고 말했을 뿐이었다.

자오쯔양은 농성장에서 돌아온 직후 사임서를 양상쿤에 전달했다. 양상쿤은 사임서와 함께 동봉한 편지를 읽자마자 자오에게 전화를 걸었다. 양상쿤은 "당을 곤경에 빠뜨려서는 안된다"며 사임서 제출을 철회할 것을 설득했다. 이 과정에서 양상쿤은 "덩샤오핑 동지의 위신을 지켜드리자"고 한 자오의 과거 발언을 환기하기도 했다. 자오쯔양은 양상쿤의 설득을 받아들여 사임서 발송을 포기했다.

5월 18일 오전 8시 30분, 덩샤오핑을 포함한 8대 원로와 정치국 상무위원이 만나 계엄령 선포를 결정한다. 이 자리에 자오쯔양은 참석하지 않았다. 리펑은 "자오쯔양 동지가 오늘 참석하지 않은 것은 계엄령을 반대하기 때문이다. 그는 처음부터 학생들의 시위를 고무시켰다"라고 비판함으로써 자오쯔양의 '정치적 운명'에 마지막 못질을 가했다.

천안문 사태의 '분기점'이 된 계엄령 선포를 전후한 시기 자오쯔양과 리펑의 행동은 극히 대조적이다. 자오는 계엄령 선포에 반대했으나 행동은 지극히 우유부단했다. 반면 리펑은 과단성 있게 행동했고 발언했다. 그는 자오쯔양이 북한 방문을 전후로 하여 학생시위에 대한 시각이 변화했음을 매섭게 따졌다. 자오쯔양은 이러한 리펑의 공격에 변명하기 급급했을 뿐 리펑과 논전을 통해 자신의 주장을 적극적으로 관철하려는 모습을 보여주지 못했다.

『천안문 페이퍼』를 통해 살펴보면, ≪인민일보≫가 학생운동을 '동란'으로 규정한 4월 26일부터 계엄령이 선포되기까지 사이에 중국 수뇌부 일부에서 학생시위에 대한 시각 변화가 있었음을 알 수 있다. 자오쯔양는 물론 양상쿤에서도 이런 변화의 조짐은 찾아볼 수 있다. 5월 6일 자오쯔양이 양상쿤과 나눈 대화를 보자.

> **자오쯔양** 북한에서 돌아와 상황을 파악해보려고 했다. 차오스, 후치리 동지 등과 상의했고 리펑 동지와도 의견을 나누었다. 내가 보는 사태는 개략적으로 이런 것이다. 전반적인 흐름은 당과 개혁을 지지하는 것으로 긍정적이다. 젊은 학생들은 더 빨리 개혁되고, 한 단계 높은 민주주의가 이루어지기를 바라고 있다. 민주주의와 법을 통해 이 시위를 가라앉힐 수 있다고 본다.
>
> **양상쿤** 급진 자유주의자들과, 홍콩과 타이완에서 흘러든 반공산주의 분자 등 일부 외부 세력이 학생들에게 자유 사상을 고취시키는 것이 사실이다. 그러나 학생 운동의 주된 흐름은 긍정적이다.
>
> **자오쯔양** 잘 대처할 수 있을 것 같다. 개혁에 도움이 될 것이다.

자오쯔양은 양상쿤의 이러한 태도에 고무됐는지 5월 10일 정치국 확대회의에서 4월 26일자 사설의 수정과 고위간부 재산공개, 집시법 개정 등을 제안했다. 당시 회의 분위기는 자오의 제안에 긍정적이었다.

당시 전인대 상무위원장으로 있던 완리(萬里)가 특히 적극적으로 지지를 표시했고 보이보, 리루이환과 그리고 톈지윈 등도 학생들의 요구를 수용해야 한다는 의견을 밝혔다.

그러나 덩샤오핑에 대해 상당한 영향력을 지닌 완리는 5월 13일 미국 방문 길에 올라 이후의 논쟁 과정에서 자오쯔양에게 힘을 실어주지 못했다. 자오에게 이는 불행이었고 완리에게는 행운이었다. 리루이환, 보이보 그리고 톈지윈 등의 발언을 살펴보자.

우리는 실질적인 대화를 할 필요가 있다. 더 이상 불에 기름을 끼얹는 듯한 적대적 선전 문구로 학생들과 부딪칠 수는 없다. 최근 무엇 때문에 일반 인민 사이에 반란의 분위기가 팽배했는지를 냉정하게 살펴야 한다. 우리는 물가상승은 없을 것이라고 말해왔다. 그런데 실제로는 인플레이션이 닥쳐오지 않았는가? 이런 상황에서 어떻게 인민이 잠잠할 수 있겠는가? 반체제인사들을 체포하고 그들을 감옥에 가둔다고 될 일이 아니다. 그 대신 그들을 외국으로 내보내 상당 기간 귀국하지 못하도록 해야 한다.

―리루이환

나는 리루이환 동지의 의견에 동의한다.

―보이보

우리는 정부를 깨끗하게 할 효과적인 조치를 취하고 정치 민주화를 향한 노력을 가속화해야 할 필요가 있다.

―톈지윈

심지어 덩샤오핑도 부패 척결에 대한 자오쯔양의 의견에 귀를 기울였다. 다음은 5월 13일 덩샤오핑, 자오쯔양과 양상쿤이 삼자대면한 자리에서 덩이 한 말이다.

부패 현안을 먼저 치고 나갈 필요가 있다. 최소 10건이나 20건을 본보기로 내세워 아주 투명하게 다루어야 한다. 이 기회에 부패 문제를 풀어야 한다. 도대체 이 문제를 풀기가 왜 이렇게 어려운지 곰곰이 생각했다. 내가 내린 결론은 너무 많은 고위 관리와 가족들이 관련되어 있기 때문이 아니겠느냐는 것이다. 몇 년을 두고 얘기해오고 있지만, 부패 척결에 진척이 없는 것은 바로 이런 이유 때문인 것 같다. 더 놔두어서는 안 된다. 이번 시위에서 개혁이나 개방을 반대하는 구호는 없지 않은가.

이렇게 볼 때, 정치국원들과 원로는 물론 최고 의사결정권자인 덩샤오핑의 마음까지 잡는 데 어느 정도 성공을 거두었던 자오쯔양이 결국 리펑에게 패한 것은 덩이 참석한 5월 17일 회의에서 리펑의 주장에 밀렸기 때문이다. 점차 과격해지는 시위 양상과 주장 등도 자오쯔양에게 불리하게 작용했음을 부인할 수는 없다. 그러나 일관성을 견지한 리펑의 단호한 입장 표명에 대해 적극적인 반론을 펴지 못한 것이 결정적 패인이었다. 계엄령 선포를 전후하여 자오쯔양이 보인 자세는 실망스럽기까지 하다. 그가 사임 카드를 던지자 양상쿤마저 당황하며 만류를 할 정도였다. 또 덩샤오핑의 절친한 친구이며 원로인 보이보도 자오가 계엄령 선포 반대 의사를 굽히지 않자 "소수는 다수에 따라야 한다"고 단 한마디 말로 일축한 덩과는 달리 그를 달래며 설득하려 애썼다. 자오쯔양의 개혁파 인사들의 영향력을 잘 알기 때문이었다. 하지만 그는 사표를 썼다가 철회하는 등 우유부단한 모습만을 연출하고 회의에 불참하는 소극적인 저항만 했을 뿐이다. 자오의 의견에 내심 동조하는 지도자가 적지 않았음에도 그가 세력을 규합할 수 없었던 것은 바로 이런 이유 때문이다.

이에 비해 리펑은 불퇴전의 자세를 보였다. 계엄령 선포 이후 학생·시민들이 인간띠를 만들어 계엄군의 진주를 막은 사태는 그에게는 위기였다. 계엄군이 유혈사태를 우려, 강경 진압에 나서지 않아 사태가 반전될 가능성마저 점쳐지는 상황이었다. 이때 리펑은 '승부수'를 던진다. 시위대가 정권 타도를 계획하고 있고 미국과 대만이 개입하고 있다는 내용의 보고서를 원로들에게 제출한 것이다.

결국 덩샤오핑은 강경 진압이라는 결정을 내린다. 리펑이 자신의 뜻을 관철시킨 순간이었다. 무력 진압을 결정한 6월 2일 아침 회의의 대화 내용을 살펴보자. 이날 회의에는 덩샤오핑, 리셴녠, 펑전(彭眞), 양상쿤, 보이보, 왕전 등 당 원로와 리펑, 차오스, 그리고 야오이린이 참석했다.

어제 베이징 당위원회와 공안국에서 상무위에 보고서를 냈다. 이 두 개의 보고서는 동란을 주도한 자들이 천안문 광장을 당과 정부를 전복할 사령부로 삼으려 했다는 많은 증거를 제시하고 있다. 천안문을 학생 운동의 본부로, 나아가 나라 전체의 중심부로 삼으려 했다는 것이다. 정부가 어떤 결정을 하든 간에 광장 쪽에서는 과민한 반응을 보일 것이다. 계엄령을 선포한 이래 인간띠를 만들어 계엄군을 저지시키고, 청년들을 시켜 베이징 공안국을 습격하고, 기자회견을 열고, 전단을 뿌리는 등등의 행위가 모두 '광장'의 교사에 따른 것이다. 반동분자들은 '광장'을 반혁명적 사상을 유포하고 헛소문을 퍼뜨리는 사령부로 이용했다. 학생자치연합이나 노동자치연합 같은 불법 단체들은 광장에 확성기를 설치해놓고 24시간 내내 떠들어대고 있다.

그들은 당을 공격하고, 국가 지도자들을 비난하며, 정부를 전복시켜야 한다고 주장한다. 그러면서 <미국의 소리(Voice of America)>나 홍콩 또는 대만 언론의 왜곡된 보도를 계속해서 되풀이하고 있다. 반동분자들은 광장에서 계속해서 버티면 결국 정권이 무너질 것이라고 믿고 있다. 그들의 음모는 갈등을 심화시켜 유혈 사태를 야기하는 것이다. 그들은 "인민의 피가 인민을 일깨워 정권을 무너뜨릴 것"이라고 외쳐대고 있다. 며칠 전에는 반동분자들이 소위 '여신상'이란 것을 '인민 영웅 기념탑' 앞에 공공연하게 세워놓았다.

오늘부터는 또 다시 단식투쟁을 벌일 계획이라고 한다. '동란'이 시작되자 미국대사관 직원들이 적극적으로 정보를 수집하러 나섰다. 그들 중 일부는 중앙정보국(CIA) 요원이다. 이들은 거의 매일, 특히 밤중에 천안문이나 베이징 대학 같은 곳을 어슬렁거리고 다녔다. 그들은 학생자치연합의 간부들과 잦은 접촉을 갖고 있었으며, 때때로 조언을 해주기도 했다.

이번 동란에 직접적으로 연루된 '중국민주연맹'은 미국의 괴뢰 단체이다. 뉴욕에 본부를 둔 이 쓰레기 같은 조직은 친 대만 성향의 '중국자선연맹'과 결탁해 중국 민주화를 위한 무슨 '위원회'란 것을 조직하기도 했다. 여기서 학생자치연합 쪽으로 자금이 흘러 들어가기도 했다. 동란이 시작된 뒤 대만의 정보기관을 포함한 국외의 이적 단체들도 방문객, 여행자, 사업가 등으로 위장해 앞다퉈 국내로 들어왔다. 그들은 소위 민주화 운동이란 것에 직접적으로 개입, 전면적인 반공산주의, 반독재 운동으로 확대시키려 했다. 또한 지하 공작원들에게 사태를 주의깊게 관찰할 것을 명했고, 온갖 종류의 정보를 수집하기 시작했다.

대만 정보기구 요원들이 베이징과 상하이, 푸젠(福建) 성을 비롯한 여러 곳의 동란에 개입했다는 증거가 있다. 이번의 동란에 국내외의 반동분자들이 합작, 사태를 악화시켰다는 사실이 날이 갈수록 명백하게 드러나고 있다. 그들의 목적은 공산당을 전복하고 사회주의 체제를 무너뜨리는 것이다.

이날 보고는 원로들을 격분시켰다. 후야오방과 격렬한 논쟁을 벌여 그를 심장마비로 사망하게 한 다혈질의 왕전은 학생 시위대를 '개자식들'이라고 거칠게 표현하며 덩샤오핑에게 단호한 조치를 취할 것을 촉구했다. 덩샤오핑 역시 시위대를 '쓰레기들'이라고 지칭하며 극도의 반감을 드러냈다. 덩은 특히 미국 등 서방세력이 개입했다는 내용에 민감하게 반응했다. 아편전쟁 이후 외세의 중국 침략 사실을 언급하기까지 했다. 이러한 덩의 발언은 개혁개방의 포기로까지 받아들여질 수 있는 과격한 내용이었다. 5월 10일 자오쯔양, 양상쿤 등과 자리를 함께 했을 때의 시각과는 전혀 상반된 것이었다.

양상쿤이 동란 평정이 개혁개방의 포기를 의미하지 않는다며 덩의 흥분을 가라앉혔을 정도였다. 양상쿤의 지적이 있자 덩은 개혁개방의 필요성을 강조하며 과거로 회귀하지 않을 것임을 분명히 했다. 보고를 전하는 리펑의 태도에는 공산주의 체제를 어떠한 수단을 동원해서라도 수호하겠다는 강한 의지와 체제 비판자들에 대한 적개심이 자리잡고 있다.

『천안문 페이퍼』 공개 리펑에게 유리

『천안문 페이퍼』가 발간되자 리펑이 궁지에 몰리게 될 것이라는 관측이 많았다. 그가 천안문 유혈진압의 주역 중 주역임이 확인되었기 때문에 그를 향한 비난 여론이 다시 일 것이라는 판단에서였다.

그러나 사태가 그런 방향으로 흐르지 않을 수도 있다. 앞서 살펴보았듯이, 리펑은 위기의 순간 어느 누구보다도 과단성이 있게 행동했다. 천안문 사태 당시 리펑처럼 과감하게 행동한 인물은 상하이에서 그와는 정반대의 방식으로 사태를 수습한 주룽지 현 총리 정도 외에는 없다. 두 사람 모두 자신의 방식으로 사태를 수습하려는 데 반대하는 의견과 결연히 싸웠고 또 성공했다. 유혈과 무혈의 차이가 있지만 행동 양식은 동일했다. 리펑은 그의 이력이 말해주듯이, 지도부 내에 막강한 인적 네트워크를 갖고 있다.

미국에서 조지 W. 부시 대통령이 취임한 이후 미국과 중국 간에는 긴장이 높아졌다. 이 같은 사태 전개는 중국의 자세를 경화시키기 마련으로 보수파의 입지를 강화시키는 결과를 가져올 수 있다. 리펑을 천안문 유혈진압의 '종범(從犯)'이 아닌 '주범(主犯)'으로 격상시킨 이 책이 '꺼져가는 불'로 여겨져온 리펑의 정치생명을 재점화하는 효과를 가져다 줄 수도 있다는 것은 아이러니다. 이 『천안문 페이퍼』는 천안문 사태의 평반(平反: 재평가)을 위해서는 죽은 덩샤오핑이 아닌 살아 있고 또한 실권이 막강한, 또 무엇보다도 과단성 있고 영리한 책략가인 리펑을 밟고 넘어서야 한다는 사실을 일깨워주고 있다.

2000년 장쩌민의 천안문 발언

우리는 1989년 동란(動亂) 기간 학생들이 더 많은 민주 자유화를 요구하던 때의 격정을 충분히 이해한다. 사실 우리 모두 꾸준히 나름의 민주제도를 발전시켜나가고 있다. 그러나 우리는 불순한 동기를 지닌 이들이 민주와 자유라는 이름 아래 학생들을 이용하여 정부를 전복하려는 것은 용납할 수 없다. ……우리는 국민이면 누구나 자신의 희망과 소원을 자유롭게 표현할 권리를 존중한다. 단 긴급 상황 시 정부가 취한 조치에 대해 곧바로 반대하는 것에는 찬성할 수 없다. 탱크는 정지했지, (탱크를 막아선 시위자를) 깔고 넘어가지 않았다. ……학생들은 (처음에 외치던) 반부패 구호를 (나중에서야) 바꾸었다. 이런 점을 감안하면 특정 시점에서 당과 학생들의 입장은 일치했다.

장쩌민 중국 국가 주석이 2000년 8월 15일 미국 CBS-TV 인기 시사프로그램인 <60분>과의 회견에서 천안문 사태와 관련하여 한 발언의 주요 대목이다. 이것이 2000년 9월 3일 방영에 앞서 알려지면서 서방 언론에 대서특필되는 등 큰 반향을 불러일으켰다. 천안문 사태 이후 시위자들에 대한 중국 지도자들의 언급 중 가장 동정적인 발언이 최고 지도자의 입을 통해 나왔기 때문이다. 그동안 중국 지도자들 가운데서 유혈진압에 대해 비판하는 이들이 더러 있기는 하였으나 ─ 대표적으로는 정협 주석 리루이환 ─ 시위 학생들에 대해 어떠한 이해나 동정의 입장조차 비친 인사는 없었다.

당시 이를 두고 표현만 부드러울 뿐 기존의 입장에서 크게 벗어나지 않았다는 분석과, 리펑으로 대표되는 보수파의 약화를 겨냥한 발언이라는 평가, 그리고 WTO 가입과 2008년 올림픽 개최권을 획득하고 미국의 지지를 얻어내기 위한 것이라는 해석 등 갖가지 반응이 나왔다.

총서기 취임 후 미국 방송과 첫 단독 인터뷰

장쩌민의 속내를 엿보려면 우선 그 인터뷰가 이루어지게 된 배경을 살펴볼 필요가 있다. 마이크 월러스(Mike Wallace) 기자가 이 회견이 이루어지기를 10여 년을 기다려왔다고 밝힌 데서 알 수 있듯이, 장쩌민 주석이 미국 방송과 단독 인터뷰를 가진 것은 1989년 6월 총서기 취임 이래 처음이다. 장쩌민은 회견에 앞서 질문 내용과 시간 제한을 두지 말라고 측근에 지시한 것으로 알려졌다. 이는 그 이전에 있었던 여타 외국 언론사와의 회견과 비교해볼 때 파격적인 경우다.

그러나 월러스 기자는 이런 배려에 공격적인 질문으로 답례했다. 장쩌민 바로 면전에서 '독재자'라는 표현도 서슴없이 사용했다. 어쨌든 장 주석이 질문에 제한을 두지 말라는 지시를 한 것은 천안문 사태 등과 같은 민감한 문제에 대해서도 자신의 입장을 표명하겠다는 의사 표시라고 보아도 좋을 것이다. 이런 점을 고려해보면 CBS와의 인터뷰에서 나온 장쩌민의 천안문 발언은 불쑥 튀어나온 게 아니라 정치적 계산 아래 '준비된 답변'이란 해석이 가능하다.

장 주석의 CBS 회견은 미국민을 상대로 한 중국 이미지 개선 작업의 일환이라는 측면을 갖고 있었다. 이 회견이 있은 지 9일 뒤인 2000년 8월 24일부터 미국 전역을 순회하는 중국 문화 전시회가 시작되었다. 중국 정부가 막대한 돈을 들여 마련한 이 순회 전시회의 명칭은 '2000년 미국에서의 중국 경험(2000, Experience China in the United States)'으로 각종 공연, 전시, 강연 등으로 짜여져 있었다. 중국 국무원 신문 판공실의 자오치청(趙啓正) 주임이 2000년 8월 30일 워싱턴 내셔

널 프레스 센터에서 한 연설에서 이 순회 전시의 목적을 분명하게 밝혔다. '중국인이 보는 미국과 미국인'이라는 제목의 이 강연에서 자오 주임은 미국, 특히 미국 언론이 중국에 관해 편견을 갖고 있다고 주장하며 이 전시회를 통해 중국의 진면목을 볼 수 있으면 좋겠다고 말했다. 3주 일정의 이 순회 전시회가 중반에 이를 무렵에 장쩌민의 회견이 방송되었다. 장쩌민 회견과 문화 순회전은 이처럼 미국의 중국에 대한 왜곡된 인식을 불식시키고 미국인들에게 직접 다가서기 위한 것이었다. 장쩌민이 그동안 기피하던 미국 방송과의 단독 인터뷰를 허용한 것도 이런 이유 때문일 것이다.

신화통신 천안문 발언 내용 삭제

이런 계산 아래 의도된 회견에서 장쩌민은 천안문 사태와 관련, 냉정하기 그지없는 공식 입장을 반복할 수는 없었을 것이다. 그렇게 했다면 기존의 부정적 이미지를 고착시키는 역효과만을 가져왔을 것이다. 따라서 장쩌민의 발언을 일부에서 해석하듯, 기존의 입장을 뒤엎기 위한 목적에서 운을 띄운 것으로는 보기 힘들다. 이런 분석은 중국 관영 신화통신이 장 주석의 인터뷰 내용 중 천안문 발언 내용만을 삭제한 채 보도한 사실로 힘을 얻는다. 이 조치를 두고 내부 반발이 심각한 증거로 보는 견해도 있었다. 하지만 그보다는 장쩌민의 천안문 발언이 당초부터 대외용이란 사실을 입증해주는 것으로 해석하는 게 타당할 듯싶다.

보다 주목해야 할 것은 장쩌민이 이처럼 대외용으로나마 시위대에 동정적인 자세를 취할 수 있었다는 점이다. 이는 자신감의 표현이다. 이런 자신감은 이 발언이 있기 바로 6개월 전, 학생 시위대에 동정적이었다는 이유로 해임당한 전 총서기 자오쯔양에 대해 10여 년 간 계속된 자택연금과 정치사찰을 종료한 데서도 확인된다. 이 조치는 장쩌민

주석의 결단에 의해 이루어진 것으로 전해졌다. 당 중앙위원회도 자오 전 총서기에게 부총리에 준하는 퇴직 혜택을 부여하기로 결정, 장쩌민의 조치에 호응했다. 1992년 10월 자오의 행동에 대해 당을 분열시킨 것이라고 결론을 내렸던 중앙위의 이런 조치는 격세지감을 느끼게 하는 것이 아닐 수 없다. 자오에 대한 결정과 장쩌민의 천안문 발언은 같은 맥락인 것이다.

그렇다면 천안문 사태가 더 이상 중국을 옥죄는 요소가 아니라는 중국 지도부의 이런 인식은 어디에서 비롯된 것일까. 우선 먼저 지적할 수 있는 것은 대학생 등 젊은 세대들이 천안문 사태 당시와는 달리 체제 순응적이 되었다는 점이다. 즉 천안문 사태가 가져온 강요된 정치 안정과 경제 발전의 결과이다. 천안문 사태 이후 중국의 미래에 절망을 느낀 엘리트들은 외국으로 대거 유학을 떠났고 돌아오지 않았다. 천안문 사태의 여진이 아직 가시지 않은 1993년, 베이징 대학가에서 떠돌던 한 소문은 당시 대학생들이 얼마나 중국을 떠나고 싶어했는가를 단적으로 보여준다. 그 소문은 한 명문대학의 여대생이 외국으로 유학할 학비를 빨리 마련하기 위해 흑인이 포함된 외국 사람 두 명과 이중 동거 계약을 맺었다가 '과로'로 인해 사망했다는 것이었다.

두뇌 유출 러시는 1990년대 후반에 들어서면서 변하기 시작했다. 천안문 사태 이후 유학길에 오른 5만 명의 유학생 중 상당수가 속속 귀국하기 시작한 것이다. 1998년에는 귀국 유학생의 수가 7,300여 명에 달했고, 미국에서 자리를 잡기가 쉬운 첨단분야 유학생의 귀국 비율도 13%나 됐다. 여기에는 경제 발전에 따라 중국에서도 기회가 많아졌기 때문이다. 1989년 대학생을 비롯한 수십만의 젊은이들이 천안문 광장에 모여 조선족 출신의 록 스타 추이젠(崔健)의 '일무소유(一無所有: 아무것도 가진 것이 없다)'[1]를 합창하며 시위를 벌인 것은 기회의 부족에

---

1) '일무소유'의 가사는 다음과 같다.
　나는 늘 너한테 묻는다/ 언제쯤 나하고 같이 가려는가 라고/ 그러나 너는 내가

따른 암담한 미래에 대한 불안 때문이었다. 그러나 10년이 지난 뒤 중국은 외국 유학생들을 불러들일 정도로 기회의 땅이 되었다.

대학생들의 민족주의 경향

1999년 5월 나토 소속 미군기의 베오그라드 주재 중국대사관 폭격 사건은 중국 지도부에게 대학생들에 대한 인식을 바꾸는 한 계기를 마련했다. 이 소식이 전해지자 중국 대학생들은 주중 미국대사관 앞에서 격렬한 대규모 시위를 벌였다. 11년 전 그들의 선배들이 천안문 광장에 '민주 여신상'을 세워놓고 '덕선생(德先生: 데모크라시)'을 소리 높여 외쳤던 사실을 상기해보라. 적이 우군이 되고 우군이 적군이 된 셈이다. 중국 대학생들 사이에서 민족주의 감정이 팽배해졌음을 보여주는 좋은 증거였다. 이 사태는 중국 당국이 대학생들을 체제 불안 요소로만 보아왔던 기존의 인식에 변화를 주었다. 장쩌민의 발언도 이러한 배경을 깔고 이해할 필요가 있다.

월러스와의 회견에서 이러한 인식의 일단을 엿볼 수 있다. 월러스가 천안문 사태 당시 탱크에 맞선 한 청년의 사진을 보인 뒤 장쩌민에게 공격적인 질문을 계속하자 회견에 배석한 장쩌민의 측근이 끼어들며 제시한 것은 폭격 당한 주베오그라드 대사관의 사진이었다. 장군에 멍군 식의 응수였다. 이때 장쩌민은 몇 년 전 중국에서 『노(NO)라고 말할 수 있는 중국』이라는 책이 발간되어 젊은이들 사이에 인기를 끌었다는 사실을 상기시켰다. 장쩌민은 이를 통해 천안문 사태 당시의 대학생과 젊은이들 사이에 번졌던 맹목적 숭미(崇美) 현상이 이제는 반미로

아무 것도 가진 게 없다고 비웃는다// 나는 나의 추구를 너에게 줄 것이며/ 나의 자유도 줄 것이다/ 그래 네 앞에서 나는 언제나 아무 것도 가진 게 없단 말인가/ 아 너는 언제쯤 나하고 같이 가려는가// 그런데 너의 손은 떨리고/ 눈에서는 눈물이 흐르고 있다/ 설마 아무 것도 가진 게 없는 나를 사랑한다고 알려주는 것은 아니겠지

전환되었다는 사실을 월러스 기자와 그 프로를 보는 미국인들에게 일깨워주려는 것 같았다.

11년이 흐른 지금 이처럼 중국 당국은 천안문 사건의 후유증에서 상당히 벗어나는 모습을 보이고 있다. 하지만 천안문 사건은 내부적으로는 여전히 골칫거리이고, 대외적으로도 외교 부담 요소로 작용하고 있다. 천안문 사태 유혈진압의 주역인 리펑 전인대 의장은 중국 문화 순회전이 열리는 동안 세계국회의장회의 참석차 미국을 방문했다. 그를 맞았던 것은 어김없이 시위대였다. 중국 권력 서열 2위인 그는 희생자와 민주인사들에게는 '베이징의 도살자'일 뿐이었다.

이들은 미국에서 1992년 제정된 고문희생자 보호법을 위반했다면서 미국 법원에 소송까지 제기했다. 중국 국내 유족들도 과감해졌다. 1999년 10주년을 맞아 희생자 유족 108명은 평화적 시위를 벌이는 사람들을 살해한 것은 국제인권 규정을 위배한 것은 물론 중국 헌법도 어긴 것이라며 리펑을 고발하는 탄원서를 최고인민검찰원에 제출했다. 이 탄원서에서 유족들은 리펑은 천안문 학살에 책임을 지고 '처형'되어야 한다고 주장했다. 2000년에도 이들은 같은 내용의 탄원서를 냈다. 이를 확인하는 서방 기자들의 문의에 대해 검찰원 측은 그런 문건을 본적이 없다고 부인했지만, 이는 불과 몇 해 전만 해도 상상도 못할 일이 아닐 수 없다. 매년 6월 4일 전후로 베이징 천안문 일대에 삼엄한 경계가 펼쳐지고 추도식 혹은 집회를 갖는 민주 인사들이 체포되는 일도 연례행사처럼 되풀이되고 있다.

그러나 이들이 끈질기게 요구하는 천안문 사태에 대한 평반은 중국 당국이 비록 전진적인 자세를 보이긴 하나 성사가 되기에는 요원하다. 무엇보다도 여전히 막강한 당내 보수 세력 때문이다. 리펑은 수면 위의 빙산일 뿐이다. 수면 아래를 대표하고 있는 것은 '지하 총서기'로 불리는 덩리췬이다. 덩리췬은 1992년 개혁개방을 강도 높게 비판한 <만언서>를 발표한 인물로 자신의 여명이 얼마 남지 않은 점을 고려, 최근에는 보수 세력에 젊은 피를 수혈하는 데 열중하고 있다.

홍콩 언론은 2001년 초 장쩌민이 정치적 개혁을 주창하는 친서방적인 지식인들에 대해 탄압을 가했을 때 이 새로운 반우파 운동의 배후에는 덩리췬이 도사리고 있다고 썼다. 그러나 얼마 뒤 덩리췬 등이 장쩌민이 내세운 3개 대표론을 비판하자 이번에는 보수파들을 탄압했다. 장쩌민은 급진 개혁파와 강경 보수파를 견제하기 위해 이이제이(以夷制夷) 수법을 쓰고 있는 것이다. 이런 장쩌민을 두고 '좌측 깜박이 등을 켜고 우회전한다'라는 비아냥이 나오고 있다. 이 표현은 보수 세력의 입김을 무시할 수 없는 장쩌민의 처지를 여실히 보여준다. 보수 세력은 정치상황이 순조로울 때는 불평분자에 그치지만 정치 투쟁이 격화하면 무서운 힘을 발휘한다.

1987년 1월 후야오방, 1989년 6월 자오쯔양의 실각은 이들의 위세가 막강함을 보여준 것이다. 10년 이상 세월이 흘렀고 개혁개방이 심화되었다고는 하나 정치적 위기 상황에서 이들이 어떤 힘을 발휘할지는 아무도 모른다. 장쩌민이 이들을 무시할 수 없는 것은 바로 이러한 선례 때문이다. 이런 맥락에서 장쩌민이 오랜 준비 끝에 내놓았을 '천안문 발언'은, 자신의 대외적 이미지를 개선할 목적으로 서로 반대편에 서 있는 미국과 보수파의 요구 사이에서 절충을 꾀한 발언일 뿐이라는 인색한 평가를 내리지 않을 수 없다.

천안문 사태와 주룽지

유지무지십리간(有知無知十里間: 알고 모름에 10리 차이가 나는구나).

『삼국지』의 조조가 양수의 뛰어난 머리에 탄복하여 던진 말이다. 양수는 '계륵'이라는 고사성어의 주인공이다. '계륵'이라고 조조가 무심코 던진 암호를 '철수 준비하라'는 뜻으로 받아들였다가 전투를 앞두고 사기를 떨어뜨렸다는 이유로 참수당한, '재승박명(才勝薄命)'의 인물이다.

양수는 한중(漢中)에서 유비군과 대치한 조조가 한중을 '막상 먹으려니 먹을 게 없는' 계륵(닭갈비)으로 생각했다면, 싸우기보다 철수를 선택할 것이라고 보았던 것이다. 조조는 철수 결단을 내리지 못했으나 한중의 가치에 대해선 회의적이었던 것이 사실이었다. 조조가 '참수'라는 중벌을 내린 데는 자신의 심중을 간파한 양수의 영민함에 두려움을 느꼈기 때문이라는 게 『삼국지』의 작자 나관중의 해석이다. 조조는 한중 싸움에서 대패한 후 양수를 '복권'하는 조치를 취한다.

계륵의 고사가 있기 전 양수와 조조가 행군 중 한 마을에서 오래전부터 내려오는 수수께끼를 접하게 됐다. 양수가 단번에 풀었다고 하자 조조는 그가 해답을 말하는 것을 제지한 뒤 말을 타고 행군을 계속하며 스스로 풀어보려 했다. 조조는 10리 길을 행군한 뒤에서야 그 수수께끼를 풀었고 이는 양수가 내놓은 답과 같았다. 그때 조조의 입에서 나온 것이 바로 앞의 글귀이다.

1989년 시위대의 격정을 이해한다는 장쩌민의 2000년 8월 천안문 사태 관련 발언을 두고 당시 상당수의 서방언론은 이를 대단한 인식 전환으로까지 평가했지만 사실 이런 자세는 11년 전 천안문 사태 당시 상하이 시 지도부, 좀 더 좁혀 말하면 주룽지의 인식이었다.

천안문 사태 당시 장쩌민은 상하이 당 서기였고 주룽지는 시장 겸 부서기로 시당 서열 2위에 있었다. 그리고 현재 제4세대 지도부의 '떠오르는 별' 쩡칭훙 역시 여러 명의 부서기 중의 한 사람이었다. 1989년 6월 4일 전후, 그러나 당 서기 장쩌민은 상하이 시에 없었다. 이미 베이징에 가 있었던 점으로 보아 그는 덩샤오핑을 비롯한 당 원로로부터 자오쯔양의 후임 총서기로서의 능력과 자세를 검증받고 있던 것으로 추측된다. 주룽지를 비롯한 상하이 당 지도부는 베이징의 장쩌민에게 사태 해결 방안에 대한 지시를 구했으나 베이징에서 회답은 없었다고 한다. 이렇게 해서 상하이 시 소요 사태를 해결해야 할 최종 책임이 주룽지 어깨에 놓여지게 된 것이다.

주룽지, '반혁명 동란' 삭제

주룽지는 6월 3일 심야 천안문 광장에서 첫 발포가 있은 후 베이징으로부터 전화를 받는다. 군대 동원이 필요한지 여부를 묻는 전화였다. 그는 "군대 파견은 필요 없다. 시당에서 사태를 처리할 수 있다"고 답변했다. 그러나 베이징의 발포 소식이 전해지자 상하이 시의 분위기도 험악해졌다. 일촉즉발 상황에 빠져들기 시작한 것이다. 주룽지는 공장 노동자를 중심으로 공인 규찰대를 조직, 학생들이 시내에 설치한 바리케이드를 철거했다. 하지만 밤중에 학생들이 이를 다시 구축하는 상황이 반복되었다. 주룽지는 이러한 대치상태를 해소하기 위해 시민과 학생들을 상대로 직접 호소하기로 결정하였다.

상하이 시당 선전부는 '중공 상하이 시위원회, 상하이 시인민정부의 전시(全市) 공산당원, 시민에 고하는 글'이라는 제목의 연설 초고를 작성하여 주룽지에게 넘겼다. 그는 6월 8일 이 연설 초고를 검토하면서 '반혁명 동란'이라는 표현을 삭제했다. 베이징에서 발표한 문건과 비교할 때 톤이 너무 약한 게 아니냐는 주변의 지적이 나오자 주룽지는 "베이징은 베이징이고 상하이는 상하이다"라고 일축했다.

주룽지는 연설에 앞서 천궈둥(陳國棟) 전 당 서기 등 상하이 시당 원로들에게 자문을 구하는 절차를 밟았다. 이 원로들의 지적도 마찬가지였다. 이들은 사태를 '동란'으로 규정한 베이징의 입장에 동의를 표했다. 주룽지는 원로들의 지적에 동의한다고 말하면서도 원고를 수정할 시간이 없다며 자신의 집무실에서 TV 생중계로 '동란' 표현을 삭제한 원고대로 연설을 했다. 원로들 중 일부는 그의 이 같은 일방적인 태도에 대해 그렇게 할 것이면 자문은 무엇 때문에 구한 것이냐고 불쾌감을 공공연히 드러냈다고 한다.

연설 녹화 테이프 베이징에 보내

학생들을 자극하는 표현을 피하면서 시민의 정상적인 생활과 노동의 권리를 회복할 것을 호소한 이 연설은 민심을 진정시키는 데 큰 역할을 했다. 하지만 주룽지의 행동에 불만을 가진 상하이 시의 한 간부가 베이징에 비밀 보고서를 제출하는 바람에 주룽지는 곤경에 빠지게 된다. 이 비밀 보고서는 주룽지의 연설과 중앙의 시각이 일치하지 않는다고 주장하며 두 가지 점을 지적했다.

첫째 베이징의 학생시위를 '동란'으로 규정하지 않고 '베이징에서 발생한 사건'이라고 표현한 점이다. 둘째로 문제삼은 것은 "역사적 사실은 어느 누구도 은폐할 수도 속일 수도 없기 때문에 사건의 진상은 결국 명백하게 밝혀질 것"이라고 말한 대목이다. 이 보고서를 접수한 베이징에서는 이를 확인하기 위해 주룽지에 전화를 걸었고, 그는 일부 표현만을 문제삼지 말고 전체를 보라는 의미에서 연설 녹화테이프를 베이징으로 보냈다. 당시 상황을 지켜본 사람들은 그가 사직을 각오하고 사태 수습에 임했다고 전하고 있다.

주룽지는 다른 한편 학생들의 설득에도 나섰다. 그는 우방궈를 학생지도자와 비밀리에 접촉하도록 하여 학생들이 시위를 풀고 학교로 돌아가면 그간 시위활동에 대한 책임을 묻지 않겠다고 약속했다. 반신반의하는 학생들에게 영향력이 있던 한 교수는 주룽지의 약속이라면 믿어도 좋다고 학생지도부를 설득, 학생들은 시위를 풀고 학교로 돌아갔다. 사태가 수습된 뒤 학생들과 약속은 지켜졌다.

그는 하지만 온건한 태도로만 일관한 것은 아니었다. 기차 방화범을 단호하게 처형, 파괴활동이 확산되는 것을 사전에 차단했다. 상하이시는 주룽지를 비롯한 당시 상하이 지도부의 노력으로 유혈사태를 빚지 않은 채 사태가 수습됐다. 그가 사임을 각오할 정도로 악화됐던 베이징과의 긴장된 관계도 평화적으로 수습되면서 서서히 누그러졌다. 오히려 칭찬까지 듣게 됐다. 심지어 보수파의 대부 격인 천윈조차 베이징에서 발포를 결정한 덩샤오핑을 비판하기 위해 주룽지를 칭찬했던 것으로 알려지고 있다.

유언무언십일년

천안문 사태 이후 11년이 지난 지금 당시의 상하이의 지도부는 정권의 핵심으로 부상했다. 상하이 당 서기였던 장쩌민은 총서기, 국가주석과 군사위 주석으로 명실상부한 최고 실권자가 되었다. 시장이었던 주룽지는 당 서열 3위에다 총리로서 개혁개방 정책 실행의 조타수 역할을 하고 있다. 당시 부서기인 쩡칭훙 역시 '공인된 후계자' 후진타오를 위협하는 차세대의 정치 거물로 성장했다. 또한 학생 지도부와의 비밀 교섭에 나섰던 우방궈는 부총리로서 총리 물망에 오르내렸다.

장쩌민이 총서기직에 선출된 것은 보수와 개혁 세력 간 타협 때문이지만 상하이 시의 소요가 베이징과는 달리 무혈 수습된 점도 큰 역할을 했음은 틀림없다. 하지만 당시 장쩌민은 상하이에 없었기 때문에 장쩌민은 주룽지를 비롯한 그의 부하들의 공에 무임승차한 것이라고 보아도 전혀 틀린 말은 아니다.

장쩌민이 미국 TV를 통해 밝힌 천안문 사태에 대한 자신의 입장은 주룽지가 이미 11년 전 상하이 시민에게 TV연설을 통해 했던 발언과 맥이 닿아 있다. 아니, 여전히 동란이라는 표현을 사용한 점을 고려하면 주룽지를 넘어서지 못한 것이다. 그러나 그마저도 대외적으로 공표하기까지 무려 11년이 걸렸다. '유언무언십일년(有言無言十一年)'이라고 표현해야 할까.

이 책을 만들며 참고한 것들

1995년 5월, 한국일보 베이징 특파원을 마치고 귀임한 뒤 사보에 쓴 글에서 "정보에 목말랐던 지난 2년"이라는 표현을 쓴 기억이 난다. 돌이켜 보면 그것은 '준비 안 된' 특파원의 게으름을 환경 탓으로 둘러댄 것에 불과하지만 그런 변명이 통할 정도로 당시 중국은 정보 접근이 차단되고 유통 또한 활발하지 못한 '정보의 사막'이었다. 7년이 흐른 지금 중국은 개방화의 진전과 인터넷의 발달이 맞물리면서 '정보의 대양(大洋)'으로 변화해가고 있다는 느낌을 갖게 한다. 이제 문제는 도리어 과잉 상태의 정보에서 옥석을 판단하고 그 의미를 제대로 파악하는 것이다.

아래의 인터넷 사이트와 책들은 이 책에 수록된 글을 쓸 당시 기초 자료를 제공해주었거나 책으로 엮는 과정에서 새로운 정보를 추가하고 수록된 내용의 정확도를 기하기 위해 참고한 것들이다. 또한 한국언론재단이 운영하고 있는 뉴스 검색사이트 카인즈(www.kinds.or.kr)를 통해 선배, 동료 및 후배 베이징 특파원들의 기사를 손쉽게 참고할 수 있었다. 특히 조선일보 박승준 중국 전문기자, 유상철 중앙일보 베이징 특파원, 홍순도 문화일보 베이징 특파원, 한우덕 한국경제신문 베이징 특파원의 글이 많이 도움이 되었음을 부기한다.

참고 사이트
人民網 www.peopledaily.com.cn
多維新聞社 www1.chinesenewsnet.com
大紀元 www.epochtimes.com
明報新聞網 www.mingpaonews.com
看中國 www.secretchina.com

中央通訊社 www.cna.com.tw
中時電子報 news.chinatimes.com
大陸臺商經貿網 www.chinabiz.org.tw
中國情報局 searchina.ne.jp
矢吹晋 チャイナ・ウォッチ・ルーム(YABUKI's China Watch Room)
　　　www2.big.or.jp/〜yabuki
霞山會(Kanzankai Foundation) www.kazankai.org

참고문헌

江南. 1987, 『蔣氏一家』(姜青一 옮김), 銀行界.

姜命相. 1988, 『中共의 少數民族政策』, 융성출판.

고든 G. 창. 2001, 『중국의 몰락』(형선호 옮김), 뜨인돌.

金東成. 1991, 『中國對外政策論』, 法文社.

김원중 평석. 1993, 『唐詩 감상대관』, 까치.

등용. 2001, 『불멸의 지도자 등소평』(임계순 옮김), 김영사.

리민. 2001, 『나의 아버지 모택동 上・下』(김승일・양순창 옮김), 범우사.

리처드 하스 외. 2002, 『9・11 테러 이후 부시 행정부의 한반도 정책』(장성민 책임편역), 김영사.

마크 블레처. 2001, 『반조류의 중국』, 돌베개.

박승준. 1993, 『중국이 재미있다』, 비전.

朴宗喆. 1991, 『中國式社會主議論』, 東方圖書.

朴贊式(譯編). 1979, 『鄧小平』, 두레.

벤자민 I. 슈워츠. 1983, 『중국공산주의 운동사』(權寧彬 譯), 形成社.

謝益顯 주편. 2000, 『중국外交史 4』(韓仁熙 옮김), 知永社.

산케이신문특별취재반. 2001, 『모택동비록 上・下』(임홍빈 옮김), 문학사상사.

소노다 시게토. 2002, 『중국인, 이렇게 생각하고 행동한다』(박준식 옮김), 다락원.

小島晉治・丸山松幸. 2002, 『中國近現代史』(朴元熇 譯), 지식산업사.

孫隆基. 1997, 『중국문화의 심층구조』(박병석 옮김), 敎文社.

스튜어트 R. 슈람. 1979, 『毛澤東』(金東式 옮김), 두레.

시메지마 게이지・일본경제연구센터 엮음. 2002, 『2020년 中國』(양억관 옮김), 다락원.

양중메이. 2002, 『후진타오』(한우덕 옮김), 한국경제신문.

오규열. 2000, 『중국군사론』, 知永社.

율리 프란츠. 1989, 『등소평 傳記』(한영택 譯), 시사영어사.

이동식. 1996, 『천안문을 열고보니』, 창공사.

정운영. 2001, 『정운영의 중국경제산책』, 생각의 나무.

정재호 편. 2000, 『중국정치연구론』, 나남.

정재호 편. 2002, 『중국 개혁-개방의 정치경제 1980-2000』, 까치.

정재호. 1999, 『중국의 중앙-지방 관계론』, 나남.

제스퍼 베커. 2001, 『중국은 가짜다』(이은선 옮김), 홍익출판사.

조너선 D. 스펜서. 1999, 『현대 중국을 찾아서 2』(김희교 옮김), 이산.

주룽지 · 제임스 머독 외 35인. 『중국의 시대』(이진수 · 이희재 옮김), 민음사.

리처드 하스 外. 2001, 『부시 행정부의 한반도 리포트』(장성민 책임편역), 김영사.

하정옥 편저. 1997, 『古典漢詩人選5 굴원』, 서원.

한더치앙, 2001, 이재훈 옮김, 『13억의 충돌』, 이후.

한중사회과학연구회 엮음, 2002, 『현대 중국의 이해』, 한울.

韓洪錫. 1997, 『江澤民시대의 中國』, LG 경제연국소.

해리슨 E. 솔즈베리. 1993, 『새로운 황제들』(박월라 · 박병덕 옮김), 다섯수레.

홍하상. 2002, 『중국을 움직이는 10인의 CEO』, 국일증권경제연구소.

黃炳茂. 1992, 『新中國軍事論』, 法文社.

毛毛. 1993, 『我的父親 鄧小平 上 · 下』, 中央文獻出版社.

薄一波. 1993, 『若干重要大決策與事件的回顧』, 中共中央黨校出版社.

劉金田, 『鄧小平的歷程 上 · 下』, 解放軍文藝出版社.

中國外文出版社 · 上海辭書出版社 編輯部. 1992, 『中國人名大詞典-當代人物卷』, 上海: 上海辭書出版社.

李谷城. 1989, 『中共黨政結構』, 香港: 明報出版社.

李谷城. 1992, 『中共最高領導層』, 香港: 明報出版社.

何頻 · 高新. 1992, 『中共「太子黨」』, 香港: 明鏡出版社.

嚴家其. 1992, 『聯邦中國構想』, 香港: 明報出版社.

中國研究所. 1992, 『中國年鑑』, 大修館書店.

三菱綜合研究所 編. 1992, 『中國情報人物事典』, 東京: 蒼蒼社.

三菱綜合研究所 編. 1992, 『中國情報 ハンドブック』, 東京: 蒼蒼社.

Andrew J. Nathan & Roberts S. Ross, 1997, *The Great Wall and the Empty Fortress*, W. W. Northan & Company Ltd.

지은이

류동희

한국외국어대학교 영어과를 졸업하였다.

한국일보 홍콩 및 베이징 특파원으로 3년간 취재 활동을 하였다.

귀국 후 한국일보 국제부 차장, 전국부 차장, 뉴미디어본부 차장,

사회부 대전 충청 취재본부장을 지냈다.

현재 중국 시사 전문 사이트 차이나워치(www.chinawatch.co.kr)를
운영하고 있다.

그들이 중국을 움직인다 2

노선 투쟁과 세대교체

ⓒ 류동희, 2002

지은이 | 류동희
펴낸이 | 김종수
펴낸곳 | 도서출판 한울

편집 | 백은정

초판 1쇄 인쇄 | 2002년 11월 11일
초판 1쇄 발행 | 2002년 11월 21일

주소 | 121-801 서울시 마포구 공덕동 105-90 서울빌딩 3층
전화 | 영업 326-0095(대표) 편집 336-6183(대표)
팩스 | 333-7543
전자우편 | newhanul@nuri.net
등록 | 1980년 3월 13일, 제14-19호

Printed in Korea.
ISBN 89-460-3032-1 03340
ISBN 89-460-3033-X (세트)

* 가격은 겉표지에 표시되어 있습니다.
* 이 책은 관훈클럽신영연구기금의 저술 지원을 받았습니다.